"十四五"职业教育国家规划教材

汽车维修常用工具与设备使用

主　审　王青云
主　编　张　健　黄永刚　马　伟
副主编　陈　东
参　编　王　涛　熊　飞
　　　　李小伟　秦挽星

书籍码　2LT8PPP5Y

北京理工大学出版社
BEIJING INSTITUTE OF TECHNOLOGY PRESS

版权专有　侵权必究

图书在版编目（CIP）数据

汽车维修常用工具与设备使用/张健，黄永刚，马伟主编. —北京：北京理工大学出版社，2020.5（2023.8重印）

ISBN 978-7-5682-7866-9

Ⅰ. ①汽… Ⅱ. ①张… ②黄… ③马… Ⅲ. ①汽车-车辆维修设备-职业教育-教材 Ⅳ. ①U472.46

中国版本图书馆 CIP 数据核字（2019）第 253430 号

出版发行 / 北京理工大学出版社有限责任公司
社　　址 / 北京市海淀区中关村南大街 5 号
邮　　编 / 100081
电　　话 / (010)68914775（总编室）
　　　　　 (010)82562903（教材售后服务热线）
　　　　　 (010)68944723（其他图书服务热线）
网　　址 / http://www.bitpress.com.cn
经　　销 / 全国各地新华书店
印　　刷 / 三河市天利华印刷装订有限公司
开　　本 / 787 毫米×1092 毫米　1/16
印　　张 / 18　　　　　　　　　　　　　　　　　　责任编辑 / 徐艳君
字　　数 / 423 千字　　　　　　　　　　　　　　　 文案编辑 / 徐艳君
版　　次 / 2020 年 5 月第 1 版　2023 年 8 月第 3 次印刷　责任校对 / 周瑞红
定　　价 / 49.00 元　　　　　　　　　　　　　　　　责任印制 / 李志强

图书出现印装质量问题，请拨打售后服务热线，本社负责调换

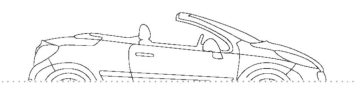 

前言

  本教材为贯彻落实党的二十大精神，根据国家交通强国战略，基于当前经济社会对汽车行业高技能人才的需求，结合产业发展最新技术和成果以及数字技术在产业应用的现状编写而成，编写时遵循技能形成规律和高技能人才成长规律设计教学活动，立足于人的全面发展，将知识、能力、素质和政治思想教育等要求紧密结合，以求全面落实立德树人根本任务。

  本书根据职业教育的特点，以提高学生的职业能力和职业素养为宗旨，倡导以学生为本的教育理念，在进行广泛的企业、行业调研的基础上编写而成。在编写过程中，借鉴德国职业教育的先进教学理念，探索"工学一体"的教学模式，把职业能力标准作为课程教学目标，按照职业能力要求组织内容。在教材开发中，充分坚持"以工作任务为载体、以工作过程为导向"的职业教育理念，贯彻"工作过程系统化"的项目课程开发思想，针对职业学校学生的学习特点进行教学活动设计，实现学中做、做中学。

  本书根据汽车维修行业需求和岗位要求设置教学任务，联系实际，将抽象的知识简单化、形象化，理论描述简单直观，实践操作与实际维修作业流程相吻合，具有易教、易学、易会、易用的特点。本书可作为中、高等职业技术学院、技工类学校汽车类专业的教学用书，也可供有关技术人员参考、学习、培训之用。

  全书采用项目式编排，把汽车维修常用工量具和设备按类分为9个项目，再加上根据不同类型的汽车职业技能大赛所用工量具及设备不同所设计的4个项目，全书共计13个项目，每个项目再按不同的工量具和设备的使用情境设置一到几个任务，以任务为导向进行知识学习、技能训练，同时对素质的养成也提出了要求。

  本书每个学习任务都以任务描述、学习目标、知识准备、计划决策、任务实施、任务考评、课程小结、教学反思和课后测评等形式组织材料。注意运用信息化的教学手段，在相关知识讲解和任务实施环节都配备了教学资料，学生可以通过扫描二维码进行学习，通过线上线下的混合式教学，使学生更好更快地掌握汽车维修常用工具与设备使用的方法。优化课堂设计，充分发挥学生的主体地位，调动学生的学习积极性，从而提高学生的综合能力。

  本书由湖北工业职业技术学院的张健、马伟和湖北工程职业学院黄永刚任主编，湖北工业职业技术学院陈东任副主编，湖北工程职业学院王青云教授任主审。本书在编写过程中得到湖北工业职业技术学院秦挽星，湖北工程职业学院李小伟，全国劳动模范、原东风汽车集团有限公司首席技能师、湖北工业职业技术学院特聘教授王涛，黄石别克4S店技术总监熊飞等校企一线专家的大力支持。

  本书在编写时参考了大量的资料和文献，在此，我们对原作者一并表示感谢！

  由于编者水平有限，书中难免有不妥和疏漏之处，敬请读者批评指正。

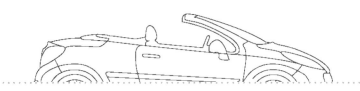

目 录
CONTENTS

模块一 汽车量具的种类及使用 ……………………………………… 001
  项目一 尺类量具的种类及使用 ………………………………… 003
    任务一 游标卡尺 ………………………………………… 003
    任务二 千分尺 …………………………………………… 012
    任务三 塞尺和刀口尺 …………………………………… 024
  项目二 表类量具的种类及使用 ………………………………… 030
    任务 百分表 ……………………………………………… 030
  项目三 力矩类量具的种类及使用 ……………………………… 038
    任务 扭力扳手 …………………………………………… 038

模块二 汽车常规工具的种类与使用 …………………………… 045
  项目一 旋具的种类及使用 ……………………………………… 047
    任务 螺钉旋具、扳手 …………………………………… 047
  项目二 钳工工具的种类及使用 ………………………………… 056
    任务一 划针、划规、台虎钳、铁皮剪、錾子、冲子、
          砂轮、电动工具 ………………………………… 056
    任务二 钢锯、锉刀、钻削和铰削工具、攻套螺纹工具 ………… 066

模块三 汽车检测仪表与仪器的种类及使用 …………………… 077
  项目一 检测仪表的种类及使用 ………………………………… 079
    任务一 燃油压力表 ……………………………………… 079
    任务二 机油压力表 ……………………………………… 085
    任务三 轮胎压力表 ……………………………………… 090
    任务四 气缸压力表 ……………………………………… 095
    任务五 万用表 …………………………………………… 101
  项目二 检测仪器的种类及使用 ………………………………… 110
    任务一 示波器 …………………………………………… 110
    任务二 汽车故障诊断仪 ………………………………… 124
    任务三 发动机综合分析仪 ……………………………… 131

模块四　汽车专用维修工具与设备的种类及使用 …………………… 137

项目一　专用维修工具的种类及使用 …………………………………… 139
- 任务一　火花塞套筒 ……………………………………………………… 139
- 任务二　机油滤清器拆装工具 …………………………………………… 143
- 任务三　减震弹簧压缩器 ………………………………………………… 148
- 任务四　制动分泵调整器 ………………………………………………… 152
- 任务五　气门弹簧压缩器 ………………………………………………… 156
- 任务六　活塞环拆装钳 …………………………………………………… 160
- 任务七　活塞环压缩器 …………………………………………………… 164
- 任务八　球头取出器 ……………………………………………………… 168
- 任务九　拉拔器 …………………………………………………………… 172

项目二　专用维修设备的种类及使用 …………………………………… 178
- 任务一　轮胎拆装机 ……………………………………………………… 178
- 任务二　车轮动平衡机 …………………………………………………… 182
- 任务三　举升机 …………………………………………………………… 188
- 任务四　四轮定位仪 ……………………………………………………… 194
- 任务五　千斤顶 …………………………………………………………… 199
- 任务六　安全支撑 ………………………………………………………… 203
- 任务七　吊具吊索 ………………………………………………………… 207
- 任务八　手动压力机 ……………………………………………………… 212

模块五　汽车职业技能大赛指定维修工具及设备的使用 ……… 217
- 项目一　汽车基本技能类比赛工具及设备的使用 ……………………… 219
- 项目二　汽车诊断与维修类比赛工具及设备的使用 …………………… 224
- 项目三　汽车钣金与喷涂比赛维修工具及设备的使用 ………………… 235
- 项目四　新能源汽车类比赛工具及设备的使用 ………………………… 258

模块一

汽车量具的种类及使用

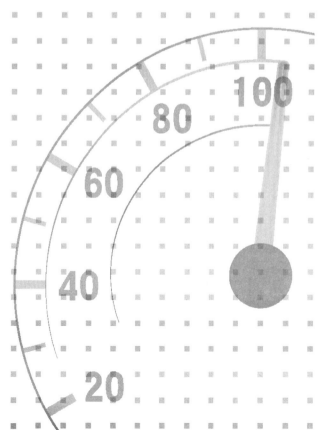

项目一

尺类量具的种类及使用

任务一　游标卡尺

1. 知识目标

(1) 了解游标卡尺的种类和结构。

(2) 熟悉游标卡尺的用途和使用的注意事项。

(3) 掌握游标卡尺的使用方法和读数方法。

2. 能力目标

(1) 能够正确选择和校正游标卡尺。

(2) 能够正确地使用游标卡尺进行测量和读取数值。

游标卡尺是主要用来测量零部件的外部、内部尺寸和深度的量具，常见的有刻度式游标卡尺、指针式游标卡尺和数字式游标卡尺三种，其作用大致相同。

一、游标卡尺的种类及使用

1. 刻度式游标卡尺

1) 刻度式游标卡尺的介绍

(1) 刻度式游标卡尺，是最常见的游标卡尺种类，它的测量范围是 0~250 mm。

(2) 刻度式游标卡尺是一种精密的测量工具，由一个带刻度杆的固定量爪（尺身）和一个滑动量爪（包括外测量爪和内测量爪）组成。尺身上有主尺，滑动量爪上有游标尺，尺上有刻度，如图 1-1 所示。

(3) 常见的刻度式游标卡尺的分度值有两种，分别是 0.05 mm 和 0.02 mm。它们的区别是：
①游标上有50个刻度的表示每一刻度为0.02 mm。
②游标上有20个刻度的表示每一刻度为0.05 mm。
(4) 刻度式游标卡尺的用途：
①测量各种零部件的外径、内径。
②测量各种零部件的深度和长度。

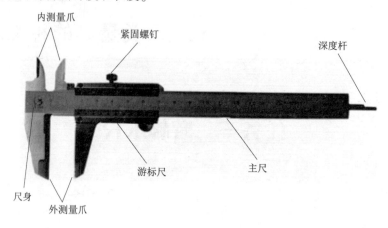

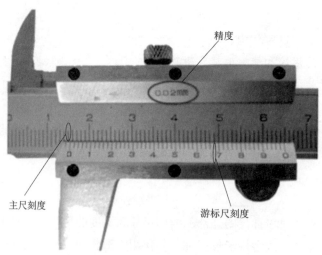

图1-1 刻度式游标卡尺的结构

2) 刻度式游标卡尺的使用方法
(1) 用刻度式游标卡尺的外测量爪测量零部件的外部尺寸，如图1-2所示。
(2) 用刻度式游标卡尺的内测量爪测量零部件的内部尺寸，如图1-3所示。
(3) 用刻度式游标卡尺的深度杆测量零部件的深度，如图1-3所示。

3) 刻度式游标卡尺的读数
(1) 最小刻度为0.05 mm的刻度式游标卡尺的读数。如图1-4所示，上面是游标卡尺的主尺，下面是游标尺，其最小刻度为0.05 mm。

游标卡尺的读数方法

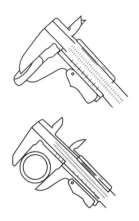
图1-2 测量外部尺寸

图1-3 测量内部尺寸和深度

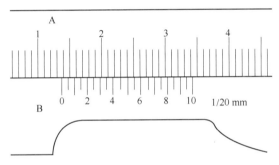

图1-4 最小刻度为0.05 mm的刻度式游标卡尺的读数

A—主尺，每个刻度为1 mm；
B—游标尺，每个刻度为0.05 mm

主尺是以毫米来划分刻度的，每1 cm分为10个刻度，在厘米刻度上标有数字1、2、3等。游标尺上有20个刻度，每四个刻度标有数字2、4、6等。

①读出游标尺零线左边与主尺相邻的第一条刻度线的整毫米数，此为测量值的整数部分，如图1-4所示为13.00 mm。

②读出游标尺上与主尺刻度线对齐的那一条刻度线所表示的数值，此为测量值的小数部分，如图1-4所示为0.45 mm。

③把在主尺上读得的整毫米数和在游标尺上读得的毫米小数加起来，即为测得的实际尺寸：

a. 主尺读数：13.00 mm；

b. 游标尺读数：0.45 mm；

c. 总读数：13.00 + 0.45 = 13.45（mm）。

（2）最小刻度为0.02 mm的刻度式游标卡尺的读数：

①读出游标尺零线左边与主尺相邻的第一条刻度线的整毫米数，此为测量值的整数部分，如图1-5所示为43.00 mm。

②读出游标尺上与主尺刻度线对齐的那一条刻度线所表示的数值，此为测量值的小数部分，如图1-5所示为0.24 mm。

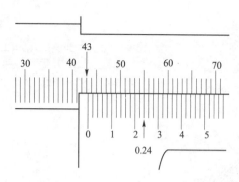

图 1-5 最小刻度为 0.02 mm 的刻度式游标卡尺的读数

③把在主尺上读得的整毫米数和在游标尺上读得的毫米小数加起来,即为测得的实际尺寸:

a. 主尺读数:43.00 mm;
b. 游标尺读数:0.24 mm;
c. 总读数:43.00 + 0.24 = 43.24 (mm)。

2. 指针式游标卡尺

1) 指针式游标卡尺的介绍

(1) 指针式游标卡尺也称带表卡尺,是一种结构较简单、精度较高的通用长度测量工具。它通过机械传动系统,将两测量爪相对移动转变为指示表指针的回转运动,并借助尺身刻度和指示表,对两测量爪相对移动所分隔的距离进行读数。由于其读数采用表盘指示的形式,故读数时较为方便、快捷、准确。

(2) 指针式游标卡尺除了一般游标卡尺的构件,还增加了指示表、齿条、齿轮等。

(3) 指针式游标卡尺的结构如图 1-6 所示。

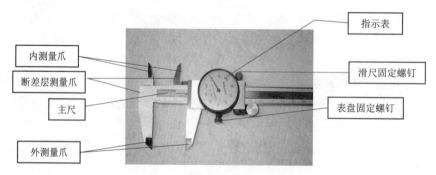

图 1-6 指针式游标卡尺的结构

(4) 指示表的分度值有 0.01 mm、0.02 mm、0.05 mm 三种。指示表指针旋转一周所指示的长度,对于分度值为 0.01 mm 的是 1 mm,对于分度值为 0.02 mm 的是 2 mm,对于分度值为 0.05 mm 的是 5 mm。指示针游标卡尺的测量范围有三种:0 ~ 150 mm、0 ~ 200 mm、0 ~ 300 mm。

2) 指针式游标卡尺的使用方法

指针式游标卡尺的使用方法与刻度式游标卡尺相同。

3）指针式游标卡尺的读数

读数时，先读主尺上的值，再读指示表上的值。当主尺上的值为偶数时，则在指示表上读右半圈的数值；当主尺上的值为奇数时，则在指示表上读左半圈的数值。下面以分度值为 0.02 mm 的指针式游标卡尺为例，根据图 1-7 和图 1-8 讲解读数方法。

图 1-7　读数例图一

（1）图 1-7 中游标卡尺的读数为：
a. 主尺读数：4.00 mm；
b. 因主尺读数为偶数，指示表上的读数则取右半圈数值；
c. 指示表读数：0.66 mm；
d. 总读数：4.00 + 0.66 = 4.66（mm）。

图 1-8　读数例图二

（1）图 1-8 中游标卡尺的读数为：
a. 主尺读数：5.00 mm；
b. 因主尺读数为奇数，指示表上的读数则取左半圈数值；
c. 指示表读数：指针位于 0.92～0.94 mm，取值为 0.938 mm；
d. 总读数：5.00 + 0.938 = 5.938（mm）。

3. 数字式游标卡尺

1）数字式游标卡尺的介绍

（1）数字式游标卡尺也称为数显卡尺，它是利用容栅传感器的测量原理，对两测量爪相对移动分隔的距离进行测量，并通过 LCD 显示出测量值的一种长度测量工具。

(2) 数字式游标卡尺可以用来测量零部件的外径、内径、长度、宽度、厚度、深度和孔距等，应用范围很广。

(3) 数字式游标卡尺使用的温度范围为 0 ℃ ~ 40 ℃。

(4) 数字式游标卡尺的结构如图 1 – 9 所示。

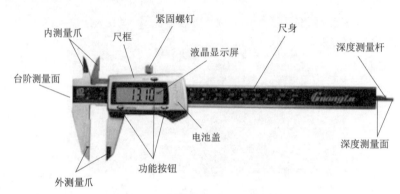

图 1 – 9　数字式游标卡尺的结构

2) 数字式游标卡尺的使用方法

(1) 使用前，松开尺框上方的紧固螺钉，并将尺框平稳移开，用布将各测量面和导向面擦拭干净。

(2) 使用前，要检查各按键是否灵活、有效，在任意位置数字显示是否稳定、清晰。

(3) 测量前卡尺的两个外测量爪必须保持相接触，按一下 ON/OFF 键（即打开电源开关），随后按 ZERO 键，将 LCD 显示数字归零。

3) 数字式游标卡尺的读数

直接在 LCD 显示屏上读取数值。

4. 游标卡尺使用的注意事项

游标卡尺是一种精密的测量工具，要获得很好的精度应小心使用和保存，为了正确规范地使用游标卡尺完成测量，应熟知一些注意事项，如表 1 – 1 所示。

表 1 – 1　游标卡尺使用的注意事项

序号	注意事项
1	测量前应把卡尺揩干净，检查卡尺的两个测量面和测量刃口是否平直无损，把两个量爪紧密贴合时，应无明显的间隙，同时游标尺和主尺的零位刻线要相互对准，这个过程称为校对游标卡尺的零位
2	游标卡尺使用完毕，用棉纱擦拭干净；长期不用时应将它擦上黄油或机油，两量爪合拢并拧紧紧固螺钉，放入卡尺盒内
3	游标卡尺是比较精密的测量工具，要轻拿轻放，不得碰撞或跌落地下；使用时不要用来测量粗糙的物体，以免损坏量爪；避免与刀具放在一起，以免刃具划伤游标卡尺的表面；不使用时应置于干燥中性的地方，远离酸性物质，防止锈蚀
4	移动尺框时，活动要自如，不应有过松或过紧现象，更不能有晃动现象；用固定螺钉固定尺框时，卡尺的读数不应有所改变；在移动尺框时，不要忘记松开固定螺钉，亦不宜过松以免脱落
5	用游标卡尺测量零件时，不允许过分地施加压力，所用压力应使两个量爪刚好接触零件表面；如果测量时施加压力过大，不但会使量爪弯曲磨损，而且会使量爪产生弹性变形，使得测量的尺寸不准确

续表

序号	注意事项
6	在游标卡尺上读数时,应把卡尺水平地拿着,朝着亮光的方向,视线尽可能和卡尺的刻度线表面垂直,以免由于视线的歪斜造成读数误差
7	为了获得正确的测量结果,可以多测量几次,即在零件的同一位置上的不同方向进行测量。对于较长零件,应当在全长的各个部位进行测量,以便获得一个比较正确的(测)量结果
8	使用数字式游标卡尺测量完毕,应将尺框推至零位,关闭电源,放入盒内,液晶屏显示暗淡时,需要及时更换电池
9	数字式游标卡尺三个月以上不使用时,应从卡尺内取出电池并妥善保管
	同学们,你们认为还有哪些注意事项呢
1	
2	
3	

二、实训项目

1. 项目概要

本实训项目是为了更好地学习游标卡尺的使用,做到正确读数,同时可以根据测量结果对所测物品进行评估,领会游标卡尺使用的注意事项。各小组负责人对所要完成的任务进行组内工作分配,使人员和项目一一对应,力争使所有成员都有事做,安排可填入表 1-2 中。组员按照负责人要求完成相关作业内容。

表 1-2 游标卡尺实训项目单

实训内容	测量垫片厚度	测量活塞环厚度
组内分工		
实训内容	测量气缸内径	测量气门杆外径
组内分工		

2. 计划决策

1）任务计划

根据具体任务制订小组任务计划，简要说明任务实施的步骤及注意事项，并将任务计划填入表 1-3 中。（注意：小组可自行设计任务实施步骤，表 1-3 可以酌情添加或删减）

表 1-3 任务计划表

序号	任务实施步骤	工具/辅具	注意事项
1			
2			
3			
4			
5			
6			

2）实施准备（表 1-4）

表 1-4 实施准备表

场地	设备和工量具	相关资料
5~8 人用的实训场地一块，对应数量的课桌椅、黑板	待测物品 5 套、工具箱 5 套、工具车 5 辆、各种游标卡尺分别 5 把、抹布若干	各种游标卡尺的使用说明书分别 5 本

3. 实施计划任务并完成项目工单（表 1-5）

表 1-5 实训项目工单

实训内容	测量值	完成情况
测量垫片厚度		
测量活塞环厚度		
测量气缸内径		
测量气门杆外径		

4. 考评（表 1-6）

表 1-6 考评表

序号	实训评价指标	得分
1	游标卡尺的使用是否正确（10 分）	
2	测量方法选择是否正确（10 分）	
3	读数是否正确（20 分）	
4	工具是否清洁归位（5 分）	
5	工单完成情况（15 分）	

续表

序号	实训评价指标	得分
6	小组自评（5分）	
7	小组互评（10分）	
8	教师点评（15分）	
9	综合素质（10分）	
总分		
备注		
评价类别	评　　语	
小组自评		
小组互评		
教师点评		

三、课程小结

（1）本节课学习了游标卡尺的用途、种类、结构、使用方法、读数方法以及使用的注意事项。

（2）你是否都掌握了、弄懂了？还有哪些疑问？请详细回答。

（以课后作业的形式布置下去，由小组课后第一时间完成并交给教师）

四、教学反思

本节课在教学过程中有哪些不足之处？有哪些创新点？学生是否有所收获？在今后的教学过程中将如何改进教学策略和教学手段？

 课后测评

一、填空题

1. 游标卡尺常见的形式有_____、_____和_____等三种。
2. 常见的游标卡尺的精度有_____mm和_____mm两种。
3. 图中的读数为：_____。

二、判断题

1. 如果没有游标卡尺，可以使用直尺代替游标卡尺。　　　　　　　　（　　）
2. 可以用游标卡尺测量汽车车身的长度。　　　　　　　　　　　　　（　　）

3. 游标卡尺是可以测量内径、外径以及深度的精密测量工具。　　　　（　　）

三、简答题

1. 游标卡尺在使用中应注意的事项有哪些？
2. 游标卡尺使用完毕后，要注意哪些保护措施？

任务二　千分尺

1. 知识目标

（1）了解千分尺的种类和结构。
（2）熟悉千分尺的用途和使用的注意事项。
（3）掌握千分尺的使用方法和读数方法。

2. 能力目标

（1）能够正确地选择和校正千分尺。
（2）能够正确地使用千分尺进行测量和读取数值。

游标卡尺的测量精度为 0.02 mm 和 0.05 mm，但是在需要更精确的测量时，游标卡尺就显得力不从心，此时就需要用千分尺来进行测量。千分尺又称螺旋测微器、螺旋测微仪、分厘卡，是比游标卡尺更精密的测量工具，它的测量精度可以达到 0.01 mm。千分尺常用规格有 0 ~ 25 mm、25 ~ 50 mm、50 ~ 75 mm、75 ~ 100 mm、100 ~ 125 mm 等。千分尺分为外径千分尺和内径千分尺。

一、千分尺的种类及使用

1. 刻度式外径千分尺

1) 刻度式外径千分尺的介绍

刻度式外径千分尺的结构如图 1 - 10 所示。测微螺杆的一部分被加工成螺距为 0.5 mm 的螺纹，当它在固定套筒的螺套中转动时，测微螺杆将前进或后退。微分筒和测微螺杆连成一体，其圆周被等分成 50 个分格。测微螺杆转动的整圈数用固定套筒上间隔 0.5 mm 的刻线测量，不足一圈的部分由微分筒圆周的刻度线测量。

外径千分尺的使用方法

2) 刻度式外径千分尺的用途

（1）测量圆形物体的外径。

(2) 测量各种零部件的长度和宽度。

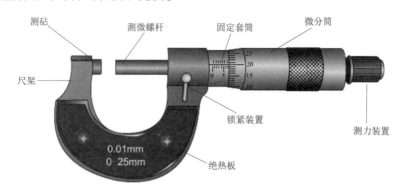

图 1-10 刻度式外径千分尺的结构

3) 刻度式外径千分尺的使用方法（表 1-7）

表 1-7 刻度式外径千分尺的使用方法

步骤	内 容
1	使用与刻度式外径千分尺配套的校准扳手扳动固定套筒上的小孔，校核零点
2	把要测量的物件放在测砧和测微螺杆的端面之间
3	当转动微分筒时，促使测微螺杆向前移动，直到测砧和测微螺杆都轻微地接触到零件，这时改为转动测力装置，直至听到"咔嚓"声为止
4	读数。小型物件和较大物件或固定物件的测量分别如图 1-11 和图 1-12 所示。 (a) (b) 图 1-11 测量小物件　　图 1-12 测量较大物件或固定物件
5	取下刻度式外径千分尺，必要时可拧紧锁紧装置
6	整理量具

4) 刻度式外径千分尺的读数

(1) 普通千分尺的读数：

普通千分尺有两个刻度盘：一个在固定套筒上，固定套筒上有主刻度尺和一根基准线，另一个在微分筒上，如图 1-13 所示。

固定套筒上的主刻度尺有整毫米（1.0 mm）和半毫米（0.5 mm）两种刻度。整毫米刻度是标在基准线上面的，每隔 5 个刻度用 0、5、10 等数字标记；半毫米刻度是标在基准线下面的。

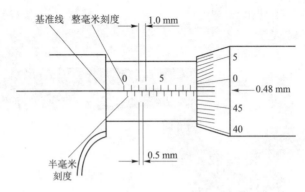

图1-13 普通千分尺读数示意图

在微分筒的圆周上标有50个刻度，每个刻度表示百分之一毫米（0.01 mm）。所以，微分筒转一整圈表示50×0.01 mm，就是0.50 mm。因此，微分筒转一整圈，它将沿着主刻度尺移动0.50 mm，这就是半毫米的刻度。

普通千分尺读数时，主刻度尺要读微分筒边缘以左的刻度值，再把微分筒上的读数加上去。其步骤如下：

①读微分筒左边的主刻度尺上看得见的整毫米刻度，图1-13所示为9.00 mm。

②若基准线下面的一个刻度露出，就把半毫米刻度加到上面读出的读数上；如果未露出，则不加。图1-13所示为9.00 mm + 0.50 mm = 9.50 mm。

③读出微分筒上与固定套筒的基准线对齐的那个刻度值，即为不足半毫米的测量值，图1-13所示为48×0.01 mm = 0.48 mm。

④把三个读数加起来即为测得的实际尺寸。图1-13中的普通千分尺读数为：

a. 主刻度尺整毫米读数：9.00 mm；

b. 主刻度尺半毫米读数：0.50 mm；

c. 微分筒读数：0.48 mm；

d. 总读数为：9.00 + 0.50 + 0.480 = 9.98（mm）。

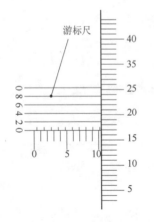

图1-14 游标千分尺读数示意图

注：该游标尺包括了10个单位刻度，但只是每逢偶数由数字2、4、6、8和0表示

(2) 游标千分尺的读数：

①游标千分尺在其固定套筒上有一个附加的刻度尺，称作游标尺，其刻度线与基准线平行，这就允许测量值达到附加的小数位，如图1-14所示。

该游标尺有5个刻度，这些刻度从基准线上的零开始，标注了2、4、6、8和0（10），每一刻度表示0.002 mm。

②图1-14中所示的游标千分尺的读数除最后再加上游标尺上的刻度以外，其余的与图1-13中的一样。

图1-14中游标尺的"6"刻度和微分筒上的一个刻度对齐，它的读数就是0.006 mm。

③图1-14中的游标千分尺读数为：

a. 主刻度尺整毫米读数：10.000 mm；

b. 主刻度尺半毫米读数：0.500 mm；

c. 微分筒读数：0.170 mm；

d. 游标尺读数：0.006 mm

e. 总读数：10.000 + 0.500 + 0.170 + 0.006 = 10.676（mm）。

注意：图1-14所示仅仅是偶数刻度标注在固定套筒上（标有数字2、4、6等），所以，游标千分尺的读数将精确到0.002 mm。如果10个刻度全部都标注出来的话，该游标千分尺将可以精确到0.001 mm。

2. 数字式外径千分尺

1）数字式外径千分尺的介绍

（1）数字式外径千分尺的测量范围为0~25 mm，精度可达到0.001 mm。

（2）数字式外径千分尺的结构如图1-15所示。

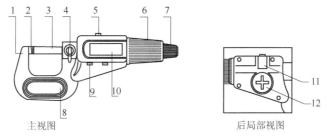

图1-15 数字式外径千分尺的结构

1—尺架；2—测砧；3—测微螺杆；4—锁紧装置；5—数据输出按键；6—测力装置；7—快速驱动装置；8—护板；9—按键；10—液晶显示屏；11—数据输出口；12—电池盖

（3）数字式外径千分尺的功能键介绍：

①ABS/INC…UNIT键：绝对相对测量模式转换键、延时公制/英制测量模式转换键。

每次按住此键2秒以上，实现公制与英制测量模式转换。当出现"in"字样时，为英制测量状态；否则为公制测量状态。每次按住此键不足2秒时，实现绝对与相对测量模式转换。当出现"ABS"字样时，为绝对测量模式；当出现"INC"字样时，为相对测量模式。

②ON/OFF…SET键：开关键和延时设定初始值键。

每次按住此键不足2秒时进行开机或关机；按住此键2秒以上时设置数字式外径千分尺的绝对测量初始值，在显示器上"Set"闪烁一下消失，完成设置，此时显示为"ABS"换行"0.000"。

2）数字式外径千分尺的使用方法（表1-8）

表1-8 数字式外径千分尺的使用方法

步骤	内 容
1	安装电池
2	绝对测量模式的选定： 1. 按ON/OFF…SET键，时间在2秒内，打开显示屏（如本来显示屏处于开的状态则不需进行此步骤）。 2. 确认测量是否处在公制绝对测量模式：即在显示数字的左上方显示"ABS"，且显示数字为小数点后有三位数。如果在显示数字的左上方显示"INC"，且显示数字为小数点后有三位数，按ABS/INC…UNIT键，按键时间在2秒以内；如果在显示数字的左上方显示"ABS"，且显示数字为小数点后有五位数，并在数字后方显示"in"，按ABS/INC…UNIT键，按键时间不少于2秒；如果在显示数字的左上方显示"INC"，且显示数字为小数点后有五位数，并在数字后方显示"in"，则按ABS/INC…UNIT键，按键时间在2秒以内，后按ABS/INC…UNIT键，按键时间不少于2秒

续表

步骤	内　　容
3	绝对测量模式的校对： 1. 用软布擦拭测量面； 2. 顺时针旋转快速驱动装置，使测微螺杆前沿与测砧间隙在1～2 mm，改顺时针旋转测力装置直至倒数第二位数据不变，再继续旋转半圈，倒数第二位数据仍不变，且倒数第一位数也不变为止，确认测微螺杆前沿和测砧之间已经没有间隙； 3. 如果此时屏幕显示为"ABS"换行"0.000"，则绝对测量模式的起始值准确，不需再校对，可以直接进行测量；如果此时屏幕显示为"ABS"换行"x.xxx"（x为0～9的数字，且不全部同时为0），则按ON/OFF…SET键，按键时间不少于2秒，按键结束后，屏幕显示为"ABS"换行"0.000"
4	测量： 1. 取出千分尺，检查确定锁紧装置处于打开状态； 2. 将被测物体的测量面水平放置，并用手轻轻检查测量面，保证测量面平直、洁净，保证被测物体温度在0～40 ℃； 3. 按逆时针旋转快速驱动装置，最终使测量距离略大于被测物体表面2～5 mm； 4. 将千分尺竖直向上，使测量口缓缓进入测量点，并上下对正； 5. 顺时针旋转测力装置，直至显示数据不变化为止
5	读取数据
6	整理量具： 1. 逆时针旋转快速驱动装置，使测微螺杆前端和被测物体表面有2～5 mm距离，缓缓把千分尺从被测物体表面取下； 2. 顺时针旋转快速驱动装置，使显示数据达到1.0～2.0 mm，改用顺时针旋转测力装置，直至显示器归零，且测量口闭合； 3. 按ON/OFF…SET键，按键时间在2秒内，关机； 4. 清洁后，将千分尺及专用扳子放入专用盒内，再放到指定位置

3）数字式外径千分尺的维护

数字式外径千分尺在使用过程中会出现一些问题，其出现的原因和相应的处理办法如表1-9所示。

表1-9　数字式外径千分尺的常见问题及处理方法

问题	原因	处理方法
1. 液晶显示"E　　1"； 2. 液晶显示"Exxxxx"	数值大于显示范围	减小初始值或改用相对测量
液晶显示"E　　2"	设置的初始值太大	重新设置初始值
1. 液晶显示"E　　3"； 2. 液晶显示"E　　8"	1. 受到严重干扰； 2. 传感器故障	1. 重新安装电池； 2. 送回工厂检修
数据测量不准确	1. 测量面有污物； 2. 设置的初始值不准确	1. 擦净测量面； 2. 重新设置初始值
显示乱字或显示数字不变	受到严重的干扰	重新安装电池
1. 液晶屏无显示； 2. 显示字迹不清楚； 3. 显示"⊠"	电池电压小于1.45 V	更换电池
与计算机通信失败	线缆插头未插至数据输出口的底部	重新插入

3. 刻度式内径千分尺

1）刻度式内径千分尺的介绍

（1）刻度式内径千分尺分为两点和三点（实际测量时与被测物体接触的点数）内径千分尺两类。本节以三点内径千分尺（三爪内径千分尺）为例进行讲述，其结构如图1-16所示。

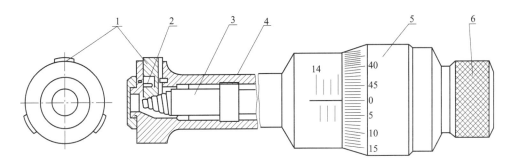

图1-16 三爪内径千分尺的结构
1—合金测头；2—测量头；3—测微螺杆；4—固定套筒；5—微分筒；6—测力装置

（2）根据被测物体的内径尺寸，选择适当量程的三爪内径千分尺测量。

2）三爪内径千分尺的工作原理

当顺时针旋转测力装置时，就带动测微螺杆旋转，并使它沿着固定套筒的螺旋线方向移动，于是测微螺杆端部的方形圆锥螺纹就推动三个测量爪（合金测头）作径向移动。测量头的弹力使测量爪紧紧地贴合在方形圆锥螺纹上，并随着测微螺杆的进退而伸缩。

三爪内径千分尺的方形圆锥螺纹的径向螺距为0.25 mm，即当测力装置顺时针旋转一周时测量爪就向外移动（半径方向）0.25 mm，三个测量爪组成的圆周直径就要增加0.5 mm。即微分筒旋转一周时，测量直径增大0.5 mm，而微分筒的圆周上刻着100个等分格，所以它的读数值为0.5 mm÷100 = 0.005 mm。

3）三爪内径千分尺的使用方法

（1）使用前校准：

①使用三爪内径千分尺测量内孔前，应首先使用标准环规进行校对，如图1-17所示，选择与内径千分尺测量范围相适宜的标准环规。

②使用清洁的布蘸取少量的酒精，擦拭标准环规2~3次。

③使用清洁的布蘸取少量的酒精，擦拭三爪内径千分尺的合金测头2~3次。

④将三爪内径千分尺的测量头轻轻地塞入标准环规中，转动微分筒，当测量头贴近环规内壁时，再转动测力装置，转动2~3圈后当听到"咔、咔"两声后，观察刻度值，需微分筒的零刻度与主刻度线的起始位置对齐。

（2）测量：

①将校准合格的内径千分尺的测量头塞入待测物的孔径中，转动测力装置2~3圈后，听到"咔、咔"两声。

②查看三爪内径千分尺的铭牌中的精度，如精度为0.001 mm，则表示该千分尺可测得的最小值为0.001 mm。读取数据时，首先读出固定套筒上的数值，再以固定套筒上的水平

横线作为读数准线,读出微筒上的数值,测量结果则为固定套筒上的数值与微筒上的数值的总和,如图1-18所示。

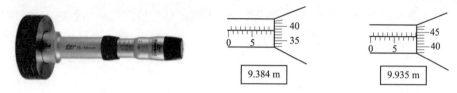

图1-17　标准环规　　　　　　　　图1-18　三爪内径千分尺读数例图

4. 数字式内径千分尺

1) 数字式内径千分尺的介绍

(1) 数字式内径千分尺的结构如图1-19所示。

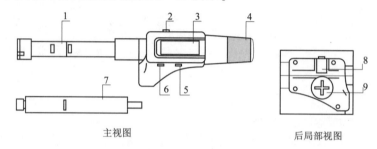

图1-19　数字式内径千分尺的结构

1—测量装置；2—数据输出按键；3—液晶显示屏；4—测力装置；5—ABS/INC…UNIT 键；
6—ON/OFF…SET 键；7—接长杆；8—数据输出口；9—电池盖

(2) 数字式内径千分尺的功能键介绍：

①ON/OFF…SET 按键：电源开关键和初始值设置键。

②ABS/INC…UNIT 按键：绝对/相对测量状态转换键、延时公制/英制测量模式转换键。

③液晶显示屏（图1-20）：

图1-20　液晶显示屏

a. ABS：绝对测量模式；

b. INC：相对测量模式；

c. Set：进行初始值设置；

d. in：显示数字的单位为英寸,否则为 mm；

e. ⋈：电量不足提示符。

(3) 安装接长杆：当测量深孔时,需安装接长杆。用扳子卸下电子读数头,在测量头与电子读数头之间装上接长杆,并拧紧,再用校对环规重新校对零位。

注意：在装卸电子读数头时,不可直接握住电子读数头操作,必须使用扳子,以免损坏电子读数头。

2) 数字式内径千分尺的使用方法

(1) ON/OFF…SET：

①按键时间少于2秒：开/关电源。

②按键时间不少于 2 秒:设置绝对测量初始值,显示"Set"。

步骤如下:

a. 按键时间不少于 2 秒,"Set"消失,数字开始闪烁。

b. 按键时间少于 2 秒,闪烁数字变数,重复按键,直到要求的数字出现。数字从 0——1——2…9。

c. 按键时间不少于 2 秒,下一位数字开始闪烁,重复步骤 b 直到初始值的最后一位数设置完成。

d. 按键时间不少于 2 秒,"Set"闪显。按键时间少于 2 秒,液晶屏显示的数字即为绝对测量的初始值。

e. 如果不需要改变闪烁数字的数值,持续按键,数字闪烁三次后自动跳向下一位,当最后一位数字闪烁三次后,"Set"闪显。按键时间少于 2 秒,液晶屏显示的数字即为绝对测量的初始值。

注意:液晶屏显示"E2"是因为设置的初始数值≥10″(或254 mm),请按步骤重新设置初始数值直至正确。

关上电源,数值仍保留。

(2) ABS/INC…UNIT:

①按键时间少于 2 秒:绝对/相对测量模式转换,相对测量模式下"INC"字样显示,绝对测量模式下"ABS"字样显示。

②按键时间不少于 2 秒:公制/英制测量模式转换,英制测量模式下显示"in",否则为公制测量模式,显示"mm"。

在公制模式下初始值为公制;在英制模式下初始值为英制。

(3) 校对零位:测量前,应先校对零位。用软布擦净三测量爪(测量装置)及校对环规内孔,将三测量爪放入校对环规孔内,转动电子读数头尾端的测力装置,使三测量爪与校对环规内孔接触,反复校对零位,直至液晶显示屏上的数字不再变化。预置零位,使液晶显示屏上的数值与校对环规上的数值一致。

(4) 数据输出:起开数据输出口的橡胶盖,将线缆插头插入数字式内径千分尺数据输出口,数字式内径千分尺输出数据并显示"⊖"(线缆插头具有防水性能,不可拆下线缆插头的橡胶帽)。

按键时间不少于 2 秒,数字式内径千分尺将连续不断地输出数据并显示"⊖",直到再按一次键。

3) 数字式内径千分尺的维护

数字式内径千分尺在使用过程中会出现一些问题,其出现的原因和相应的处理办法如表 1-10 所示。

表 1-10 数字式内径千分尺的常见问题及处理方法

问题	原因	处理方法
液晶屏显示"E 1"	计算数据溢出	反向移动测微螺杆,使显示值恢复正常;或按 Set 键,重新设置初始值

续表

问题	原因	处理方法
液晶屏显示"E 3"	1. 周边有干扰； 2. 传感器故障	1. 重新安装电池； 2. 送回工厂检修
测量数据不准确	1. 测量面有污物； 2. 设置的初始值不准确	1. 擦净测量面； 2. 检查设置的初始值，并重置
液晶屏无显示	1. 电池安装不正确； 2. 电池没电	1. 重新安装电池； 2. 更换电池
1. 显示数字不稳定； 2. 显示乱字； 3. 显示数字不变或不清楚	1. 受到干扰； 2. 电池电压小于 1.45 V； 3. 电池安装不正确	1. 更换电池； 2. 重新安装电池
与计算机通信失败	线缆插头未插至数据输出口的底部	重新插线缆插头至数据输出口的底部

5. 千分尺使用的注意事项

千分尺是精密的测量工具，在使用过程中应熟知一些注意事项，如表 1-11 所示。

表 1-11　千分尺使用的注意事项

序号	注意事项
1	用千分尺测量工件前，应清洁千分尺的工作面和工件的被测表面，不允许有任何污物
2	严禁在毛坯工件上、正在运动着的工件或过热的工件上进行测量，以免影响千分尺的精度或影响测得的尺寸精度
3	使用前检查零刻度是否对齐
4	不要试图测量不平的表面
5	在读数之前确定千分尺是否固定，对测微螺杆不要施加过大的压力
6	轻拿轻放千分尺，不要把千分尺放在有灰尘、液体的地方
7	在读数期间保持千分尺的平直
8	不准把千分尺当作卡钳使用
9	不准拿着微分筒快速转动，以防止测微螺杆加速磨损或两测量面相互猛撞将螺旋副撞伤
10	要防止油石、砂布等硬物损伤千分尺的测量面、测微螺杆等部位
11	不要把千分尺放在容易掉下和受冲击的地方，如果掉在地上或者硬物上时，应立即检查千分尺的各部位的相互作用是否符合要求，并校对零位
12	如果较长时间不使用千分尺，应该在测量面和测微螺杆上涂防护油，而且两个测量面不要相互接触
13	不得将千分尺放在高温、潮湿、有酸性物质和有磁性的地方
14	数字式千分尺使用时有些专门的注意事项，如下所示： 1. 不要摔碰数字式千分尺及施以过大的外力； 2. 不要拆卸数字式千分尺； 3. 不要用尖锐的东西来压按键。按键时请沿按键的移动方向来操作，否则将影响按键的灵敏性； 4. 不要在日光直射、过冷或者过热的环境中使用或保存数字式千分尺； 5. 不要在有高电压或强磁场的环境中使用数字式千分尺； 6. 使用干燥的软布或者棉花擦拭数字式千分尺表面污点，不要使用如丙酮或苯类等有机溶剂擦拭； 7. 测量前使用软布擦拭测量面； 8. 长期不用时，请取出电池并将数字式千分尺和电池放入包装盒中

续表

序号	注意事项
15	千分尺要实行周期检查，检查周期长短要看使用的情况而定
	同学们，你们认为还有哪些注意事项呢
1	
2	
3	

二、实训项目

1. 项目概要

本实训项目是为了更好地学习千分尺的使用，做到正确读数，同时可以根据测量结果对所测物品进行评估，领会千分尺使用的注意事项。各小组负责人对所要完成的任务进行组内工作分配，使人员和项目一一对应，力争使所有成员都有事做，安排可填入表 1 – 12 中。组员按照负责人要求完成相关作业内容。

表 1 – 12　千分尺实训项目单

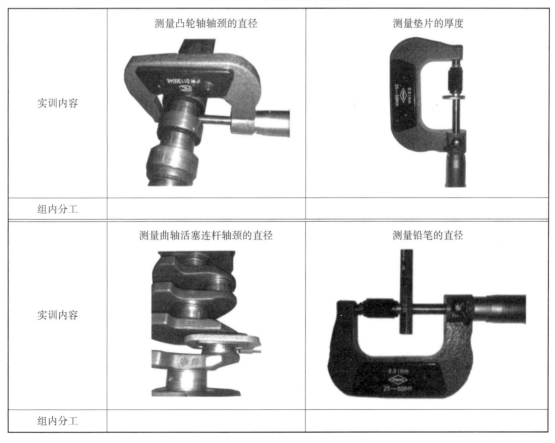

实训内容	测量凸轮轴轴颈的直径	测量垫片的厚度
组内分工		
实训内容	测量曲轴活塞连杆轴颈的直径	测量铅笔的直径
组内分工		

2. 计划决策

1）任务计划

根据具体任务制订小组任务计划，简要说明任务实施的步骤及注意事项，并将任务计划填入表1-13中。（注意：小组可自行设计任务实施步骤，表1-13可以酌情添加或删减）

表1-13 任务计划表

序号	任务实施步骤	工具/辅具	注意事项
1			
2			
3			
4			
5			
6			

2）实施准备（表1-14）

表1-14 实施准备表

场地	设备和工量具	相关资料
5~8人用的实训场地一块，对应数量的课桌椅、黑板	待测物品5套、工具箱5套、工具车5辆、各种千分尺分别5把、抹布若干	各种千分尺的使用说明书分别5本

3. 实施计划任务并完成项目工单（表1-15）

表1-15 实训项目工单

实训内容	测量值	完成情况
测量凸轮轴轴颈的直径		
测量垫片的厚度		
测量曲轴活塞连杆轴颈的直径		
测量铅笔的直径		

4. 考评（表1-16）

表1-16 考评表

序号	实训评价指标	得分
1	千分尺的使用是否正确（10分）	
2	测量方法选择是否正确（10分）	
3	读数是否正确（20分）	
4	工具是否清洁归位（5分）	
5	工单完成情况（15分）	
6	小组自评（5分）	

续表

序号	实训评价指标	得分
7	小组互评（10分）	
8	教师点评（15分）	
9	综合素质（10分）	
总分		
备注		
评价类别	评　　语	
小组自评		
小组互评		
教师点评		

三、课程小结

（1）本节课学习了千分尺的用途、种类、维护、使用方法、读数方法以及使用的注意事项。

（2）你是否都掌握了、弄懂了？还有哪些疑问？请详细回答。

（以课后作业的形式布置下去，由小组课后第一时间完成并交给教师）

四、教学反思

本节课在教学过程中有哪些不足之处？有哪些创新点？学生是否有所收获？在今后的教学过程中将如何改进教学策略和教学手段？

课后测评

一、填空题

1. 在读取千分尺测量的数值时，半刻度线已露出，应记作_____mm。
2. 千分尺的精度是_____mm。
3. 请读出图中的数值。

A._____mm　　　　B._____mm

二、简答题

1. 简述刻度式外径千分尺的使用方法。
2. 说明刻度式千分尺的读数方法。

任务三　塞尺和刀口尺

1. 知识目标

（1）了解塞尺和刀口尺的规格和用途。

（2）掌握塞尺和刀口尺的使用和注意事项。

2. 能力目标

（1）能够正确选择使用塞尺和刀口尺进行测量。

（2）能够对塞尺和刀口尺进行保养。

塞尺和刀口尺是主要用来测量零部件的间隙和表面平整度的工具，两者可以单独使用，也可以配合使用。

一、塞尺和刀口尺的规格及使用

1. 塞尺

1）塞尺的介绍

（1）塞尺又称为厚薄规或间隙片，是由一组具有不同厚度级差的薄钢片组成的量规，主要用于测量工件的间隙尺寸，如图 1 – 21 所示。

图 1 – 21　塞尺

2）塞尺的规格

塞尺一般用不锈钢制造，通常最薄的为 0.02 mm，最厚的为 3 mm。

（1）钢片厚度在 0.02~0.1 mm，钢片的厚度级差为 0.01 mm。

（2）钢片厚度在 0.1~1 mm，钢片的厚度级差为 0.05 mm。

（3）钢片厚度在 1 mm 以上，钢片的厚度级差为 1 mm。

3) 塞尺的使用方法（表1-17）

表1-17 塞尺的使用方法

步骤	内　　容
1	用干净柔软的抹布将塞尺测量表面擦拭干净
2	选择合适厚度（规定间隙）的塞尺片，将其插入被测间隙中，来回拉动塞尺。感到稍有阻力时，说明该间隙值接近塞尺上所标出的数值；如果拉动时阻力过大或过小，则说明该间隙值小于或大于塞尺上所标出的数值
3	根据情况调整塞尺片的厚度，继续测量，直到感觉稍有阻力即可，此时塞尺上所标出的数值即为被测间隙值
4	清洁整理

4) 塞尺使用的注意事项

为了规范地使用塞尺完成间隙的测量，应熟知一些注意事项，如表1-18所示。

表1-18 塞尺使用的注意事项

序号	注意事项
1	不允许在测量过程中剧烈弯折塞尺，或用力硬将塞尺插入被测间隙中，否则将损坏塞尺测量面或零件表面的精度
2	使用后应将塞尺擦拭干净，并涂上一薄层工业凡士林，然后将塞尺折回夹框内，以防锈蚀、弯曲、变形而损坏
3	存放时，不能将塞尺放在重物下，以免损坏塞尺
4	被测件的温度不能过高，防止塞尺受热变形
5	塞尺片在组合使用时，应尽可能地减少组合片数，确保测量精确
	同学们，你们认为还有哪些注意事项呢
1	
2	
3	

2. 刀口尺

1) 刀口尺的介绍

（1）刀口尺主要用于以光隙法进行直线度测量和平面度测量，也可与量块一起用于检验平面精度，如图1-22所示。

（2）刀口尺具有结构简单、重量轻、不生锈、操作方便、测量效率高等优点，是常用的测量工具。

图1-22 刀口尺

2)刀口尺的规格

刀口尺的规格主要有 75 mm、125 mm、175 mm、200 mm、225 mm、300 mm、500 mm、600 mm、750 mm、1 000 mm、1 200 mm、1 500 mm、2 000 mm、2 500 mm、3 000 mm、3 500 mm、4 000 mm。

3)刀口尺的使用方法(表1-19)

表1-19 刀口尺的使用方法

步骤	内容
1	清洁刀口尺和被测平面
2	检查确认刀口尺刃口无损伤后,将刀口尺垂直紧靠在被测表面,查看刀口尺与被测平面透光情况
3	在刀口尺与被测平面的透光处用塞尺插入测量,根据塞尺的厚度即可确定平面度的误差
4	根据需要在被测平面的纵向、横向和对角线方向选取若干点逐次检查、测量
5	清洁整理

4)刀口尺使用的注意事项

为了规范地使用刀口尺完成测量,应熟知一些注意事项,如表1-20所示。

表1-20 刀口尺使用的注意事项

序号	注意事项
1	测量前应检查刀口尺的测量面不得有划痕、碰伤、锈蚀等缺陷,表面应清洁光亮
2	使用刀口尺时,手应握持绝热板,避免温度影响和产生锈蚀
3	不得碰撞刀口尺,应确保其棱边的完整性,否则将影响测量精度
4	使用后不得与其他工具堆放在一起,应单独存放或装入专用盒内保存
同学们,你们认为还有哪些注意事项呢	
1	
2	
3	

二、实训项目

1. 项目概要

本实训项目是为了更好地学习塞尺和刀口尺的使用,做到正确测量,同时可以根据测量结果对所测物品进行评估,领会塞尺和刀口尺使用的注意事项。各小组负责人对所要完成的任务进行组内工作分配,使人员和项目一一对应,力争使所有成员都有事做,安排可填入表1-21中。组员按照负责人要求完成相关作业内容。

表 1-21 塞尺和刀口尺实训项目单

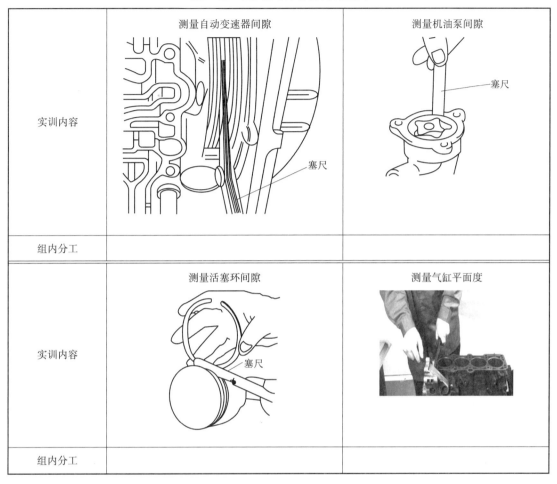

实训内容	测量自动变速器间隙	测量机油泵间隙
组内分工		
实训内容	测量活塞环间隙	测量气缸平面度
组内分工		

2. 计划决策

1) 任务计划

根据具体任务制订小组任务计划，简要说明任务实施的步骤及注意事项，并将任务计划填入表 1-22 中。（注意：小组可自行设计任务实施步骤，表 1-22 可以酌情添加或删减）

表 1-22 任务计划表

序号	任务实施步骤	工具/辅具	注意事项
1			
2			
3			
4			
5			
6			

2）实施准备（表1-23）

表1-23 实施准备表

场地	设备和工量具	相关资料
5~8人用的实训场地一块，对应数量的课桌椅、黑板	待测物品5套、工具箱5套、工具车5辆、塞尺和刀口尺各5把、抹布若干	塞尺和刀口尺的使用说明书各5本

3. 实施计划任务并完成项目工单（表1-24）

表1-24 实训项目工单

实训内容	测量值	完成情况
测量自动变速器间隙		
测量机油泵间隙		
测量活塞环间隙		
测量气缸平面度		

4. 考评（表1-25）

表1-25 考评表

序号	实训评价指标	得分
1	塞尺和刀口尺的使用是否正确（10分）	
2	测量方法选择是否正确（10分）	
3	读数是否正确（20分）	
4	工具是否清洁归位（5分）	
5	工单完成情况（15分）	
6	小组自评（5分）	
7	小组互评（10分）	
8	教师点评（15分）	
9	综合素质（10分）	
总分		
备注		
评价类别	评语	
小组自评		
小组互评		
教师点评		

三、课程小结

（1）本节课学习了塞尺和刀口尺的用途、规格、使用方法以及使用的注意事项。

（2）你是否都掌握了、弄懂了？还有哪些疑问？请详细回答。
（以课后作业的形式布置下去，由小组课后第一时间完成并交给教师）

四、教学反思

本节课在教学过程中有哪些不足之处？有哪些创新点？学生是否有所收获？在今后的教学过程中将如何改进教学策略和教学手段？

课后测评

一、填空题

1. 塞尺用来测量工件_____的尺寸。
2. 刀口尺测量前应检查测量面不得有_____、_____、_____等缺陷，表面应清洁光亮。

二、选择题

1. （　　）正确地表述了塞尺已被设置到适当的厚度。
A. 塞尺片为当前最大厚度，从间隙中撤出塞尺片时感到稍微有一点阻滞力
B. 塞尺片为当前最大厚度，从间隙中撤出塞尺片时没有感到任何阻力
C. 塞尺片的厚度是所测间隙能够容纳的最大厚度
D. 塞尺片为当前最大厚度，从间隙中撤出塞尺片时感到相当大的阻力
2. 塞尺片的厚度一般为（　　）。
A. 0.02～1.00 mm　　　　B. 0.05～1.00 mm　　　　C. 0.01～0.05 mm
3. 塞尺是用来测量（　　）的一种工具。
A. 长度　　　　　　　　B. 平面　　　　　　　　C. 间隙　　　　　　　　D. 直径

三、简答题

简述如何利用塞尺和刀口尺测量气缸缸体的平面度。

检测活塞环侧隙、端隙

测量气缸盖

项目二

表类量具的种类及使用

任务 百分表

1. 知识目标

(1) 熟悉百分表的结构和种类。

(2) 掌握百分表的使用方法和读数方法。

2. 能力目标

(1) 能够正确地选择和使用百分表进行测量。

(2) 能够正确读数。

在进行汽车维修时经常要测量凸轮轴和曲轴的弯曲度、气缸的缸径等,这些微小的弯曲度变化我们无法用肉眼看到,就需要借助百分表来进行测量。通过改变测头形状并配以相应的支架,可制成百分表的变形品种。常见的百分表分为外径百分表和内径百分表。

一、百分表的结构及使用

1. 百分表的介绍

(1) 百分表是利用精密齿条齿轮机构制成的表式通用长度测量工具,通常由测量头、测量杆、表盘及指针等组成,常用于测量形状和位置误差以及小位移的长度,测量范围为 0~3 mm、0~5 mm、0~10 mm。

(2) 百分表的结构如图 1-23 所示。

(3) 百分表的测量头包括 4 种类型,如图 1-24 所示:

①长型,适合在有限空间中使用。

②辊子型,用于轮胎的凸面/凹面测量。

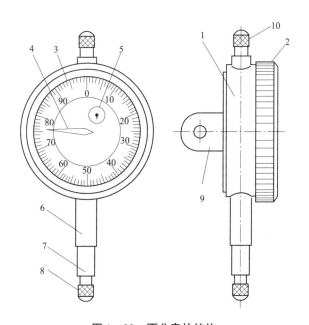

图 1-23 百分表的结构
1—表壳；2—表体；3—表盘；4—指针；5—毫米指针；6—套筒；
7—测量杆；8—测量头；9—耳环；10—圆头

③杠杆型，用于测量不能直接接触的部件。
④平板型，用于测量活塞等突出部分。

2. 百分表的结构原理

（1）当一个轻的压力作用在百分表的测量头上时，百分表的测量杆向内移动，其齿条带动表中的指针旋转，因而可从指针旋转的刻度读出测量杆移动的距离。其内部结构如图 1-25 所示。

（2）当测量杆移动 1 mm 时，指针转一周，由于表盘上共刻 100 格，所以指针每转一格表示测量杆移动 0.01 mm。

图 1-24 百分表测量头的类型

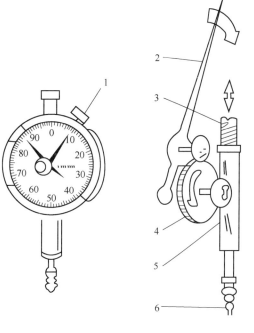

图 1-25 百分表的内部结构
1—紧固表盘螺栓；2—指针；3—复原弹簧；
4—齿轮；5—刻度；6—测量头

（3）当测量杆移动距离超过 1 mm 时，毫米指针将移动，测量杆移动的毫米量由毫米指针表示。通过大小指针的读数,就可得知被测尺寸。

3. 内径百分表的介绍

(1) 内径百分表一种测量内孔直径的量具,由百分表、表杆、接杆、测量杆、测量头、支撑架等组成,如图1-26所示。为了测量不同的内径,配有一套长度不等的测量杆供测量时选择。

图1-26 内径百分表的结构

(2) 常见的内径百分表的测量范围:10~18 mm、18~35 mm、35~50 mm、50~100 mm、100~160 mm、160~250 mm、250~450 mm。

4. 百分表的使用

(1) 外径百分表的使用方法如表1-26所示。

表1-26 外径百分表的使用方法

步骤	内容
1	使用前,要将外径百分表装在磁性表座上,并卡紧和装稳,如图1-27所示。 图1-27 外径百分表的使用(1) 1—磁性表座;2—滑杆;3—紧固套
2	测量时,调整滑杆,使其头部接触被测零件,如图1-28所示。 图1-28 外径百分表的使用(2)

续表

步骤	内　　容
3	旋转表盘，将指针对准刻度盘的零刻度
4	从指针相对于零点的变化可测出零件的误差，这些变化就是从测量杆传递到指针上的，这样的变化在零点的一侧表示为加值，在另一侧表示为减值

备注：凸轮轴弯曲度的检查如图 1-29 所示：将 V 形块和磁性表座放置在测量平台上，凸轮轴两端支承在 V 形块上，测量杆作用在凸轮轴中间的轴颈上，并有 1~2 mm 的压缩量，然后将百分表调零，转动凸轮轴一周，注意观察百分表上的读数

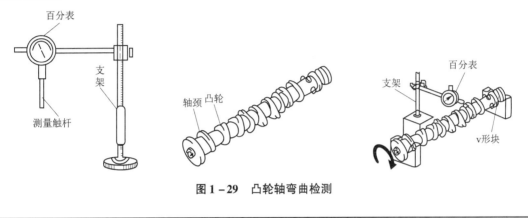

图 1-29　凸轮轴弯曲检测

（2）内径百分表的使用方法如表 1-27 所示（以测量气缸内径为例）。

表 1-27　内径百分表的使用方法

步骤	内　　容
1	安装校对内径百分表： 1. 按照被测气缸的标准尺寸选择合适的测量杆，装上后暂不拧紧固定螺母； 2. 把外径千分尺调到被测气缸的标准尺寸，将装好的内径百分表放入千分尺； 3. 稍微旋动测量杆，使内径百分表指针转动约 2 mm，将指针对准刻度零处，然后扭紧测量杆的固定螺母。为了使测量数据正确，建议重复校零一次
2	读数： 1. 百分表表盘刻度为 100，指针在圆表盘上转动一格为 0.01 mm，转动一圈为 1 mm，小指针移动一格为 1 mm； 2. 测量时，当表针顺时针方向离开"0"位，表示实测缸径小于标准缸径，它是标准缸径与表针离开"0"位格数的差；若表针逆时针方向离开"0"位，表示实测缸径大于标准缸径，它是标准缸径与表针离开"0"位格数之和； 3. 测量时，若小针移动超过 1 mm，则应在实际测量值中加上或减去 1 mm
3	测量： 1. 使用内径百分表时，一只手拿住隔热套，另一只手托住管子下部靠近本体的地方； 2. 将校对后的内径百分表测量杆在平行于曲轴轴线方向和垂直于曲轴轴线方向的两方位，沿气缸轴线方向上、中、下取三个位置，共读六个数值。上面一个位置一般定在活塞上止点第一道活塞环气缸壁处，约距气缸上端 15 mm；下面一个位置一般取在气缸套下端以上 10 mm 左右处，该部位磨损最小； 3. 测量时，内径百分表的测量杆同气缸轴线保持垂直，才能测量准确。当前后摆动内径百分表，表针指示到最小数字时，即表示测量杆已垂直于气缸轴线

5. 百分表使用的注意事项

百分表是灵敏的测量工具,在使用时应熟知一些注意事项,如表1-28所示。

表1-28 百分表使用的注意事项

序号	注意事项
1	测量前,首先把测量头、测量杆、套筒和表盘以及被测工件擦净,夹紧百分表的装夹套筒后,测量杆应能平稳、灵活地移动,无卡住现象
2	装夹后在未松开紧固套之前,不得转动表体,如需要把百分表转动方向时,必须先松开紧固套
3	磁性表座如果放在有油的机架上面,会发生微水滑动,影响测量结果,如遇这种情况,可将一张吸油的纸放在机架上,然后再把磁性表座放在纸上
4	百分表只能检测光滑机械表面,不要用于测量毛坯的粗糙表面或有显著凹凸的表面,否则会损伤测头
5	测量平面时,测量杆要与被测面垂直,否则不仅测量误差大,而且有可能会把测量杆卡住不能活动,损坏百分表
6	测量圆柱形工件时,测量杆的中心线要垂直地通过工件的轴心线,如图1-30所示。 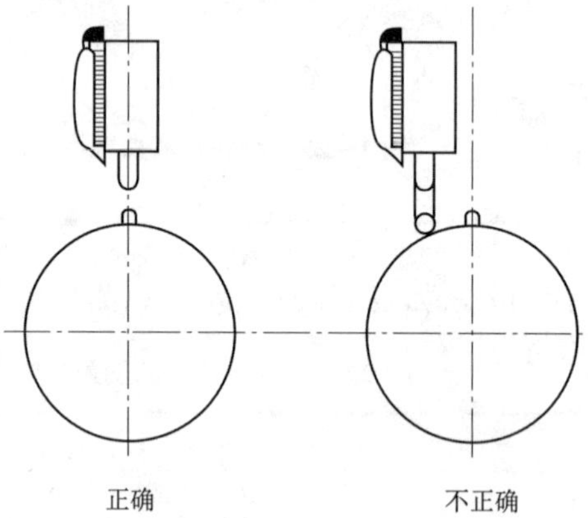 正确　　不正确 图1-30 测量杆的位置
7	测量时,先把测量杆提起,再把工件推到测量头下面,不得把工件强迫推到测量头下,防止把测量头撞坏
8	不允许把测量头压到尽头,以防止百分表被损坏
9	要轻拿轻放,不要过多地拨动测量头使它做无效的运动,以防机件不必要的磨损
10	不要使百分表受到剧烈振动,不得敲打百分表的任何部位
11	用完后要把百分表擦净放回盒内,但不得在测量杆上涂凡士林或其他油类,否则会使测量杆和套筒粘结,造成移动不灵活
12	不使用时,应让测量杆自由放松,使百分表处于自由状态,避免其内部机件受到外力作用,以保持精度
13	百分表应放置在干燥、无磁性、无酸性物质的地方保存
	同学们,你们认为还有哪些注意事项呢
1	
2	
3	

二、实训项目

1. 项目概要

本实训项目是为了更好地学习百分表的使用,做到正确测量,同时可以根据测量结果对所测物品进行评估,领会百分表使用的注意事项。各小组负责人对所要完成的任务进行组内工作分配,使人员和项目一一对应,力争使所有成员都有事做,安排可填入表1-29中。组员按照负责人要求完成相关作业内容。

表1-29 百分表项目单

实训内容	测量凸轮轴弯曲度	测量曲轴弯曲度	测量气缸内径圆度
	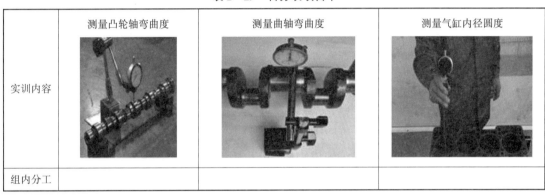		
组内分工			

2. 计划决策

1) 任务计划

根据具体任务制订小组任务计划,简要说明任务实施的步骤及注意事项,并将任务计划填入表1-30中。(注意:小组可自行设计任务实施步骤,表1-30可以酌情添加或删减)

表1-30 任务计划表

序号	任务实施步骤	工具/辅具	注意事项
1			
2			
3			
4			
5			
6			

2) 实施准备(表1-31)

表1-31 实施准备表

场地	设备和工量具	相关资料
5~8人用的实训场地一块,对应数量的课桌椅、黑板	待测物品5套、工具箱5套、工具车5辆、外径百分表和内径百分表分别5个、抹布若干	外径和内径百分表的使用说明书各5本

3. 实施计划任务并完成项目工单（表1-32）

表1-32 实训项目工单

实训内容	测量值	完成情况
测量凸轮轴弯曲度		
测量曲轴弯曲度		
测量气缸内径圆度		

4. 考评（表1-33）

表1-33 考评表

序号	实训评价指标	得分
1	百分表的使用是否正确（10分）	
2	测量方法选择是否正确（10分）	
3	读数是否正确（20分）	
4	工具是否清洁归位（5分）	
5	工单完成情况（15分）	
6	小组自评（5分）	
7	小组互评（10分）	
8	教师点评（15分）	
9	综合素质（10分）	
总分		
备注		
评价类别	评语	
小组自评		
小组互评		
教师点评		

三、课程小结

（1）本节课学习了百分表结构、使用方法以及使用的注意事项。

（2）你是否都掌握了、弄懂了？还有哪些疑问？请详细回答。

（以课后作业的形式布置下去，由小组课后第一时间完成并交给教师）

四、教学反思

本节课在教学过程中有哪些不足之处？有哪些创新点？学生是否有所收获？在今后的教学过程中将如何改进教学策略和教学手段？

课后测评

一、选择题

1. 百分表的精度为（　　）。
   A. 0.01 mm   B. 0.02 mm
   C. 0.03 mm   D. 0.05 mm

2. 安装内径百分表表头时应该使用小指针转动（　　），然后紧固弹簧卡头，加紧力不宜过大。
   A. 1 格   B. 2 格   C. 3 格   D. 4 格

3. 通过更换测量杆，可改变内径百分表的（　　）。
   A. 量程   B. 精度
   C. 结构   D. 用途

4. 百分表不能进行的操作是（　　）。
   A. 测量长度   B. 测量圆跳动
   C. 测量轴的弯曲变形   D. 测量间隙

二、简答题

如何测量气缸内径？

项目三
力矩类量具的种类及使用

任务　扭力扳手

1. 知识目标

（1）熟悉扭力扳手的用途和种类。

（2）掌握扭力扳手的使用方法和注意事项。

2. 能力目标

能够正确地选择和使用扭力扳手。

扭力扳手又叫扭矩扳手、力矩扳手、扭矩可调扳手，是扳手的一种，广泛用于对拧紧工艺有严格要求的装配线，使产品各个紧固件扭矩值一致，生产出来的产品质量有保障。扭力扳手按动力源一般分为三类：手动扭力扳手、气动扭力扳手和电动扭力扳手。

一、扭力扳手的种类及使用

1. 扭力扳手的用途

（1）扭力扳手用于拧紧有力矩要求的螺栓或螺母。

（2）对一些重要的螺栓或螺母，生产厂家详细规定了力矩值，在拧紧时，需用扭力扳手来达到所需力矩值或校验力矩值。

2. 力矩的定义

力矩是指扭力 F 与力臂 A 的乘积，在图 1-31 中，在 1 m 长的力臂的右端施加 1 N 的力，这样在力臂的另一端就产生了 1 N·m 的力矩。

图 1-31　力矩的解释

通过改变力臂的长度或力的大小，可改变力矩大小。力矩的单位是牛·米（N·m）或千克力·米（kgf·m），较小的力矩值也可用牛·毫米（N·mm）来计量。

汽车维修中常用的扭力扳手一般为 30 kgf·m 的规格，其中 1 kgf = 98 N。

3. 扭力扳手的种类

常见的扭力扳手有指针式扭力扳手和预置式扭力扳手两种。

（1）指针式扭力扳手如图 1 - 32 所示，它可以通过指针的偏转角度大小表示螺栓、螺母的拧紧程度，其数值可通过刻度盘读出。

图 1 - 32　指针式扭力扳手

（2）预置式扭力扳手如图 1 - 33 所示，它可以根据扭力需要预先设置力矩值，当所施力矩值超过设置力矩值时，会自动发出"咔嗒"的响声，如继续施力则自动打滑。

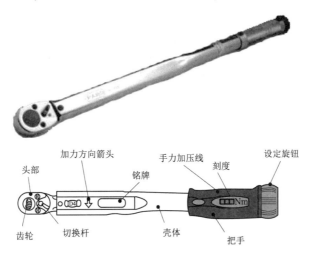

图 1 - 33　预置式扭力扳手

4. 扭力扳手的使用方法（表 1 - 34）

表 1 - 34　扭力扳手的使用方法

类型	步骤	内容
指针式扭力扳手	1	选择合适量程的指针式扭力扳手，并检查指针是否变形、是否处于刻度盘的零刻线位置
	2	选择合适规格的接杆和套筒
	3	左手握住指针式扭力扳手与接杆和套筒的连接处，右手施力旋转扭力扳手
	4	按要求达到规定力矩值即可

续表

类型	步骤	内容
预置式扭力扳手	1	选用合适量程的预置式扭力扳手
	2	根据工件所需力矩要求,确定预设力矩值
	3	确认预置式扭力扳手与固定件连接可靠并已锁定
	4	左手握住预置式扭力扳手与接杆和套筒的连接处,右手施力旋转预置式扭力扳手
	5	按要求达到规定力矩值即可

5. 扭力扳手使用的注意事项

为了安全规范地使用扭力扳手,需要熟知一些注意事项,如表1-35所示。

表1-35 扭力扳手使用的注意事项

序号	注意事项
1	不能超量程使用
2	施力前应左手握住扭力扳手与接杆套筒的连接处,确保扭力扳手与固定件连接可靠,同时手不要碰到指针,否则会造成读数不准;施力旋转扭力扳手时,应注意将施力的方向朝向身体方向,如图1-34所示。 图1-34 扭力扳手的使用
3	使用中,首先要根据测量工件的要求,选取适宜量程的扭力扳手,所测力矩值不可小于扭力扳手在使用中量程的20%,太大的量程不宜用于小力矩物件的加固
4	预设力矩值时,将扳手手柄上的锁定环下拉,同时转动手柄,调节标尺主刻度线和微分刻度线数值至所需力矩值。调节好后,松开锁定环,手柄自动锁定
5	在扳手方榫上装上相应规格套筒,并套住紧固件,再在手柄上慢用力。施加外力的方向必须与力矩扳手成直角。手要把握住把手的有效范围,沿垂直于扭力扳手壳体方向,慢慢地加力,直至听到扭力扳手发出"咔嗒"的声音,停止加力。此时扭力扳手已到达预置力矩值,工件已加力完毕,应及时解除作用力,以免损坏零部件
6	如果是指针式扭力扳手,指针所指示的数值为测量数值;如果是套筒加副刻度指示器,应先读取主刻度的数值,再读副刻度或者微分筒上的数值,和为测量数值。 力矩值=力矩主刻度指示线读数+微分刻度读数
	同学们,你们认为还有哪些注意事项呢
1	
2	
3	

二、实训项目

1. 项目概要

本实训项目是为了更好地学习扭力扳手的使用，做到正确测量，同时可以根据测量结果对所测物品进行评估，领会扭力扳手使用的注意事项。各小组负责人对所要完成的任务进行组内工作分配，使人员和项目一一对应，力争使所有成员都有事做，安排可填入表1-36中。组员按照负责人要求完成相关作业内容。

表1-36 扭力扳手实训项目单

实训内容	测量轮胎螺栓/螺母力矩	测量下摆臂螺母力矩
组内分工		

2. 计划决策

1）任务计划

根据具体任务制订小组任务计划，简要说明任务实施的步骤及注意事项，并将任务计划填入表1-37中。（注意：小组可自行设计任务实施步骤，表1-37可以酌情添加或删减）

表1-37 任务计划表

序号	任务实施步骤	工具/辅具	注意事项
1			
2			
3			
4			
5			
6			

2）实施准备（表1-38）

表1-38 实施准备表

场地	设备和工量具	相关资料
5~8人用的实训场地一块，对应数量的课桌椅、黑板	拆装训练用设备台架5套、工具箱5套、工具车5辆、指针式扭力扳手和预置式扭力扳手分别5把、抹布若干	指针式和预置式扭力扳手的使用说明书各5本

3. 实施计划任务并完成项目工单（表1-39）

表1-39 实训项目工单

实训内容	测量值	完成情况
测量轮胎螺栓/螺母力矩		
测量下摆臂螺母力矩		

4. 考评（表1-40）

表1-40 考评表

序号	实训评价指标	得分
1	扭力扳手的使用是否正确（10分）	
2	测量方法选择是否正确（10分）	
3	读数是否正确（20分）	
4	工具是否清洁归位（5分）	
5	工单完成情况（15分）	
6	小组自评（5分）	
7	小组互评（10分）	
8	教师点评（15分）	
9	综合素质（10分）	
总分		
备注		
评价类别	评语	
小组自评		
小组互评		
教师点评		

三、课程小结

（1）本节课学习了扭力扳手的用途、种类、使用方法以及使用的注意事项。

（2）你是否都掌握了、弄懂了？还有哪些疑问？请详细回答。

（以课后作业的形式布置下去，由小组课后第一时间完成并交给教师）

四、教学反思

本节课在教学过程中有哪些不足之处？有哪些创新点？学生是否有所收获？在今后的教学过程中将如何改进教学策略和教学手段？

课后测评

一、填空题

1. 力矩的单位是_____。

2. 常见的扭力扳手有_____式和_____式。

3. 预置式扭力扳手是在手柄上设置所需的_____，当力矩达到设定值时，扳手发出_____声，同时伴有明显的手感振动，这就代表已经紧固不要再加力了，提示完成工作。

二、判断题

1. 扭力工具可以超力矩使用。（ ）
2. 如果扭力工具被砸或者摔坏则要重新计量才能使用。（ ）
3. 使用扭力扳手永远只能拉，而不能推。（ ）
4. 使用扭矩扳手时可以用手扶住扳手头部。（ ）
5. 在要达到要求的力矩值时，应缓慢而均速。（ ）
6. 扭力扳手可以在潮湿的环境下使用和存放。（ ）
7. 使用扭力扳手时，手臂可以与扳手成任何角度。（ ）

底盘紧固

模块二
汽车常规工具的种类与使用

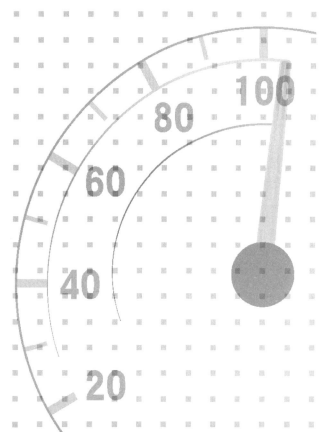

项目一
旋具的种类及使用

任务　螺钉旋具、扳手

1. 知识目标

(1) 了解各类旋具的结构、用途、种类。

(2) 熟悉各类旋具的使用方法和注意事项。

2. 能力目标

能够根据工作任务,正确识别选用不同类别的旋具。

在汽车的拆装过程中,需要拆卸各种各样的螺母,螺母大小、形状和位置不同,选择的工具就不同。旋具主要有螺钉旋具、扳手和套筒。

一、旋具的种类及使用

1. 螺钉旋具

螺钉旋具也常称作螺丝起子、螺丝批、螺丝刀或改锥等,是用以旋紧或旋松螺钉的工具,主要有一字(平口)和十字两种,如图 2-1 所示。它有多种规格,通常说的大、小螺丝刀是用手柄以外的刀体长度来表示的,常用的有 100 mm、150 mm、200 mm、300 mm 和 400 mm 等几种。要根据螺丝的大小选择不同规格的螺丝刀,若用型号较小的螺丝刀来旋拧大号的螺丝很容易损坏螺丝刀。

旋具的使用

2. 扳手

扳手常用来拧紧或拧松螺栓和螺母。扳手的类型较多,常见的有呆扳手、梅花扳手、活扳手、内六角扳手以及套筒扳手等，每种类型的扳手都有其特殊的用途。

扳手的尺寸是根据螺母或螺栓头的尺寸来确定的，该尺寸为螺栓或螺母头部的一个侧面到另一侧面的长度，如图2-2所示。

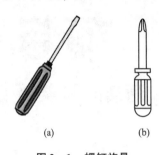

图2-1 螺钉旋具

(a) 一字旋具；(b) 十字旋具

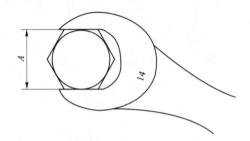

图2-2 扳手尺寸

注："A"是横跨螺母或螺栓头对边的尺寸

公制扳手用毫米标识，常用的扳手尺寸有：6 mm、7 mm、8 mm、10 mm、12 mm、14 mm、17 mm、19 mm等等，一套公制扳手的尺寸范围是6～32 mm，以1 mm、2 mm或3 mm为一级。

采用美国汽车工程师学会（SAE）标准的扳手是用分数形式的英寸（in）来标识的，一套英制扳手的尺寸范围是1/4～1 in，以1/16 in为一级。

1) 呆扳手

(1) 呆扳手的用途。如图2-3所示，呆扳手多用于拧紧或拧松标准规格的螺栓或螺母。

呆扳手可以从上、下套入螺母或横向插入，使用方便。

呆扳手不可用于拧紧力矩较大的螺栓或螺母。

(2) 呆扳手使用的注意事项：

图2-3 呆扳手

①呆扳手只能在一个有限的空间中扳动螺栓或螺母，在螺栓或螺母被扳转到极限位置后，再将扳手取出重复原先的过程。

②扳动呆扳手的方向应朝胸前，而不应往外推，这样操作更省力，若必须向外推呆扳手时，应将手掌张开去操作。

③使用呆扳手对螺栓或螺母做最后拧紧时，加在扳手上的力应根据螺栓拧紧力矩的要求而定，不能太大，否则会导致螺纹滑扣。

④使用呆扳手时若放置的位置太高，或只夹住螺母头部的一小部分，呆扳手会打滑，如图2-4中(a)所示。

⑤呆扳手的开口端若大于螺母头部两相对平台宽度时，因开口端与螺母的头部接触减少会导致呆扳手打滑，应在确认扳手和螺母配合好后才能施力。图2-4中(b)所示的错误使用呆扳手造成的后果如图2-4中(c)所示。

⑥在呆扳手上标有使用的尺寸，若扳手上尺寸的单位是毫米，该扳手就为米制型号扳手，若尺寸为英寸，该扳手就为英制型号扳手。

⑦一般情况下梅花扳手可代替呆扳手。

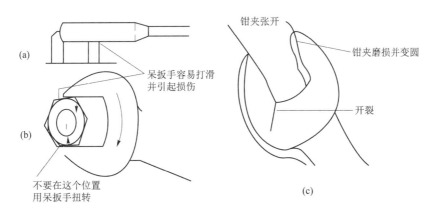

图 2-4　呆扳手使用的注意事项

2）梅花扳手

梅花扳手有双梅花扳手、双梅花棘轮扳手、带开口的梅花扳手等,如图 2-5 所示。

图 2-5　梅花扳手

(a) 双梅花扳手；(b) 双梅花棘轮扳手；(c) 带开口的梅花扳手

(1) 梅花扳手的特点：

①两端是套筒,套筒内孔是由 2 个相互同心的正六边形错开 30°组合而成。

②梅花扳手适用于狭窄场地的操作。

③使用时,梅花扳手可将螺栓和螺母的头部全部围住,不易脱落,操作安全可靠。

④与呆扳手相比,梅花扳手拧紧或拧松的力矩较大。

⑤梅花扳手手柄带有弯曲或角度,使用时可以为手指提供间隙,防止擦伤皮肤,如图 2-6 所示。

⑥六边形的梅花扳手比十二边形的梅花扳手更具防滑性。

(2) 梅花扳手使用的注意事项：

①不要使用带有裂纹或已严重磨损的梅花扳手,如图 2-7 所示。

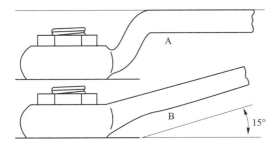

图 2-6　梅花扳手的结构特点

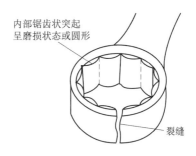

图 2-7　梅花扳手常见失效形式

②为了防止打滑，在使用梅花扳手之前，要判断螺母尺寸，以决定采用哪种型号的米制扳手或英制扳手。

③为了安全，要朝胸前的方向拧动梅花扳手，如图2-8所示。

④不能用加长的管子套在梅花扳手上以延伸扳手的长度进而增大力矩，这样易导致扳手损坏。

图2-8　梅花扳手施力方向

3）活扳手

（1）活扳手的结构如图2-9所示。固定钳口、活动钳口是用来夹紧工件的，开口调节螺母是用来调节扳手开口大小的，握把是力臂，固定销是用来防止开口调节螺母脱落的。

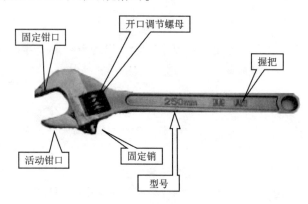

图2-9　活扳手的结构

（2）活扳手的特点：

①活扳手能在一定范围内任意调节开口尺寸。

②活扳手用于拆装开口尺寸限度以内的螺栓和螺母，特别对不规则的螺栓和螺母，更能发挥作用。

（3）活扳手的使用方法：

①将活扳手的活动钳口调整合适，使活扳手与螺母或螺栓头两对角边贴紧。

②工作时应让活扳手钳口的可动部分受推力，固定部分受拉力，如图2-10活扳手的施力方向。

（4）活扳手使用的注意事项：

①应按照螺栓或者工件大小选用适当的活扳手。

②使用时活扳手开口要适当，防止打滑，以免损坏工件或螺栓，并造成人员受伤。

③不应套加力管使用，不准把活扳手当榔头用。

④使用活扳手时要顺扳，不准反扳，否则会损坏活扳手。

4）内六角扳手

（1）内六角扳手的用途。如图2-11所示，内六角扳手主要用于扳动内六角头螺栓，比如带轮上的螺栓以及自动变速器调节装置上的内六角头螺栓。

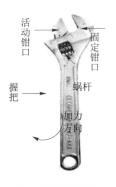 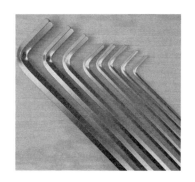

图 2-10　活扳手的施力方向　　　图 2-11　内六角扳手

（2）内六角扳手的使用方法：

①选取合适的内六角扳手，对正内六角头螺栓孔后加力即可。

②内六角扳手的选取应与螺栓内六方孔相适应，不允许使用套筒等加长装置，以免损坏螺栓或内六角扳手。

5）套筒扳手

套筒扳手，简称套筒，呈短管状，使用时套在螺母上，它和一个可拆卸的手柄一起使用。套筒的一端呈六角形状，用来套螺栓头；另一端呈正方形，主要用来与拆卸手柄配合。常见的套筒如图 2-12 所示。

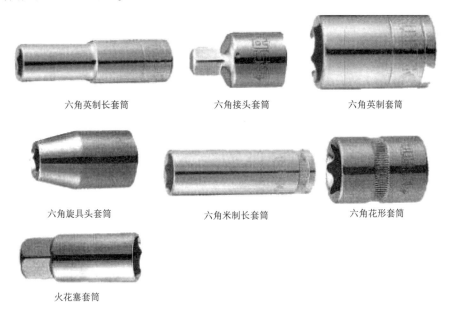

图 2-12　常见的套筒

（1）套筒的用途。套筒主要用于拧紧或拧松扭力较大的或头部制成特殊形状的螺栓和螺母。如果套筒加上万向接头，可用于空间较狭小的场所，如果加上摇柄或棘轮扳手可提高工作效率。图 2-13 所示为各种形状的套筒手柄，它可装于套筒扳手上，用于扳动套筒。

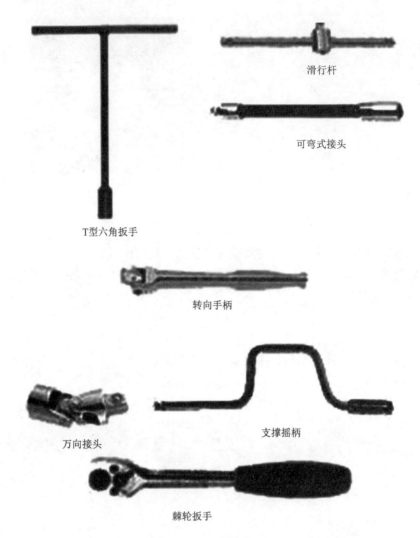

图 2-13 各类套筒手柄

(2) 套筒的使用方法：
①根据工作空间的大小、扭力的要求，选用合适的手柄和套筒进行作业。
②使用时左手捏住套筒与螺母的连接处，右手握住手柄加力。
(3) 套筒使用的注意事项：
①不要使用出现裂纹或已损坏了的套筒，会引起打滑或伤人。
②使用套筒时要正确选择套筒型号（米制型号或英制型号），若选择不正确的套筒，在使用时极可能打滑，从而损坏螺栓。
③套筒的选用必须与螺栓、螺母的形状及尺寸相适应。
④不要使用棘轮扳手对螺栓或螺母进行最后拧紧，这样会导致棘轮扳手的棘轮机构损坏。
⑤使用扭力扳手时，同样应将扳手朝着胸前的方向拧动，这样在使用时会相对比较安全。

⑥对一个矩形零件上有很多需紧固的螺栓情况,在选择拧紧螺栓时,要注意拧紧次序,一般的拧紧次序是从中间开始,到周边结束。在拧紧圆圈排列的螺栓过程中,应使用交叉的次序,这样可防止零件扭曲变形。具体次序如图 2-14 所示。

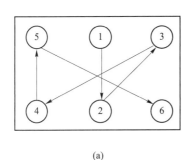
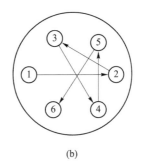

(a) (b)

图 2-14 螺栓的拧紧次序
(a) 矩形零件;(b) 圆形零件

二、实训项目

1. 项目概要

本实训项目是为了更好地学习旋具的使用,做到正确使用,领会旋具使用的注意事项。各小组负责人对所要完成的任务进行组内人员分配,组员按照负责人要求完成相关作业内容。

2. 计划决策

1) 任务计划

根据具体任务制订小组任务计划,简要说明任务实施的步骤及注意事项,并将任务计划填入表 2-1 中。(注意:小组可自行设计任务实施步骤,表 2-1 可以酌情添加或删减)

说明:在拆卸螺栓时,应按照"先套筒,后梅花扳手,最后开口扳手"的选用原则进行选取,并按标准力矩拧紧。

表 2-1 任务计划表

序号	任务实施步骤	工具/辅具	注意事项
1			
2			
3			
4			
5			
6			

2）实施准备（表 2-2）

表 2-2　实施准备表

场地	设备和工量具	相关资料
5~8 人用的实训场地一块，对应数量的课桌椅、黑板	发动机拆装台架 5 台、工具箱 5 套、工具车 5 辆、抹布若干	车辆维修手册 5 本

3. 实施计划任务并完成项目工单（表 2-3）

表 2-3　实训项目工单

实训内容	完成情况
发动机总成零部件的拆卸和装配	

4. 考评（表 2-4）

表 2-4　考评表

序号	实训评价指标	得分
1	旋具的使用是否正确（10 分）	
2	维修手册查阅是否正确（10 分）	
3	旋具的选择是否正确（20 分）	
4	工具是否清洁归位（5 分）	
5	工单完成情况（15 分）	
6	小组自评（5 分）	
7	小组互评（10 分）	
8	教师点评（15 分）	
9	综合素质（10 分）	
总分		
备注		
评价类别	评语	
小组自评		
小组互评		
教师点评		

三、课程小结

（1）本节课学习了旋具的用途、种类、结构、使用方法以及使用的注意事项。
（2）你是否都掌握了、弄懂了？还有哪些疑问？请详细回答。
（以课后作业的形式布置下去，由小组课后第一时间完成并交给教师）

四、教学反思

本节课在教学过程中有哪些不足之处？有哪些创新点？学生是否有所收获？在今后的教学过程中将如何改进教学策略和教学手段？

课后测评

一、选择题

1. 下列示范工具使用的图片，（　　）操作是正确的。

A.

B.

C.
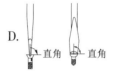
D.

2. 下列哪个扳手使用灵活安全，可以任意组合？（　　）下列哪个扳手开口尺寸在一定范围内可任意调节？（　　）

　　A. 梅花扳手　　　　　B. 套筒扳手　　　　　C. 活扳手　　　　　D. 开口扳手

3. 扳手的选用顺序原则为：a. 梅花扳手；b. 开口扳手；c. 活扳手；d. 套筒扳手。
（　　）

　　A. dabc　　　　　　　B. abcd　　　　　　　C. dcab　　　　　　　D. abdc

二、简答题

1. 对于不同分布的螺栓，请写出拧紧次序的总体原则。
2. 能否使用棘轮扳手作为开始拧松和最后拧紧的工具？请说明原因。

项目二

钳工工具的种类及使用

任务一 划针、划规、台虎钳、铁皮剪、錾子、冲子、砂轮、电动工具

1. 知识目标

(1) 掌握划针、錾子、铁皮剪、电钻等钳工工具的用途。

(2) 掌握划针、錾子、铁皮剪、电钻等钳工工具的使用方法及注意事项。

2. 能力目标

(1) 能够正确识别划针、錾子、铁皮剪、电钻等钳工工具。

(2) 能够正确地选择和使用划针、錾子、铁皮剪、电钻等钳工工具。

钳工是手持工具对夹紧在钳工工作台虎钳上的工件进行切削加工的方法，它是机械制造中的重要工种之一。钳工的基本操作包括划线、錾削、锯削、锉削、攻螺纹、套螺纹、钻孔（扩孔、铰孔）、刮削和研磨等。

一、划针、划规、台虎钳、铁皮剪、錾子、冲子、砂轮、电动工具的使用

1. 划针

划针是根据图样的尺寸要求，在毛坯或半成品上划出待加工部位的轮廓线（或称加工界限）或作为基准的点、线的一种工具，如图2-15所示。

划针用于标记零件以及刺穿塑料件和薄钣金件。

2. 划规

规划是划圆或弧线、等分线段及量取尺寸等的工具，其用法与制图的圆规相似，如图2-16所示。

图2-15 划针

3. 台虎钳

台虎钳常用来夹持需要进行锯、锉、錾加工的零件，是钳工经常使用的工具，如图 2 – 17 所示。

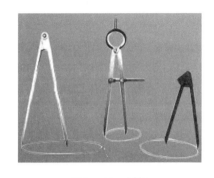

图 2 – 16　划规

图 2 – 17　台虎钳

台虎钳的使用方法及注意事项：

（1）工件尽量夹在钳口中部，以使钳口受力均匀。

（2）夹紧后的工件应稳定可靠，便于加工，并且不产生变形。

（3）夹紧工件时，一般只允许依靠手的力量来扳动手柄，不能用手锤敲击手柄或随意套上长管子来扳手柄，以免丝杠、螺母或钳身损坏。

（4）不要在活动钳身的光滑表面进行敲击作业，以免降低配合性能。

（5）加工时用力方向最好是朝向固定钳身。

4. 铁皮剪

铁皮剪是最通用的金属剪切工具，如图 2 – 18 所示，可用来在薄钢板上剪切出直线或曲线形状。

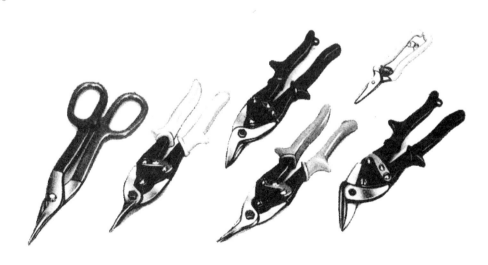

图 2 – 18　铁皮剪

5. 錾子

錾子通常是有硬化刃口的钢棒，如图 2-19 所示。

錾子主要用来去除凸缘、毛刺以及分割材料（分离咬死的螺母、切断生锈的螺栓、切断焊接点以及分离车身和车架部件）、錾油槽等。通常将进行的操作叫作錾削，是指人操作手锤敲击錾子对金属进行切削加工的操作。錾子有多种尺寸，一套錾子对于轻型和重型的工件都是需要的。

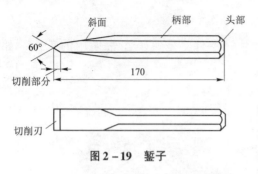

图 2-19 錾子

1) 錾子的分类

常见的錾子有以下三种类型，如图 2-20 所示。加工板材用扁錾，加工窄小平面用尖錾，加工油槽用油槽錾。

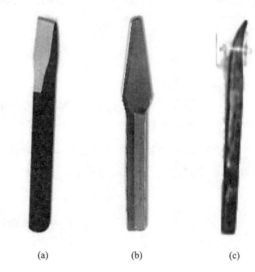

图 2-20 錾子的分类
(a) 扁錾；(b) 尖錾；(c) 油槽錾

2) 錾子的握法

錾子的握法有三种，如图 2-21 所示。

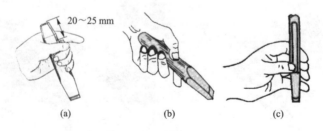

图 2-21 錾子的握法
(a) 正握法；(b) 反握法；(c) 立握法

（1）正握法：手心向下，用虎口夹住錾身，拇指与食指自然伸开，中指、无名指、小指自然弯曲靠拢并握住錾身。这种握法适于錾削平面。

（2）反握法：手心向上，手指自然捏住錾柄，手心悬空。这种握法适用于小的平面或侧面錾削。

（3）立握法：虎口向上，拇指放在錾子一侧，食指、中指、无名指、小指放在另一侧捏住錾子。这种握法用于垂直錾切工作，如在铁砧上錾断材料等。

3）錾削时的步位和姿势

錾削时，操作者身体的重心偏于右腿，挥锤要自然，眼睛应正视錾刃，如图 2 – 22 所示。

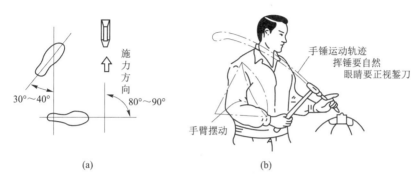

图 2 – 22 錾削姿势示意图

6. 冲子

冲子用来冲出钻孔时的起始中心或冲出铆钉、销子等。冲子由中碳钢、高碳钢或工具钢制成。在汽车维修中，常用作打记号及在制作密封垫时冲出孔眼。冲子有三种类型，如图 2 – 23 所示。

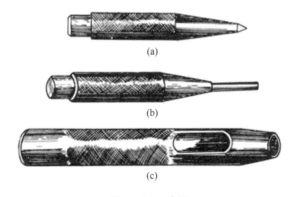

图 2 – 23 冲子
(a) 尖头冲；(b) 平头冲；(c) 空心冲

7. 砂轮

磨削常用的工具为砂轮，使用砂轮可磨削钻头、冲子、錾子等工具，其形状如图 2 – 24 所示。

磨石是另外一种形式的砂轮，常见的磨石类型如图 2 – 25 所示，它用于局部修磨工件。

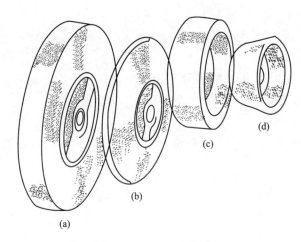

图 2-24 砂轮的形状

(a) 平形砂轮；(b) 碟形砂轮；(c) 筒形砂轮；(d) 杯形砂轮

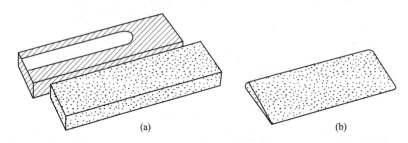

图 2-25 磨石的类型

(a) 组合磨石；(b) 片状磨石

（1）常见的组合磨石，一面是很细的磨粒，另一面是较粗的磨粒，如图 2-25（a）所示。粗磨粒的那一面用来磨削钝工具，而细磨粒的那一面用作修整和刃磨工具。

（2）片状磨石是锥形的，如图 2-25（b）所示，通常一边是倒圆状，它用于打磨零件表面的小毛刺。

（3）小磨头呈各种各样的形状。它们被固定在一根小小的心轴上，心轴可以装在手持电钻的夹头上，如图 2-26 所示。它们可用来打磨毛刺和零件锈蚀部分，以降低其表面粗糙度。

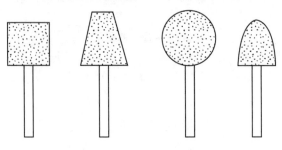

图 2-26 小磨头的形状

8. 电动工具

常用的电动工具主要有电动砂轮机、电钻等。

1）电动砂轮机

常见的电动砂轮机主要有台架砂轮机和手持砂轮机两种，如图 2-27 所示。

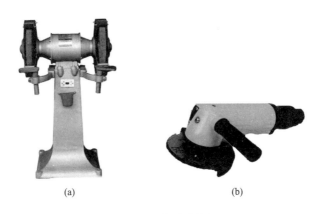

图 2-27　电动砂轮机
(a) 台架砂轮机；(b) 手持砂轮机

（1）电动砂轮机的用途：主要用于打磨金属工件和刀具等。

（2）电动砂轮机使用的注意事项：

①检查砂轮是否损坏或出现裂纹，损坏的砂轮部分有可能会飞离主体砂轮，造成人员伤亡。

②在磨削之前，让电动砂轮机以一定的工作速度空转至少 1 min 以上，达到最高速度。

③确保砂轮被防护体遮盖一半以上。

④操作电动砂轮机时，戴上特制眼镜或面罩，如图 2-28 所示。

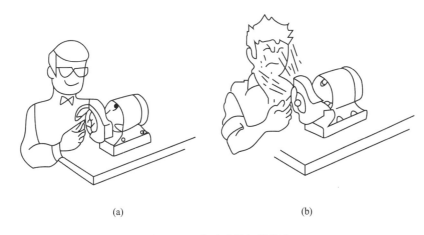

图 2-28　电动砂轮机的操作
(a) 戴上特制眼镜或面罩；(b) 没有戴特制眼镜或面罩

⑤打磨工件时，不可用力过大，以防损坏砂轮及工件从手中滑脱。

⑥不要站在电动砂轮机的正前方,应站在它的侧面,与它有一定的夹角,以防砂轮破裂后飞出伤人。

⑦磨削时手拿工件轻轻接触砂轮,并把工件放置成正确的角度,如图 2-29 所示。

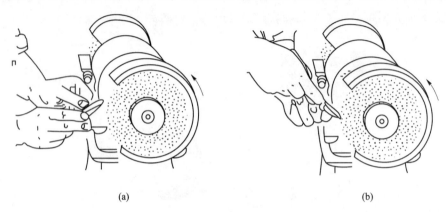

图 2-29 工件放置的角度

(a) 正确方法——把工件贴着砂轮;(b) 不正确的方法——工件有可能卡在支架和砂轮之间

⑧磨削小工件时,不能直接用手抓工件,而需用手钳夹住,这样可避免把手指磨伤。

⑨不要将工件反向放在砂轮的上部磨削,如果工件本身很长时,有可能被卡住。

⑩使用砂轮磨工件时,不能只使用砂轮的一侧,这样可能导致砂轮损坏。

⑪不允许两人同时使用电动砂轮机。

2)电钻

(1)电钻的应用:主要用于钻直径为 12 mm 以下的孔,常用于不便使用钻床钻孔的场合。电钻的电源有 220 V 和 380 V 两种。由于电钻携带方便、操作简单、使用灵活,所以在汽车修理作业中应用比较广泛,如图 2-30 所示。

手电钻的使用

(2)电钻使用的注意事项:

①使用时要保持电钻平稳,不要上下、左右晃动电钻。

②不要让电钻超负荷工作,以增加着火风险。

③在钻削过程中,钻头安装必须安全牢固。

④在使用之前,检查电钻是否有异常现象,不要用潮湿的手擦拭它。

⑤确保电动机通风,通风口保持畅通和清洁并完全打开。

⑥检查电线是否损坏,若已损坏,要用专用的电工胶布修复。

⑦不要拉住电线或插头拖动电钻。

⑧确保被钻削的工件固定牢靠,否则钻削过程中工件会旋转,造成人员受伤。

⑨当电钻发热时,需要使用润滑油冷却。

⑩钻削工件时,需要戴上面罩或护目镜,以防飞溅的屑片和微粒飞进眼睛。

图 2-30 电钻

⑪钻削过程中要不断变速，这样可方便断屑。

⑫操作电钻时，不要将速度调得太快，也不要在电钻上施加很大的压力，这样会使电钻因过热而损坏。

⑬检查电钻设置的速度是否合理，钻削小孔时，钻削速度可快一些，钻削大孔时，钻削速度应慢一些。

⑭使用前检查钻头是否锋利。

⑮为了避免钻头损坏及伤人，当钻头快要钻通工件时，要减小施加在它上面的压力。

二、实训项目

1. 项目概要

本实训项目是为了更好地学习划针等钳工工具的使用，做到正确使用，领会一些钳工工具使用的注意事项。各小组负责人对所要完成的任务进行组内人员工作分配，组员按照负责人要求完成相关作业内容。

2. 计划决策

1）任务计划

根据具体任务制订小组任务计划，简要说明任务实施的步骤及注意事项，并将任务计划填入表2-5中。（注意：小组可自行设计任务实施步骤，表2-5可以酌情添加或删减）

表2-5 任务计划表

序号	任务实施步骤	工具/辅具	注意事项
1			
2			
3			
4			
5			
6			

2）实施准备（表2-6）

表2-6 实施准备表

场地	设备和工量具	相关资料
5~8人用的实训场地一块，对应数量的课桌椅、黑板	划针、划规、冲头、锤子、錾子、电钻、铁皮剪、砂轮、0.5 mm厚铁皮	工具使用手册5本

3. 实施计划任务并完成项目工单（表2-7）

表2-7　实训项目工单

实训内容	完成情况
钳工制作带孔五角星： 　　给每人一块0.5 mm厚的铁皮，做一个五角星并在板中心打孔，要求表面光洁、无毛刺。制作步骤可参考图2-31所示： 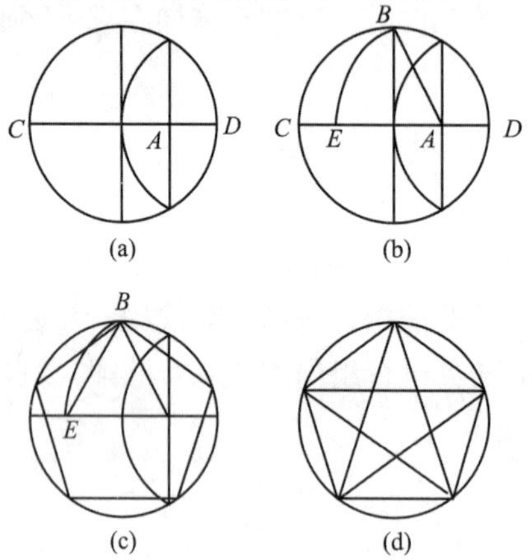 图2-31　带孔五角形制作步骤 说明： （a）画圆以及两条相互垂直的直径，二等分其中一条半径，得A点； （b）连接AB，以A为圆心，AB为半径画弧，交CD于E； （c）取直线BE的长，在圆上依次截取，即得圆的五等分点； （d）连接圆内接正方形的对角线，就能画出五角星了。	

4. 考评（表2-8）

表2-8　考评表

序号	实训评价指标	得分
1	钳工工具的使用是否正确（10分）	
2	钳工工具的选择是否正确（10分）	
3	是否按照标准操作流程操作（20分）	
4	工具是否清洁归位（5分）	
5	工单完成情况（15分）	
6	小组自评（5分）	
7	小组互评（10分）	
8	教师点评（15分）	
9	综合素质（10分）	

续表

序号	实训评价指标	得分
总分		
备注		
评价类别	评　语	
小组自评		
小组互评		
教师点评		

三、课程小结

（1）本节课学习了几种钳工工具的用途、分类以及使用的注意事项。
（2）你是否都掌握了、弄懂了？还有哪些疑问？请详细回答。
（以课后作业的形式布置下去，由小组课后第一时间完成并交给教师）

四、教学反思

本节课在教学过程中有哪些不足之处？有哪些创新点？学生是否有所收获？在今后的教学过程中将如何改进教学策略和教学手段？

 课后测评

一、填空题

1. 錾子的主要作用有_____、_____、_____和_____等。
2. 錾子的握法有_____、_____和_____等三种。
3. 电钻主要用于钻直径为_____mm 以下的孔。

二、选择题

1. 工件磨削时，下图中正确的操作为（　　）。

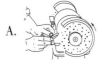 
A.　　　　　　　　B.

2. 台虎钳夹紧工件时，只允许（　　）扳动手柄。
A. 铁锤敲击　　　B. 用手　　　C. 套上长管子　　　D. 两人合力

三、简答题

电动砂轮机的使用注意事项有哪些？

任务二 钢锯、锉刀、钻削和铰削工具、攻套螺纹工具

1. 知识目标
（1）掌握钢锯、锉刀、钻削和铰削工具、攻套螺纹工具的用途。
（2）掌握钢锯、锉刀、钻削和铰削工具、攻套螺纹工具的使用方法。

2. 能力目标
（1）能够识别钢锯、锉刀、钻削和铰削工具、攻套螺纹工具等。
（2）能够正确地选择和使用钢锯、锉刀、钻削和铰削工具、攻套螺纹工具等。

在汽车维修过程中，虽然大部分零件可以直接更换，但是也有少部分零件需要我们制作，在制作过程中就需要钢锯、锉削工具、钻削和铰削工具、攻螺纹工具等。

一、钢锯、锉刀、钻削和铰削工具、攻套螺纹工具的使用

1. 钢锯

利用锯条锯断金属材料（或工件）或在工件上进行切槽的操作称为锯削。在汽车维修中，经常需要切割各种金属，这个工作可以用钢锯来完成。

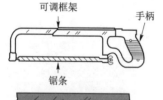

图 2－32 钢锯的结构

图 2－32 中即为一个典型的钢锯，它的框架是可调的，根据锯条的长短，其框架可以伸长，也可以缩短。钢锯是向前推时进行切割，在向后返回时不起切削作用，因此安装锯条时锯齿方向应向前。

1）锯条的选用原则

（1）锯条的粗细。锯条的粗细是以锯条每 25 mm 长度内的齿数来表示的。单位英寸锯条的齿数是不同的。单位英寸齿数越多，那么锯出的效果越好，锯削后的材料也越薄。单位英寸齿数较少的锯条叫作粗锯条，用于粗糙的锯削，锯削后的材料也较厚，如图 2－33 所示。

（2）锯条的选择与安装：
①锯条的粗细应根据加工材料的硬度、形状来选择。锯削软材料（如铜、铝合金等）或厚材料时，应选用粗齿锯条，因为锯屑较多，要求较大的容屑空间。
②锯削硬材料（如合金钢等）或薄板、薄管时，应选用细齿锯条，因为材料硬，锯齿不

易切入，锯屑量少，不需要大的容屑空间；锯削薄材料时，锯齿易被工件勾住而崩断，需要同时工作的齿数多，使锯齿承受的力量减少。

③锯削中等硬度材料（如普通钢、铸铁等）和中等硬度的工件时，一般选用中齿锯条。

图 2-33 锯条的粗细

④安装时锯条的张紧度要适当，太紧失去了应有的弹性，锯条容易崩断；太松会使锯条弯曲，锯缝歪斜，锯条也容易崩断。

2）起锯的方法

起锯时利用锯条的前端（远起锯）或后端（近起锯），靠在一个面的棱边上起锯。起锯时，锯条与工件表面倾斜角约为 15°，最少要有 3 个齿同时接触工件，如图 2-34 所示。

(a)　　　　　　(b)

图 2-34 钢锯起据示意图

(a) 锯削作业的规范动作；(b) 起锯角度

锯削时，手握锯弓要舒展自然，右手握住手柄向前施加压力，左手轻扶在弓架前端，稍加压力。人体重量均布在两腿上。锯削时速度不宜过快，以每分钟 30~60 次为宜，并应用锯条全长的 2/3 工作，以免锯条中间部分迅速磨钝。

注意：锯削到材料快断时，用力要轻，以防碰伤手臂或折断锯条。

3）典型工件的锯削方法

（1）扁钢、型钢：在锯口处画一圈线，分别从宽面的两端下锯，两锯缝将要连接时，轻轻敲击使之断裂分离。

（2）圆管：选用细齿锯条，当管壁锯透后随即将管子沿着推锯方向转动一个适当角度，再继续锯削，依次转动，直至将管子锯断。

（3）棒料：如果断面要求平整，则应从开始连续锯到结束；若要求不高，可分几个方向下锯，以减小锯切面，提高工作效率。

2. 锉刀

用锉刀对工件表面进行切削，使它达到零件图所要求的形状、尺寸和表面粗糙度，这种加工方法称为锉削。

1）锉刀的结构

锉刀是锉削的主要工具，由碳素工具钢制成，并经热处理淬硬至 62 HRC~67 HRC。它主要由以下两部分组成，如图 2-35 所示。

2）锉刀的齿纹粗细等级

锉刀的粗细是按齿纹间（齿距）的大小而定的。锉刀的齿纹粗细等级分下列几种：

①1 号纹：用于粗齿锉刀，齿距为 0.83~2.3 mm。

②2 号纹：用于中齿锉刀，齿距为 0.42~0.77 mm。

③3 号纹：用于细齿锉刀，齿距为 0.25~0.33 mm。

④4 号纹：用于双细齿锉刀（有时也叫油光锉），齿距为 0.2~0.25 mm。

图 2-35 锉刀的结构

⑤5 号纹：用于油光锉，齿距为 0.16~0.2 mm。

齿纹条数越多，则齿纹越细。当锉刀槽齿被锉屑堵塞时，应使用专用铜丝刷顺其齿纹进行清除。

3) 锉刀种类（图 2-36）。

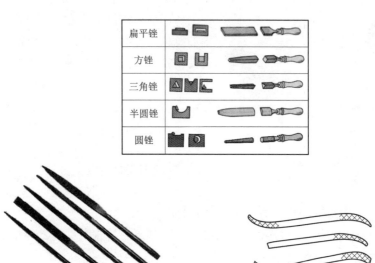

整形锉　　　　　　特种锉及其截面形状

图 2-36 锉刀的种类

4) 锉刀的选用原则

(1) 锉刀的形状根据要加工工件的形状确定。

(2) 锉刀的规格根据加工表面的大小及加工余量的大小来决定。

(3) 锉刀齿纹的粗细根据工件的加工余量、尺寸精度、表面粗糙度和材质决定。加工余量大、加工精度低、表面粗糙度大的工件选择粗齿锉，加工余量小、加工精度高、表面粗糙度小的工件选择细齿锉；材质软，选粗齿锉刀，反之选细齿锉刀。

5) 锉刀的使用方法

(1) 锉刀的握法：

①大锉刀的握法：右手心抵着锉刀木柄的端头，大拇指放在锉刀木柄的上面，其余四指

弯在木柄的下面，配合大拇指捏住锉刀木柄；左手则根据锉刀的大小和用力的轻重，可有多种姿势，如图 2-37 所示。

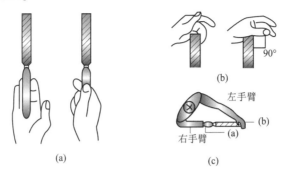

图 2-37 大锉刀的握法

②中锉刀的握法：右手握法大致和大锉刀握法相同，左手用大拇指和食指捏住锉刀的前端，如图 2-38 所示。

③小锉刀的握法：右手食指伸直，拇指放在锉刀木柄上面，食指靠在锉刀的刀边，左手几个手指压在锉刀中部，如图 2-39 所示。

图 2-38 中锉刀的握法

图 2-39 小锉刀的握法

④更小锉（整形锉）的握法：右手拿着锉刀，食指放在锉刀上面，拇指放在锉刀的左侧，如图 2-40 所示。

（2）锉削的姿势。正确的锉削姿势能够减轻疲劳，提高锉削质量和效率。人的站立姿势为：左腿在前弯曲，右腿伸直在后，身体向前倾斜约 10°，重心落在左腿上。锉削时，两腿站稳不动，靠左膝的屈伸使身体作往复运动，手臂和身体的运动要相互配合，并要使锉刀的全长充分利用，如图 2-41 所示。

图 2-40 更小锉的握法

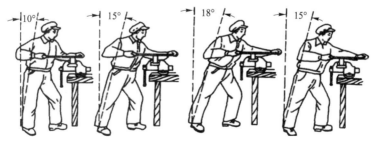

图 2-41 锉削的姿势

6）平面锉削的方式

平面锉削是最基本的锉削，有三种常用方式：

①顺向锉法：锉刀沿着工件表面横向或纵向移动，锉削平面可得到正直的锉痕，比较美观，如图7-42（a）所示。这种方式适用于工件锉光、锉平或锉顺向纹。

②交叉锉法：是以交叉的两个方向顺序地对工件进行锉削。由于锉痕是交叉的，容易判断锉削表面的不平程度，因此也容易把表面锉平，如图7-42（b）所示。这种方式去屑较快，适用于平面的粗锉。

③推锉法：两手对称地握着锉刀，用两大拇指推锉刀进行锉削，如图2-42（c）所示。这种方式适用于较窄表面且已锉平、加工余量较小的情况，来修正和减少表面粗糙度。

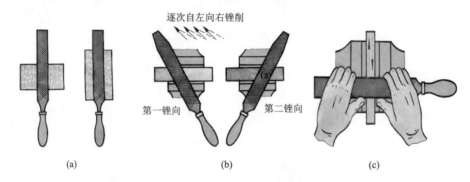

图2-42 平面锉削的三种方式
(a) 顺向搓法；(b) 交叉键法；(c) 推锉法

7）锉刀的运用

锉削时锉刀的平直运动是锉削的关键。锉削的力有水平推力和垂直压力两种。推动主要由右手控制，其大小必须大于锉削阻力才能锉去切屑，压力是由两个手控制的，其作用是使锉齿深入金属表面。由于锉刀两端伸出工件的长度随时都在变化，因此两手压力大小必须随着变化，使两手的压力对工件的力矩相等，这是保证锉刀平直运动的关键。锉刀运动不平直，工件中间就会凸起或产生鼓形面。锉削速度一般为每分钟30~60次，太快，操作者容易疲劳，且锉齿易磨钝，太慢，锉削效率低。

3. 钻削和铰削工具

1）钻孔

（1）台式钻床简称台钻，是一种放在工作台上使用的小型钻床。台钻重量轻、移动方便、转速高（最低转速在400 r/min以上），适用于加工小零件上直径不大于13 mm的小孔，其主轴进给是手动的，如图2-43所示。

（2）钻头是钻孔的主要刀具，用高速钢制造，其工作部分经热处理淬硬至62 HRC~65 HRC。钻头由柄部、颈部及工作部分组成，如图2-44所示。

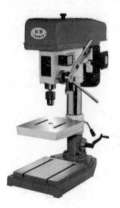

图2-43 台式钻床

2）钻孔的操作方法

（1）钻孔前一般先画线，确定孔的中心，在孔中心处用冲子打出

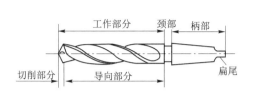

图 2-44 钻头

样冲眼。

（2）钻孔时应先钻一个浅坑，以判断是否对中。

（3）在钻削过程中，特别钻深孔时，要经常退出钻头以排出切屑和进行冷却，否则可能使切屑堵塞或钻头过热磨损甚至折断，并影响加工质量。

（4）钻通孔时，当孔将被钻透时，进刀量要减小，避免钻头在钻穿时的瞬间抖动，出现"啃刀"现象，影响加工质量，损伤钻头，甚至发生事故。

（5）钻削直径大于 30 mm 的孔应分两次钻，第一次先钻一个直径较小的孔（为加工孔径的 0.5～0.7）；第二次用钻头将孔扩大到所要求的直径。

（6）钻削时的冷却润滑：钻削钢件时常用机油或乳化液，钻削铝件时常用乳化液或煤油，钻削铸铁时则用煤油。

3）扩孔

扩孔是扩孔钻对工件上已有孔进行扩大加工。它可以校正孔的轴线偏差，并使其获得较正确的几何形状和较小的表面粗糙度。扩孔可作为要求不高的孔的最终加工，也可作为精加工（如铰孔）前的半精加工，扩孔加工余量为 0.5～4 mm，如图 2-45 所示。

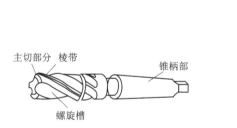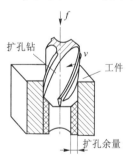

图 2-45 扩孔示意图

4）铰孔

铰孔是用铰刀从工件壁上切除微量金属层，以提高其尺寸精度和表面质量的加工方法。铰孔的加工精度可高达 IT7～IT6 级，铰孔的表面粗糙度 Ra=0.8～0.4 μm。铰孔的工具是铰刀，铰刀有 4～12 个切削刃，铰孔时其导向性好。由于刀齿的齿槽很浅，铰刀的横截面积大，因此铰刀的刚性好。铰刀按使用方法分为手用和机用两种，按所铰孔的形状分为圆柱形和圆锥形两种，如图 2-46 所示。

4. 攻套螺纹工具

攻螺纹工具与套螺纹工具主要是丝锥和板牙，如图 2-47 所示。

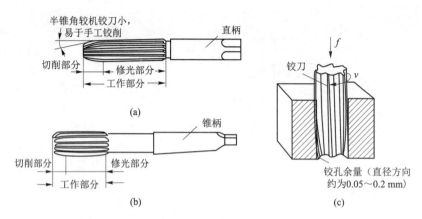

图 2-46 铰刀铰孔示意图

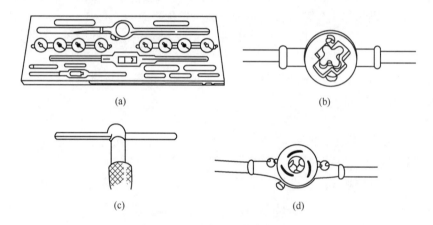

图 2-47 丝锥、板牙座和板牙

(a) 一套板牙和丝锥;(b) 板牙座和板牙;(c) T形丝锥铰手;(d) 有可调导向件的板牙

1) 丝锥

丝锥柄上的方头用作与铰手配合,丝锥铰手可调节,它能紧紧贴住丝锥方头并牢牢地将丝锥夹住。

(1) 丝锥的种类:一套丝锥包括头锥(头攻)、二锥(二攻)和三锥(三攻)三种丝锥,有的只有头锥、二锥两种,如图 2-48 所示。

①头锥的头部呈锥形(大约有六个螺纹),以方便丝锥在孔中起动。这种丝锥主要用于横截面较薄的工件,丝锥可以穿透工件,攻出一个完整的螺纹。

②二锥与头锥相比锥度稍小些,在攻通孔螺纹时应用二锥,以便于在接近孔底处切削出一个完整的螺纹。

③三锥没有锥度,用于螺纹的精加工。

(2) 丝锥的使用方法:

①正确地选择丝锥后,套上丝锥铰手。

②给丝锥的螺纹涂上润滑油。

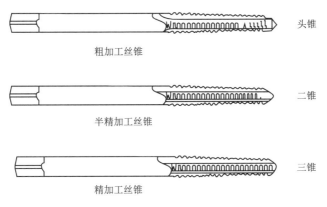

图 2-48 丝锥的种类

③把丝锥头放进孔中并向下均匀用力转动，一直到螺纹开始切削为止；丝锥切入 3~4 圈后，不要向下施加压力，只需转动铰手即可，如图 2-49（a）所示。

④使用直角尺在相隔 90°的两个地方检查丝锥是否垂直地插进孔中。

⑤开始切削螺纹。切削过程中要不时地反向转动丝锥来切断切屑，一般是每转 1~2 圈后再反转 1/4~1/2 圈，以防止螺纹被切屑划伤，同时也可防止丝锥被卡住而折断，如图 2-49（b）所示。

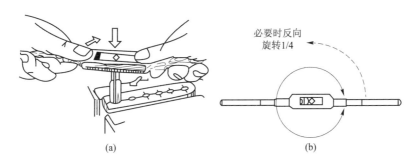

图 2-49 丝锥的使用方法
(a) 攻螺纹时，不要向下施加压力；(b) 必要时反向旋转

⑥为保证加工的螺纹光洁，在使用丝锥的过程中要不断地润滑丝锥。针对软金属（如铝件）攻螺纹时，或丝锥在攻螺纹过程中转动困难时，要把丝锥从孔中退出来，清扫排屑槽，以防止切屑将丝锥卡住。丝锥相当脆，如果用力过度就可能折断。

2) 板牙

板牙的主要作用是加工外螺纹，它通常被固定在带手柄的板牙座中，方便转动。板牙有排屑槽，这些排屑槽构成了有齿的刀刃并让切屑通过槽排出。

板牙的前三道螺纹起导向作用，后面的螺纹才起切削作用。

(1) 板牙的类型：板牙有固定式和可调式两种，可调式板牙如图 2-50 所示。

(2) 加工外螺纹的操作步骤：

①将需加工的轴端磨成或锉成一定锥度，以方便板牙起动。

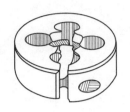 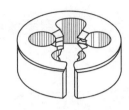

图 2-50 可调式板牙

②把板牙装到板牙座中，有字的一面向上；然后将它放在需加工的轴端上，如果导向装置可调，就应将它调至与轴的尺寸相符。

③转动板牙座同时向下施加一个恒定的压力并开始套螺纹，一旦切削出了两个或三个螺纹，板牙就可顺势向下套螺纹。

④在套螺纹的过程中要不断地对板牙进行润滑。

⑤套螺纹的过程中，板牙每转一圈需反转约 1/4 圈以便折断切屑，使套螺纹比较轻松，同时也可避免螺纹被切屑划伤。

二、实训项目

1. 项目概要

本实训项目是为了更好地学习钢锯、锉刀、钻削和铰削工具、丝锥及板牙的使用方法，做到正确使用并完成钳工制作正六方螺母的任务。各小组负责人对所要完成的任务进行组内人员分配，组员按照负责人要求完成相关作业内容。

2. 计划决策

1）任务计划

根据具体任务制订小组任务计划，简要说明任务实施的步骤及注意事项，并将任务计划填入表 2-9 中。（注意：小组可自行设计任务实施步骤，表 2-9 可以酌情添加或删减）

表 2-9 任务计划表

序号	任务实施步骤	工具/辅具	注意事项
1			
2			
3			
4			
5			
6			

2）实施准备（表 2-10）

表 2-10 实施准备表

场地	设备和工量具	相关资料
5~8 人用的实训场地一块，对应数量的课桌椅、黑板	钢锯、锉刀、钻削和铰削、丝锥、板牙座及丝锥铰手各 5 套，钢坯一根	工具使用手册 5 本

3. 实施计划任务并完成项目工单（表 2 – 11）

表 2 – 11　实训项目工单

实训内容	完成情况
钳工制作正六方螺母： 1. 用直径为 25 mm 的圆钢，做一个边长为 15 mm 的正六边形，并在中间打孔，攻螺纹； 2. 达到六个面的平面度、垂直度的要求	

4. 考评（表 2 – 12）

表 2 – 12　考评表

序号	实训评价指标	得分
1	工具选择是否正确（10 分）	
2	工具使用是否正确（10 分）	
3	工件制作是否合格（20 分）	
4	工具是否清洁归位（5 分）	
5	工单完成情况（15 分）	
6	小组自评（5 分）	
7	小组互评（10 分）	
8	教师点评（15 分）	
9	综合素质（10 分）	
总分		
备注		
评价类别	评　　语	
小组自评		
小组互评		
教师点评		

三、课程小结

（1）本节课学习了钢锯、锉刀、钻削和铰削工具、丝锥及板牙的使用方法。
（2）你是否都掌握了、弄懂了？还有哪些疑问？请详细回答。
（以课后作业的形式布置下去，由小组课后第一时间完成并交给教师）

四、教学反思

本节课在教学过程中有哪些不足之处？有哪些创新点？学生是否有所收获？在今后的教学过程中将如何改进教学策略和教学手段？

课后测评

一、填空题

1. 起锯时,锯条与工件表面倾斜角约为_____,最少要有_____个齿同时接触工件。
2. 平面锉削是最基本的锉削,常用的锉削方式有_____、_____和_____三种。
3. 手锯是向前推时进行切削,在向后返回时_____切削作用。

二、选择题

1. 锯车身板件时应使用(　　)锯条。
   A. 粗齿　　　　　　B. 中齿　　　　　　C. 细齿　　　　　　D. 均可
2. 安装锯条时,应使其锯齿方向与推进方向(　　)。根据需要,锯面可与锯架平面平行或成90°角。
   A. 相同　　　　　　B. 相反　　　　　　C. 倾斜　　　　　　D. 翻转180°

三、判断题

1. 铰孔是用扩孔钻对工件上已有孔进行扩大加工。(　　)
2. 扩孔是用铰刀从工件壁上切除微量金属层,以提高其尺寸精度和表面质量的加工方法。(　　)
3. 为保证加工的螺纹光洁,在使用丝锥的过程中要不断地润滑丝锥。(　　)
4. 当锉刀的锉削行程结束,即将返回的一瞬间,右手施加压力最大,而左手施加压力减小到最小。(　　)
5. 单位英寸齿数越多,那么锯出的效果越好,所锯削后的材料也越薄。单位英寸齿数较少的锯条叫作粗锯条,用于粗糙的剪切,所锯削后的材料也较厚。(　　)

四、简答题

1. 请简述锯条的选择。
2. 请写出常见的锉刀种类。

模块三

汽车检测仪表与仪器的种类及使用

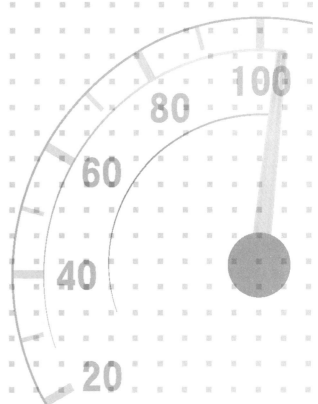

项目一

检测仪表的种类及使用

任务一　燃油压力表

1. 知识目标
（1）了解燃油压力表的组成和分类。
（2）熟悉燃油压力表的连接方法。
（3）掌握燃油压力表的使用方法和注意事项。

2. 能力目标
（1）能够正确识别燃油压力表。
（2）能够使用燃油压力表对电控燃油喷射系统进行燃油压力检测。
（3）能够正确地读取燃油压力数值，并能够做出相应判断。

燃油压力表是用来测量燃油供给系统的压力，判断电动汽油泵、燃油压力调节器等燃油系统元器件的工作情况，对燃油系统进行检查和故障诊断的常用量具。一般电控汽油喷射系统的供油总管上设有专用的油压检测口（如燃油滤清器的出油口、燃油分配管的进油口等），将燃油压力表连接到检测口处，接通点火开关，即可观察燃油压力表的读数。

一、燃油压力表的组成及使用

1. 燃油压力表的组成

燃油压力表组件包括表头、各车型测试接头、连接管等，如图 3-1 所示。表头一般用指针式，单位有 kPa、bar 等，测量的范围通常为 0~10 bar①；另外，表头通常带防震套、挂

---

① 1 bar = 10^5 Pa。

钩和减压阀,在确保安全的前提下,方便使用。

图 3-1　燃油压力表的组成

2. 燃油压力表的分类

(1) 根据连接方式可分为快速插接式和三通连接式。

(2) 根据压力值的显示方式可分为指针式和数字式。

3. 燃油压力表的使用方法

1) 安装燃油压力表

安装燃油压力表时,需先将燃油系统卸压。泄压方法为:找到并拔下电动汽油泵保险、继电器或电源插头三者中的任意一个,然后起动发动机 2~3 次,直至发动机无法起动,燃油系统压力即释放完毕。关闭点火开关,安装之前拆除的电动汽油泵的保险、继电器或电源插头,拆下蓄电池负极搭铁线。如图 3-2 所示,将量程为 1 MPa 左右的燃油压力表和三通接头一起安装在燃油滤清器之后的出油管接头上。

图 3-2　安装燃油压力表

2) 测量参数

燃油系统的测量参数通常包括:静态油压、怠速油压、最大油压和剩余油压。参数测量的具体步骤如表 3-1 所示。

表 3-1 燃油系统的参数测量

步骤	内 容
1	准备： 1. 打开机舱盖，铺好翼子板布三件套； 2. 燃油系统泄压，安装燃油压力表
2	静态油压的测量：接通点火开关 2~3 次，使电动汽油泵进行若干秒的自动泵油后，观察燃油压力表上的燃油压力，初始静态油压正常值约为 300 kPa
3	怠速油压的测量：打开点火开关，起动发动机至怠速运转，观察燃油压力表指示的燃油系统压力，应不低于 250 kPa，并记录
4	最大油压的测量：用包有软布的钳子夹住回油管，此时燃油压力表的数值即为油泵最大供油压力，一般为正常工作油压的 2~3 倍，并记录
5	剩余油压的测量：松开油管夹钳，将发动机熄火，在油泵停止运转 10 min 后，观察燃油压力表指示的燃油系统保持压力，应不低于 147 kPa，并记录
6	测量结束：燃油系统泄压，拆下燃油压力表、连接油管并检查确认，整理工具
备注	1. 还可以测量指定转速（如 2 000 r/min）下的燃油压力。踩下加速踏板，到达指定转速，观察燃油压力表指示的加速油压，应符合要求。 2. 拔下燃油压力调节器上的真空软管，用手堵住，让发动机怠速运转，观察燃油压力表指示的油压，此时燃油压力应升高约 50 kPa，并记录

4. 燃油压力分析

燃油压力不外乎燃油压力为零、燃油压力正常、燃油压力过高和燃油压力过低四种情况。

1）燃油压力为零

（1）故障症状：无法起动。

（2）原因：油箱存油量少，油管可能严重泄漏，燃油滤清器可能完全堵塞。排除可能性后，燃油压力依然为零，则需检查燃油系统的控制电路，如保险丝是否烧断，继电器是否不工作，油泵电路线束是否开路，油泵是否损坏等。

2）燃油压力过高

（1）故障症状：混合气浓，油耗大。

（2）原因：燃油压力调节器顶部的真空管可能松脱或破裂漏气，回油管可能堵塞等。

3）燃油压力过低（或油泵停止工作 2~5 min 内，燃油压力迅速下降）

（1）故障症状：怠速不稳，动力性差，急加速回火，起动后熄火或不能起动。

（2）原因：在排除油路向外泄漏的前提下，则说明油箱少油，喷油器有泄漏，燃油压力调节器故障，燃油滤清器堵塞，油泵故障等。

5. 燃油压力表使用的注意事项

为了规范安全地完成燃油系统压力的测量，在使用燃油压力表时需要熟知一些注意事项，如表 3-2 所示。

表 3-2　燃油压力表使用的注意事项

序号	注意事项
1	燃油压力表在使用过程中和使用完毕后，均要注意及时清洁流出或飞溅的汽油
2	对于柴油发动机的燃油压力，燃油压力表仅可测量其低压油路
3	整个操作需要在一个通风良好的场地进行，且整个操作过程需要佩戴护目镜
4	当起动发动机测量前，注意将工具和燃油压力表等远离发动机的转动件和发热件，且不要将其放在蓄电池上
5	测量前，将自动挡车辆的挡位挂至"P"挡，将手动挡车辆的挡位挂至空挡，并拉好手刹
6	操作时确保油管连接可靠，无渗漏现象。整个操作严禁烟火，且需要配置专用灭火器
7	除非特殊要求，否则在连接或拆除电器部件时，点火开关应始终处于"OFF"挡
8	发现燃油管路有老化或龟裂现象应及时更换，且油管卡扣和密封件均为一次性零部件，应注意更换
9	起动车辆时应注意各线路连接牢固，发动机点火系统技术状况良好
	同学们，你们认为还有哪些注意事项呢
1	
2	
3	

二、实训项目

1. 项目概要

本实训项目是为了更好地学习燃油压力表的使用，做到正确的安装和测量，同时可以根据测量结果对所做任务进行评估，领会燃油压力表的使用注意事项。各小组负责人对所要完成的任务进行组内工作分配，使人员和项目一一对应，力争使所有成员都有事做，安排可填入表 3-3 中。组员按照负责人要求完成相关作业内容。

表 3-3　燃油压力表实训项目单

	测量无燃油压力测试口车辆的油压	测量有燃油压力测试口车辆的油压
实训内容		
组内分工		

2. 计划决策

1）任务计划

根据具体任务制订小组任务计划，简要说明任务实施的步骤及注意事项，并将任务计划填入表3-4中。（注意：小组可自行设计任务实施步骤，表3-4可以酌情添加或删减）

表3-4 任务计划表

序号	任务实施步骤	工具/辅具	注意事项
1			
2			
3			
4			
5			
6			

2）实施准备（表3-5）

表3-5 实施准备表

场地	设备和工量具	相关资料
40人用的实训场地一块，对应数量的课桌椅、黑板和多媒体设备等	实训车辆5台、燃油压力表5套、工具车5辆、工具5套、能够装5L以上汽油的容器5个、抹布5条	燃油压力表的使用说明书5本、车辆维修手册5本

3. 实施计划任务并完成项目工单（表3-6）

表3-6 实训项目工单

测量内容	无燃油压力测试口车辆的油压测量值	有燃油压力测试口车辆的油压测量值	是否正常
静态油压			
怠速油压			
转速为2 000 r/min时的油压			
最大油压			
拔下燃油压力调节器上的真空软管后的油压			
剩余油压			

4. 考评（表3-7）

表3-7 考评表

序号	实训评价指标	得分
1	燃油系统压力释放是否正确（10分）	
2	燃油压力表的连接是否正确（10分）	

续表

序号	实训评价指标	得分
3	测量方法选择是否正确（10分）	
4	测量数据分析是否正确（10分）	
5	工具是否清洁归位（5分）	
6	工单完成情况（15分）	
7	小组自评（5分）	
8	小组互评（10分）	
9	教师点评（15分）	
10	综合素质（10分）	
总分		
备注		
评价类别	评　语	
小组自评		
小组互评		
教师点评		

三、课程小结

（1）本节课学习了燃油压力表的组成、分类、使用方法和燃油压力的分析以及燃油压力表使用的注意事项。

（2）你是否都掌握了、弄懂了？还有哪些疑问？请详细回答。

（以课后作业的形式布置下去，由小组课后第一时间完成并交给教师）

四、教学反思

本节课在教学过程中有哪些不足之处？有哪些创新点？学生是否有所收获？在今后的教学过程中将如何改进教学策略和教学手段？

一、填空题

1. 燃油压力表根据连接方式不同，可分为_____式和_____式两种。
2. 燃油压力表根据压力值的显示方式不同，可分为_____式和_____式两种。
3. 燃油压力表是用来测量燃油供给系统的压力，判断_____、_____等燃油系统元器件的工作情况的常用检测量具。

二、选择题

1. 发动机怠速运转时,当拔下燃油压力调节器上的真空软管,并用手堵住,观察燃油压力表指示的油压,此时燃油压力应升高约（　　）kPa。
A. 0　　　　　　　B. 50　　　　　　　C. 100　　　　　　　D. 150
2. 发动机怠速运转时,观察燃油压力表指示的燃油系统压力,应不低于（　　）kPa。
A. 180　　　　　　B. 250　　　　　　C. 300　　　　　　D. 350

三、简答题

1. 安装和拆卸燃油压力表时,如何进行燃油系统泄压操作?
2. 如何进行最大油压的测量?

任务二　机油压力表

1. 知识目标
（1）了解机油压力表的组成。
（2）熟悉机油压力表的连接方法。
（3）掌握机油压力表的使用方法和注意事项。

2. 能力目标
（1）能够正确识别机油压力表。
（2）能够使用机油压力表进行机油压力检测。
（3）能够正确地读取机油压力数值,并能够做出相应判断。

机油压力表用来测量发动机运转时润滑系统主油道润滑油的压力,它可以反映发动机机油压力的大小和发动机润滑系工作是否正常,进而辅助检测发动机的质量。

一、机油压力表的组成及使用

1. 机油压力表的组成

机油压力表组件包括表头、各车型测试接头、连接管等,如图3-3所示。表头一般用指针式,单位有 psi①、kPa 等,测量的范围通常为 0~700 kPa;另外,表头通常带防震套。

2. 机油压力表的使用

1）安装机油压力表（图3-4）
（1）拔下机油压力传感器的线束插头,拆下机油压力传感器。

---
① 1 psi = 6 894.757 Pa。

（2）选择合适的接头将机油压力表的软管接头拧入安装机油压力传感器的螺纹孔内，并按规定力矩拧紧接头。

（3）起动发动机，检查机油压力表接头处有无漏油，如有漏油，应熄火后重新拧紧接头。

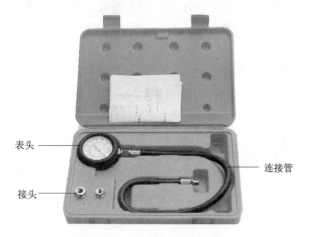

图3-3 机油压力表的组成

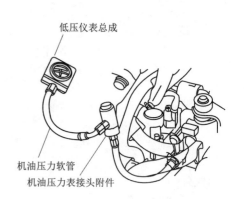

图3-4 机油压力表安装示意图

2）测量参数

机油系统的测量参数通常包括：怠速油压和指定转速油压。

机油系统参数的测量过程如表3-8所示。

表3-8 机油系统参数的测量

步骤	内容
1	准备：运转发动机使之达到正常的工作温度（80~90 ℃）
2	机油压力的测量： 1. 测量发动机怠速时的机油压力，并记录； 2. 测量发动机转速在2 000 r/min时的机油压力，并记录
3	测量结束： 1. 拆下机油压力表，装上机油压力传感器并按规定扭矩拧紧，接上线束插头； 2. 起动发动机，确认机油压力传感器处没有漏油现象； 3. 整理工具
备注	检测值参考标准： 1. 汽油发动机机油压力应为196~392 kPa； 2. 柴油发动机机油压力应为294~588 kPa

3. 机油压力分析

影响机油压力的因素很多，主要包括：机油泵性能、限压阀状态、机油通道状态、滤清器状态和工作温度等。实验表明：曲轴主轴颈每磨损0.01 mm或主轴瓦间隙每增大0.01 mm时，机油压力约降低10 kPa。

发动机工作时，机油压力一般保持在150~350 kPa的压力范围内。若机油压力表指示的压力值小于98kPa，则可视为机油压力过低，应立即停车进行检查，否则容易造成零件过度磨损，甚至发生"烧瓦抱轴"等重大机械故障。

1）机油压力过高的原因

（1）机油黏度过大。

（2）机油通道堵塞。

（3）机油滤清器滤芯堵塞且旁通阀开起困难。

2）机油压力过低的原因

（1）机油粘度过低。

（2）机油集滤器滤网或机油滤清器滤芯堵塞。

（3）限压阀与旁通阀弹簧的弹力减弱或折断，或是阀门接合面密封不严，导致漏油泄压。

（4）主轴承或连杆轴承间隙过大。

（5）机油泵工作不良。

4. 机油压力表使用的注意事项

为了规范安全地完成机油系统压力的测量，在使用机油压力表时需要熟知一些注意事项，如表3-9所示。

表3-9 机油压力表使用的注意事项

序号	注意事项
1	应检查机油量是否充足（用机油油标尺检查）
2	检查机油中有无泡沫现象，若有，则需要更换新机油
3	检查确认机油中没有渗入燃油或防冻液
4	要保证发动机在正常的怠速范围内
5	在起动发动机测量前，注意将工具和机油压力表等远离发动机的转动件和发热件，且不要将其放在蓄电池上
6	在起动发动机测量前，将自动挡车的挡位挂至"P"挡，手动挡车的挡位挂至空挡，并拉好手刹
7	整个操作需要在一个通风良好的场地进行，若在相对封闭的场地，则需要尾气抽排系统；整个操作过程需要佩戴护目镜
8	机油压力表在使用过程中和使用完毕后，均要注意及时清洁流出或飞溅的机油
9	操作时确保油管连接牢靠，无渗漏现象；整个操作严禁烟火，且需要配置专用灭火器
10	除非特殊要求，否则在连接或拆除电器部件时，点火开关应始终处于"OFF"挡
11	安装、拆卸机油压力表应在发动机冷态下进行，且均需先将润滑系统进行卸压
同学们，你们认为还有哪些注意事项呢	
1	
2	
3	

二、实训项目

1. 项目概要

本实训项目是为了更好地学习机油压力表的使用,做到正确的安装和使用,同时可以根据测量结果对所做任务进行评估,领会机油压力表使用的注意事项。各小组负责人对所要完成的任务进行组内工作分配,使人员和项目一一对应,力争使所有成员都有事做,安排可填入表3-10中。组员按照负责人要求完成相关作业内容。

表3-10 机油压力表实训项目单

实训内容	测量带机油压力传感器的车辆的机油压力	测量带机油压力开关的车辆的机油压力
组内分工		

2. 计划决策

1)任务计划

根据具体任务制订小组任务计划,简要说明任务实施的步骤及注意事项,并将任务计划填入表3-11中。(注意:小组可自行设计任务实施步骤,表3-11可以酌情添加或删减)

表3-11 任务计划表

序号	任务实施步骤	工具/辅具	注意事项
1			
2			
3			
4			
5			
6			

2)实施准备(表3-12)

表3-12 实施准备表

场地	设备和工量具	相关资料
40人用的实训场地一块,对应数量的课桌椅、黑板和多媒体设备	实训车辆5台、机油压力表5套、工具车5辆、工具5套、抹布5条	机油压力表的使用说明书5本、车辆维修手册5本

3. 实施计划任务并完成项目工单（表 3 – 13）

表 3 – 13　实训项目工单

测量内容	带机油压力传感器的车辆的机油压力测量值	带机油压力开关的车辆的机油压力测量值	是否正常
初始机油压力			
怠速机油压力			
转速为 2 000 r/min 时的机油压力			

4. 考评（表 3 – 14）

表 3 – 14　考评表

序号	实训评价指标	得分
1	机油系统压力释放是否正确（5 分）	
2	机油压力表的连接是否正确（10 分）	
3	测量方法选择是否正确（10 分）	
4	测量数据及分析是否正确（15 分）	
5	工具是否清洁归位（5 分）	
6	工单完成情况（15 分）	
7	小组自评（5 分）	
8	小组互评（10 分）	
9	教师点评（15 分）	
10	综合素质（10 分）	
总分		
备注		
评价类别	评　语	
小组自评		
小组互评		
教师点评		

三、课程小结

（1）本节课学习了机油压力表的组成、使用方法和机油压力的分析以及机油压力表使用的注意事项。

（2）你是否都掌握了、弄懂了？还有哪些疑问？请详细回答。
（以课后作业的形式布置下去，由小组课后第一时间完成并交给教师）

四、教学反思

本节课在教学过程中有哪些不足之处？有哪些创新点？学生是否有所收获？在今后的教学过程中将如何改进教学策略和教学手段？

课后测评

一、填空题

1. 发动机工作时，机油压力一般保持在_____的压力范围内。
2. 机油压力表用来测量发动机运转时润滑系统_____的压力。
3. 机油系统的测量参数通常包括：_____油压和_____油压。

二、选择题

1. 起动发动机测量机油压力前，应使自动挡车处于（　　）挡位。
   A. P　　　　　　B. R　　　　　　C. N　　　　　　D. D
2. 机油压力表表头的测量范围通常为（　　）。
   A. 0～240 kPa　　B. 0～560 kPa　　C. 0～700 kPa　　D. 0～1 000 kPa

三、简答题

1. 如何测量发动机润滑系统的机油压力？
2. 机油压力表使用的注意事项有哪些？

任务三　轮胎压力表

1. 知识目标

（1）了解轮胎压力表的组成和分类。

（2）掌握轮胎压力表的使用方法和注意事项。

2. 能力目标

（1）能够正确识别轮胎压力表，并能够正确地读取胎压数值。

（2）能够使用轮胎压力表进行胎压检测，并能够做出相应判断。

轮胎压力表是一种测量车辆轮胎气压的工具，它能够按照汽车轮胎的气压要求，给轮胎进行充、放气。轮胎压力表有笔式、机械指针式和电子数显式等三种常见形式，如图 3 - 5 所示，其中电子数显式轮胎压力表的测量精度最高，使用最为方便。

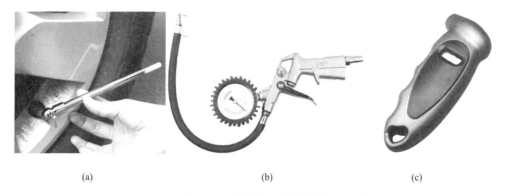

图 3-5 轮胎压力表的种类

(a) 笔式轮胎压力表;(b) 机械指针式轮胎压力表;(c) 电子数显式轮胎压力表

一、轮胎压力表的组成及使用

1. 轮胎压力表的组成

轮胎压力表包括表头、轮胎气嘴接口、连接管、放气按钮等,如图 3-6 所示。表头的测量范围通常为 0~12 bar;另外,表头通常带防震功能。

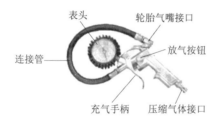

图 3-6 轮胎压力表的组成

2. 轮胎压力表的使用方法(表 3-15)

表 3-15 轮胎压力表的使用方法

步骤	内　容
1	找到轮胎气压标准值(通常在驾驶员侧,部分车辆在油箱盖内侧)
2	拧开轮胎气门嘴的帽盖,将轮胎压力表测量槽口与轮胎气门嘴对正压紧,此时轮胎压力表的指针会发生偏转,其指示值即为该轮胎的气压。如果是笔式(推杆式)轮胎压力表,标杆在气压作用下被推出,这时标杆上显示的数值即为轮胎气压
3	查看轮胎压力表,看数值是否在正常范围内
4	如果轮胎气压过高,按下放气阀,进行放气操作,将轮胎气压调整至标准值
5	如果轮胎气压过低,按下充气手柄,进行充气操作,将轮胎气压调整至标准值
6	检查轮胎气门针是否有漏气现象,将轮胎气门嘴的盖帽拧紧

续表

步骤	内容
7	整理工具
备注	有的轮胎压力表只有测量和放气功能

3. 轮胎气压值的分析

大部分乘用车轮胎的标准气压值都在 2.1～2.8 bar。轮胎气压值过大、过小都会影响到行驶的安全。具体分析如下：

1）轮胎气压值过大的影响

（1）轮胎中间磨损速度加快，导致轮胎磨损不均匀。

（2）接地面积变小，轮胎抓地力减少，影响行车安全，湿滑路面影响会更明显。

（3）轮胎过硬，减震效果变差，乘坐舒适性变差。

（4）爆胎风险加大，尤其是在夏天行驶、高速行驶或者长途行驶等情况下。

2）轮胎压力值过小的影响

（1）轮胎中间磨损少，两边磨损多，导致磨损不均匀。

（2）增大轮胎阻力，油耗升高。

（3）轮胎挤压变形较大，轮胎容易产生细小裂纹，且接地面积变大，摩擦产生的热量变多，导致爆胎风险加大。

4. 轮胎压力表使用的注意事项

为了规范地完成轮胎气压的测量，在使用轮胎压力表时需要熟知一些注意事项，如表 3-16 所示。

表 3-16 轮胎压力表使用的注意事项

序号	注意事项
1	使用轮胎压力表之前，先查看表头的指针是否与零刻线对齐
2	对于没有气门嘴帽盖的轮胎，测量或者充气前请先去除污渍
3	充气时不要超过表盘上显示的最大压力值
4	天气热或冷时请检查轮胎压力
5	平时可以根据车辆负载情况，及时按照轮胎生产厂商建议的轮胎气压值调整轮胎气压
6	切勿跌落或碰撞轮胎压力表，否则其测量精度将受到影响
7	要在轮胎处于冷态下进行轮胎气压的测量
8	在进行轮胎气压检查和充气时，应使备胎的轮胎压力值略高
9	轮胎压力表应妥善存放，远离油污
	同学们，你们认为还有哪些注意事项呢
1	
2	
3	

二、实训项目

1. 项目概要

本实训项目是为了更好地学习轮胎压力表的使用,做到正确的安装,同时可以根据测量结果对所做任务进行评估,领会轮胎压力表使用的注意事项。各小组负责人对所要完成的任务进行组内工作分配,使人员和项目一一对应,力争使所有成员都有事做,安排可填入表 3-17 中。组员按照负责人要求完成相关作业内容。

表 3-17 轮胎压力表项目单

实训内容	用笔式轮胎压力表测量轮胎气压	用机械指针式轮胎压力表测量轮胎气压	用电子数显式轮胎压力表测量轮胎气压
组内分工			

2. 计划决策

1)任务计划

根据具体任务制订小组任务计划,简要说明任务实施的步骤及注意事项,并将任务计划填入表 3-18 中。(注意:小组可自行设计任务实施步骤,表 3-18 可以酌情添加或删减)

表 3-18 任务计划表

序号	任务实施步骤	工具/辅具	注意事项
1			
2			
3			
4			
5			
6			

2)实施准备(表 3-19)

表 3-19 实施准备表

场地	设备和工量具	相关资料
40 人用的实训场地一块,对应数量的课桌椅、黑板和多媒体设备等	实训车辆 2 台、3 种轮胎压力表各 8 套、抹布 8 条、毛刷 8 个	3 种轮胎压力表的使用说明书各 8 本

3. 实施计划任务并完成项目工单（表 3–20）

表 3–20　实训项目工单

测量内容	笔式轮胎压力表的测量值	机械指针式轮胎压力表的测量值	电子数显式轮胎压力表的测量值	是否正常
左前轮胎气压				
左后轮胎气压				
右前轮胎气压				
右后轮胎气压				
备胎气压				

4. 考评（表 3–21）

表 3–21　考评表

序号	实训评价指标	得分
1	标准轮胎气压值的确认是否正确（10 分）	
2	轮胎压力表的连接是否正确（10 分）	
3	操作方法是否正确（10 分）	
4	测量数据分析是否正确（10 分）	
5	工具是否清洁归位（5 分）	
6	工单完成情况（15 分）	
7	小组自评（5 分）	
8	小组互评（10 分）	
9	教师点评（15 分）	
10	综合素质（10 分）	
总分		
备注		
评价类别	评语	
小组自评		
小组互评		
教师点评		

三、课程小结

（1）本节课学习了轮胎压力表的组成、分类、使用方法和轮胎压力的分析以及轮胎压力表使用的注意事项。

（2）你是否都掌握了、弄懂了？还有哪些疑问？请详细回答。

（以课后作业的形式布置下去，由小组课后第一时间完成并交给教师）

四、教学反思

本节课在教学过程中有哪些不足之处？有哪些创新点？学生是否有所收获？在今后的教学过程中将如何改进教学策略和教学手段？

一、填空题
1. 轮胎压力表有_____式、_____式和_____式等三种常见形式。
2. 大部分乘用车轮胎的标准气压值都在_____。

二、选择题
1. 对汽车轮胎的气压进行检测时，轮胎必须处于（   ）状态。
A. 冷态　　　　　　B. 热态　　　　　　C. 行驶　　　　　　D. 任意
2. 常见轮胎压力表的测量范围通常为（   ）。
A. 0～5 bar　　　　B. 0～18 bar　　　　C. 0～12 bar　　　　D. 0～15 bar

三、简答题
进行轮胎气压测量时的注意事项有哪些？

任务四　气缸压力表

1. 知识目标
(1) 了解气缸压力表的组成和分类。
(2) 熟悉气缸压力表的连接方法。
(3) 掌握气缸压力表的使用方法和注意事项。

2. 能力目标
(1) 能够正确识别气缸压力表。
(2) 能够使用气缸压力表进行气缸压力检测。
(3) 能够正确地读取气缸压力数值，并做出相应判断。

气缸压力表是用来检查气缸内气体压力的量具，通过对气缸压缩压力的检测，来判定发动机气缸的密闭性和发动机的工作状况，为发动机的维修提供参考或者鉴定发动机的维修质量。

一、气缸压力表的组成、分类及使用

1. 气缸压力表的组成

气缸压力表组件包括表头、导管、单向阀和接头等,如图3-7所示。表头一般用指针式,单位有 kg/cm^2、psi 等,测量的范围通常为 0~300 psi。表头下方装有通大气的单向阀,便于读数。另外,表头通常带防震套和减压阀。导管有两种:一种为软导管,另一种为金属硬导管;软导管适用于螺纹管接头与表头的连接,硬导管适用于橡胶接头与表头的连接。

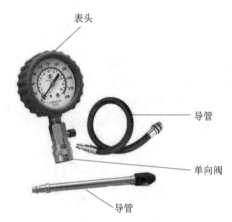

图 3-7 气缸压力表的组成

2. 气缸压力表的分类

(1)根据气缸压力表测量范围的不同,可将其分为 0~1.4 MPa(汽油机)和 0~4.9 MPa(柴油机)两种。

(2)根据气缸压力表连接形式的不同,可将其分为推入式(锥形或阶梯型的橡胶接头)和螺纹接口式两种。推入式气缸压力表用于汽油发动机,螺纹接口式气缸压力表用于柴油发动机。

3. 气缸压力表的使用方法

气缸压力的测量通常包括汽油发动机气缸压力的测量和柴油发动机气缸压力的测量,下面以汽油发动机气缸为例,介绍气缸压力测量过程,如表 3-22 所示。

气缸压力测量

表 3-22 气缸压力的测量

步骤	内 容
1	准备: 1. 打开发动机舱盖,铺好翼子板布三件套; 2. 起动发动机,运行约 10 min,使其达到正常工作温度 80 ℃
2	关闭发动机,取下燃油泵的保险丝或继电器,切断所有的火花塞高压线或点火线圈插头,如图 3-8 所示。 图 3-8 拆除继电器
3	用火花塞套筒将所有气缸火花塞松动大约一圈,不拆除,用压缩空气和毛刷清洁火花塞凹窝的灰尘,拆下各缸火花塞,按顺序摆放好(同理,柴油发动机拆除喷油器)

续表

步骤	内　容
4	安装气缸压力表到1缸，如图3-9所示。 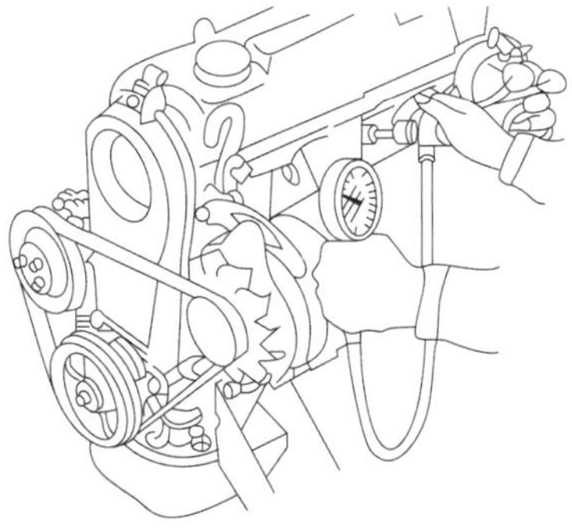 图3-9　安装气缸压力表
5	打开节气门和阻风门
6	测量： 1. 用起动机转动曲轴，不少于4个压缩行程，转速约为180 r/min； 2. 待气缸压力表指针指示并保持最大压力后，取下气缸压力表，记录读数； 3. 按下单向阀使气缸压力表指针回零； 4. 测量记录2~3次，取算术平均值
7	依次测量其余各缸
8	测量结束： 1. 拆下气缸压力表； 2. 按顺序安装火花塞（汽油发动机）或喷油器（柴油发动机），恢复油路（汽油发动机、柴油发动机）和电路（汽油发动机）
9	整理设备工具

4. 气缸压力分析

（1）每种汽车的气缸压力，汽车制造商在说明书中都会标明其压力值。如果检测气缸得到的压力值与标准压力值相差不超过10%，则可认为该车气缸压力是正常的。

（2）若相邻气缸相比，一个气缸的压力值比其他的低138 kPa或更多，说明气缸垫可能有故障。这种情况下，一般在这个气缸中可能发现水或油等物质。

（3）气缸压力的测量值如果高于设计值，并不一定表明气缸密封性好，要结合使用和维修情况进行分析，可能是燃烧室内积炭过多、气缸衬垫过薄或缸体与缸盖结合平面修理加工次数过多造成的。

（4）气缸压力的测量值如果低于设计值，可向每个气缸中导入一匙SAE30级汽油，然后重新测量。若压力值上升很大，则可能是活塞环或活塞损坏；若压力值保持不变，则故障可能出现在气门或有关的零件上。

5. 气缸压力表使用的注意事项

为了规范安全地完成气缸压力的测量，在使用气缸压力表时需要熟知一些意事项，如表 3-23 所示。

表 3-23　气缸压力表使用的注意事项

序号	注意事项
1	确保蓄电池已充足了电，起动机处于良好状态
2	测量气缸压力前应拆去全部火花塞（汽油发动机）或全部喷油器（柴油发动机），并按顺序放好
3	记下表针读数，间隔 15 s，再次测量，取平均值
4	柴油发动机压缩力大，必须采用螺纹接口式气缸压力表，将气缸压力表螺纹接口旋入喷油器座孔内
5	测量结束后，将火花塞（汽油发动机）或喷油器（柴油发动机）按顺序安装
6	测量前，将自动挡车辆的挡位挂至"P"挡，将手动挡车辆的挡位挂至空挡，并拉好手刹
7	安装螺纹接头时，只能用手拧紧，不要用扳手
8	当发动机用长的火花塞时，装配管接头也要用长的，否则会撞坏活塞顶部，损坏发动机
9	每次测量需将油门踩到底，运转引擎，至少 4 个压缩行程，或者到仪表上的压力数停止上升为止
10	每次测量前要用气门阀扳手将单向阀紧固牢靠，以免测量时阀芯掉入气缸内，产生严重后果
同学们，你们认为还有哪些注意事项呢	
1	
2	
3	

二、实训项目

1. 项目概要

本实训项目是为了更好地学习气缸压力表的使用，做到正确的安装，同时可以根据测量结果对所做任务进行评估，领会气缸压力表的使用注意事项。各小组负责人对所要完成的任务进行组内工作分配，使人员和项目一一对应，力争使所有成员都有事做，安排可填入表 3-24 中。组员按照负责人要求完成相关作业内容。

表 3-24　气缸压力表实训项目单

实训名称	测量汽油发动机气缸压力	测量柴油发动机气缸压力
组内分工		

2. 计划决策

1）任务计划

根据具体任务制订小组任务计划，简要说明任务实施的步骤及注意事项，并将任务计划填入表 3-25 中。（注意：小组可自行设计任务实施步骤，表 3-25 可以酌情添加或删减）

表 3-25 任务计划表

序号	任务实施步骤	工具/辅具	注意事项
1			
2			
3			
4			
5			
6			

2）实施准备（表 3-26）

表 3-26 实施准备表

场地	设备和工量具	相关资料
40人用的实训场地一块，对应数量的课桌椅、黑板和多媒体设备等	实训车辆5台、气缸压力表5套、工具车5辆、工具5套、抹布5条	气缸压力表的使用说明书5本、车辆维修手册5本

3. 实施计划任务并完成项目工单（表 3-27）

表 3-27 实训项目工单

实训内容		1号缸	2号缸	3号缸	4号缸	缸压分析
测量汽油发动机气缸压力	第一次测量					
	第二次测量					
	平均值					
测量柴油发动机气缸压力	第一次测量					
	第二次测量					
	平均值					

4. 考评（表 3-28）

表 3-28 考评表

序号	实训评价指标	得分
1	气缸压力表的使用是否正确（15分）	
2	断油/断电的方法是否正确（10分）	
3	火花塞/喷油器的拆装是否正确（10分）	
4	数据测量及分析是否正确（10分）	
5	工具是否清洁归位（5分）	
6	工单完成情况（10分）	
7	小组自评（5分）	
8	小组互评（10分）	
9	教师点评（15分）	

续表

序号	实训评价指标	得分
10	综合素质（10分）	
总分		
备注		
评价类别	评　语	
小组自评		
小组互评		
教师点评		

三、课程小结

（1）本节课学习了气缸压力表的组成、分类、使用方法和气缸压力的分析以及气缸压力表使用的注意事项。

（2）你是否都掌握了、弄懂了？还有哪些疑问？请详细回答。

（以课后作业的形式布置下去，由小组课后第一时间完成并交给教师）

四、教学反思

本节课在教学过程中有哪些不足之处？有哪些创新点？学生是否有所收获？在今后的教学过程中将如何改进教学策略和教学手段？

课后测评

一、填空题

1. 气缸压力表是用来检查_____的量具。

2. 气缸压力表根据测量范围的不同，可分为_____MPa（汽油机）和_____MPa（柴油机）两种。

3. 气缸压力表按连接形式的不同，可分为_____式和_____式两种。

二、选择题

1. 如果检测气缸得到的压力值与标准压力值相差不超过（　　），则可认为该车气缸压力是正常的。

　　A. 10%　　　　　　B. 15%　　　　　　C. 20%　　　　　　D. 30%

2. 用于柴油发动机气缸压力测量的接头形式为（　　）。

　　A. 推入式　　　　B. 锥形　　　　　C. 阶梯型　　　　D. 螺纹接口式

三、简答题

1. 气缸压力测量前断油、断电的方法有哪些？

2. 进行气缸压力测量时的注意事项有哪些？

任务五　万用表

1. 知识目标

(1) 了解万用表的组成和分类。

(2) 掌握万用表的使用方法和注意事项。

2. 能力目标

(1) 能够正确识别万用表。

(2) 能够使用万用表对元器件和线束的电阻、电压、电流等进行测量。

(3) 能够正确地读取万用表测量数值，并做出相应判断。

万用表又称为复用表、多用表、三用表、万能表等，是汽车检修作业中不可缺少的一种多功能、多量程的测量仪表。它一般以测量直流电压和电流、交流电压和电流以及电阻为主要用途，还可测量占空比、温度、晶体二极管、三极管、电路通断、汽车分电器触点的闭合角以及发动机转速等。

一、万用表的组成及使用

1. 万用表的组成和分类

万用表组件包括表头、测量电路及转换开关等三个主要部分，如图 3-10 所示。万用表按显示方式分为两种：指针万用表和数字万用表。数字万用表灵敏度高、精确度高、显示清晰、过载能力强、便于携带，使用也更方便简单，已成为主流。

(a)　　　　　　　　　　　　　(b)

图 3-10　万用表的组成

(a) 指针万用表；(b) 数字万用表

2. 万用表的功能面板

下面以图3-11所示的万用表的功能面板为例进行说明，不同型号的万用表，其数据会略有不同。

1) 各挡位的量程

（1）直流电压量程范围为 200 mV~1 000 V。

（2）交流电压量程范围为 200 mV~1 000 V。

（3）直流电流量程范围为 200 μA~20 A。

（4）交流电流量程范围为 200 μA~20 A。

（5）电阻量程范围为 200 Ω~200 MΩ。

（6）电容量程范围为 20 nF~20 mF。

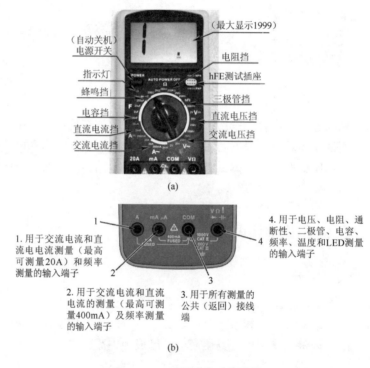

图3-11 万用表的功能面板
(a) 功能挡位；(b) 接线端

2) 万用表的接线端

（1）电压/电阻（VΩ）测试端：电压或电阻测试时，红表笔位置。

（2）公共（COM）端：黑表笔位置。

（3）电流（mA）测试端：电流（≤400 mA）测试时，红表笔位置。

（4）电流（A）测试端：电流（≤20 A）测试时，红表笔位置。

3. 万用表的使用方法

将 POWER 钮按下，选择所需要的功能和量程。

数字式万用表的使用

1）直流电压测量（表 3-29）

表 3-29　直流电压测量

步骤	内　　容
1	将功能开关置于直流电压量程挡
2	将黑色表笔插入 COM 插孔，红表笔插入 VΩ 插孔，并将表笔并联接在负载或者被测电路上，万用表显示电压读数，同时会指示红表笔的极性
3	在测量之前不知被测电压范围时，应将功能开关置于最高量程挡
4	当只显示最高位"1"时，说明被测电压已经超过使用量程，应改用更高量程测量
5	当测量高电压时，要格外注意避免触电

2）交流电压测量（表 3-30）

表 3-30　交流电压测量

步骤	内　　容
1	将功能开关置于交流电压量程挡
2	将黑表笔插入 COM 插孔，红表笔插入 VΩ 插孔，并将表笔并联接在被测电源或负载上，万用表显示读数。测量交流电压时，没有极性显示
3	在测量之前不知被测电压范围时，应将功能开关置于最高量程挡
4	当只显示最高位"1"时，说明被测电压已经超过使用量程，应改用更高量程测量
5	当测量高电压时，要格外注意避免触电

3）直流电流测量（表 3-31）

表 3-31　直流电流测量

步骤	内　　容
1	将功能开关置于直流电流量程挡
2	将黑表笔插入 COM 插孔，红表笔插入 mA 或者 A 插孔
3	万用表应与被测电路串联，万用表显示电流读数，同时会指示红表笔的极性
4	在测量之前不知被测电流范围时，应将功能开关置于最高量程挡
5	当只显示最高位"1"时，说明被测电流已经超过使用量程，应改用更高量程测量
6	mA 插孔输入时，过载则熔断万用表内保险丝，须予以更换
7	A 插孔输入时，最大电流测量时间不要超过 15 秒，A 挡无保险丝

4）交流电流测量（表 3-32）

表 3-32　交流电流测量

步骤	内　　容
1	将功能开关置于交流电流量程挡
2	将黑表笔插入 COM 插孔，红表笔插入 mA 或者 A 插孔

续表

步骤	内容
3	万用表应与被测电路串联,万用表显示电流读数,不指示红表笔的极性
4	在测量之前不知被测电流范围时,应将功能开关置于最高量程挡
5	当只显示最高位"1"时,说明被测电流已经超过使用量程,应改用更高量程测量
6	mA 插孔输入时,过载则熔断万用表内保险丝,须予以更换
7	A 插孔输入时,最大电流测量时间不要超过 15 秒,A 挡无保险丝

5) 电阻的测量(表 3-33)

表 3-33 电阻的测量

步骤	内容
1	将功能开关置于电阻量程挡
2	将黑表笔插入 COM 插孔,红表笔插入 VΩ 插孔
3	将万用表串联接在被测电阻两端,万用表显示读数
4	当输入端开路时,万用表处于测量状态,只显示最高位"1"
5	当被测电阻在 1 MΩ 以上时,万用表需数秒后才稳定读数,对于高电阻测量这是正常的
6	检测在线电阻时,应关闭被测电路的电源,使被测电路中的电容放完电,才能进行测量

6) 占空比测量(表 3-34)

表 3-34 占空比测量

步骤	内容
1	将功能开关置于占空比挡
2	将黑表笔插入 COM 插孔,红表笔插入 VΩ 插孔
3	将万用表并联接在被测电路上
4	在进行频率测量时,按一次 Hz 键,进入占空比测量功能,万用表显示读数
5	在进行电压或电流测量时,按两次 Hz 键,进入占空比测量功能,万用表显示读数

7) 温度测量(表 3-35)

表 3-35 温度测量

步骤	内容
1	将功能开关置于"℃"挡
2	将热电偶的冷端插头插入万用表的温度测量插孔中,注意"+、-"极性
3	将热电偶的热端置于测温点,万用表显示读数
4	当热电偶插入温度测量插孔后,自动显示被测温度;未插入热电偶或当热电偶开路时,显示环境温度

8）晶体三极管测量（表 3-36）

表 3-36　晶体三极管测量

步骤	内容
1	将功能开关置于 hFE 挡
2	先确认晶体三极管是 PNP 型还是 NPN 型，然后将被测管 E、B、C 三脚插入万用表相应的插孔内
3	万用表显示 hFE 的近似值

9）二极管测量（表 3-37）

表 3-37　二极管测量

步骤	内容
1	将功能开关置于二极管挡
2	将黑表笔插入 COM 插孔，红表笔插入 VΩ 插孔（注意红表笔为内电源的"+"极）
3	将万用表串联接在被测二极管两端，万用表显示二极管正向压降，单位"伏特"；当二极管反接时显示超量程
4	当两表笔开路时，仅显示高位"1"，说明超量程

10）通断测量（表 3-38）

表 3-38　通断测量

步骤	内容
1	将功能开关置于蜂鸣挡
2	将黑表笔插入 COM 插孔，红表笔插入 VΩ 插孔，将万用表串联接在被测线路两端
3	被测的两点之间的电阻值小于约 70 Ω，蜂鸣器会发出蜂鸣声
4	被测线路必须在切断电源状态下检查，线路带电将导致万用表错误判断

11）数据保持功能（表 3-39）

表 3-39　数据保持功能

步骤	内容
1	按下 HOLD 键，万用表显示"H"符号，此时测量数据被锁定，便于读数、记录
2	再按 HOLD 键，"H"符号消失，万用表恢复到测量状态

12）自动关机功能（表 3-40）

表 3-40　自动关机功能

步骤	内容
1	仪表在开机状态下，时间超过约 15 min，将自动切断电源，进入睡眠状态，这时仪表仅有约 10 μA 的电流
2	若要重新开启电源，连续按动 POWER 开关两次

13）闭合角测量

闭合角为点火周期内触点保持闭合时间的长短，合适的闭合角使点火线圈能在任意的发动机转速下积蓄最大的能量以获得最佳点火。闭合时间过长将导致触点燃烧并加速损坏，而闭合时间过短又将导致点火电压的降低，以至加速性能差，每分钟转速降低。应在清洗或更换点火圈之后和调整定时之前对闭合角进行测试和调整，具体测量过程如表3-41所示。

表3-41 闭合角测量

步骤	内　　容
1	将黑表笔插入COM插孔，红表笔插入VΩ插孔
2	根据所测发动机缸数，将功能开关置"DWELL"挡，将黑表笔接地或接蓄电池负极，红表笔接分电器电压接线柱或接点火线圈"信号"端
3	转动发动机分电器即可读得闭合角
4	为了获得最佳效果，应参考发动机厂家提供的技术参数，一般来说，3缸发动机的正常闭合为60°～80°，4缸发动机的为45°～60°，5缸发动机的为36°～48°，6缸发动机的为30°～40°，8缸发动机的为22.5°～30°。如果角度太大，则触点间隙太大；角度太小，则触点间隙太窄

14）转速测量（表3-42）

表3-42 转速测量

步骤	内　　容
1	将黑表笔插入COM插孔，红表笔插入VΩ插孔
2	根据所测发动机缸数，将功能开关置于所需"TACH"挡
3	将黑表笔接地或接蓄电池负极，红表笔接分电器低压接线柱或接点火线圈"信号"端
4	起动发动机，将万用表读出的数值乘以10即为发动机转速，单位为r/min

4. 万用表的异常显示

当数字万用表的正导线带电而负导线接地时，即在读数前显示一个"+"符号；如果两极导线相反，读数前将会出现"-"符号，以示相反极性。若所测电压超出量程，将会在屏幕左端显示"1"或"-1"；若出现断路情况，则显示为"1"。

5. 万用表使用的注意事项

为了规范安全地使用万用表，在进行测量时需要熟知一些注意事项，如表3-43所示。

表3-43 万用表使用的注意事项

序号	注意事项
1	使用前应检查表笔绝缘层完好，无破损、裸露及断线。后盖没盖好前严禁使用，否则有电击危险
2	万用表在使用过程中注意不要磕碰，使用中和使用完毕后要注意保持清洁。注意不要在高温、高湿、易燃和强电磁场中使用和存放万用表
3	使用前应熟悉万用表各项功能，根据被测量的对象，正确选用挡位、量程及表笔插孔
4	在对被测数据大小不明时，应先将量程开关置于最大值，而后由大量程往小量程挡处切换。不要测量可能超过量程的电流或者电压，以防电击或者损坏万用表

续表

序号	注意事项
5	测量电阻时,在选择了适当倍率挡后,应将两表笔相碰校表调零,以保证测量结果准确
6	在进行电阻测量、通断测试及二极管测试前要关闭电源,不得带电测量,所有高压电容器必须放电
7	测量时,要注意人身和仪表设备的安全。测试中不得用手触摸表笔的金属部位,不允许带电切换挡位开关,以确保测量准确,避免发生触电和烧毁仪表等事故
8	万用表使用完毕,应将功能开关置于交流电压的最大挡;如果长期不使用,还应将内部的电池取出,放在干燥、通风的地方
9	指针式万用表在使用之前,应先进行"机械调零",使万用表指针指在零电压或零电流的位置上
10	指针式万用表在使用时必须水平放置,以免造成误差
11	测量 60 V 直流或者 30 V 交流以上的电压有潜在的电击危险,要小心谨慎,以防触电
12	液晶显示一个电池的符号时,表示电池电压不足,应及时更换电池(常为 9 V 电池一节),以确保测量的精确度
13	请勿随意改变万用表内部线路,以免损坏仪表
14	如需要更换万用表内的保险丝,请采用同类规格和型号
15	如汽车引擎在运转,不要将万用表及配件放在引擎旋转件或者排气管旁,以免造成损坏
	同学们,你们认为还有哪些注意事项呢
1	
2	
3	

二、实训项目

1. 项目概要

本实训项目是为了更好地学习万用表的使用,同时可以根据测量结果对所做任务进行评估,领会万用表使用的注意事项。各小组负责人对所要完成的任务进行组内工作分配,使人员和项目一一对应,力争使所有成员都有事做,安排可填入表 3-44 中。组员按照负责人要求完成相关作业内容。

表 3-44 万用表实训项目单

实训内容	测量蓄电池电压	测量教室插座电压	测量继电器电阻	测量导线的通断	测量喷油器电阻	测量汽油泵端电压	测量曲轴传感器信号电压	测量水箱温度
组内分工								

2. 计划决策

1)任务计划

根据具体任务制订小组任务计划,简要说明任务实施的步骤及注意事项,并将任务计划填入表 3-45 中。(注意:小组可自行设计任务实施步骤,表 3-45 可以酌情添加或删减)

表 3-45 任务计划表

序号	任务实施步骤	工具/辅具	注意事项
1			
2			
3			
4			
5			
6			

2）实施准备（表 3-46）

表 3-46 实施准备表

场地	设备和工量具	相关资料
40 人用的实训场地一块，对应数量的课桌椅、黑板和多媒体设备等	实训车辆 5 台、万用表 5 套、工具车 5 辆、工具 5 套、电子元器件若干	万用表的使用说明书 5 本、车辆维修手册 5 本

3. 实施计划任务并完成项目工单（表 3-47）

表 3-47 实训项目工单

实训内容	测量值	是否正常
测量蓄电池电压		
测量教室插座电压		
测量继电器电阻		
测量导线的通断		
测量喷油器电阻		
测量汽油泵端电压		
测量曲轴传感器信号电压		
测量水箱温度		

4. 考评（表 3-48）

表 3-48 考评表

序号	实训评价指标	得分
1	万用表的接线是否正确（10 分）	
2	万用表的功能选择是否正确（10 分）	
3	测量方法选择是否正确（10 分）	
4	测量数据及数据分析是否正确（10 分）	
5	工具是否清洁归位（5 分）	
6	工单完成情况（15 分）	
7	小组自评（5 分）	
8	小组互评（10 分）	

续表

序号	实训评价指标	得分
9	教师点评（15分）	
10	综合素质（10分）	
总分		
备注		
评价类别	评　语	
小组自评		
小组互评		
教师点评		

三、课程小结

（1）本节课学习了万用表的组成、分类、使用方法以及使用的注意事项。
（2）你是否都掌握了、弄懂了？还有哪些疑问？请详细回答。
（以课后作业的形式布置下去，由小组课后第一时间完成并交给教师）

四、教学反思

本节课在教学过程中有哪些不足之处？有哪些创新点？学生是否有所收获？在今后的教学过程中将如何改进教学策略和教学手段？

课后测评

一、填空题

1. 万用表按显示方式分为_____万用表和_____万用表两种。
2. 万用表是汽车检修作业中不可缺少的一种多功能、_____的测量仪表。
3. 万用表使用完毕，应将功能开关置于_____的最大挡。

二、选择题

1. 使用万用表时，要将黑表笔插入（　　）插口。
A. A　　　　　　　B. mA　　　　　　　C. COM　　　　　　　D. VΩ
2. 常见万用表保险丝的规格是（　　）。
A. 0.2 A/250 V　　B. 0.5 A/250 V　　C. 1 A/250 V　　D. 2 A/250 V
3. 测量小于200 mA的电流时，要将红表笔插入（　　）插口。
A. A　　　　　　　B. mA　　　　　　　C. COM　　　　　　　D. VΩ

三、简答题

1. 如何利用万用表测量继电器的好坏？
2. 如何利用万用表测量曲轴位置传感器的好坏？

项目二

检测仪器的种类及使用

任务一 示波器

1. 知识目标

（1）了解示波器的组成和分类。

（2）掌握示波器的连接方法。

（3）掌握示波器的使用方法及注意事项。

2. 能力目标

（1）能够使用示波器进行波形测量。

（2）能够正确地分析波形数据，并做出相应判断。

示波器是一种用途十分广泛的电子测量仪器，是汽车维修人员不可或缺的检测设备。它的核心功能就是把被测信号的实际波形显示在屏幕上，以供工程师查找定位问题或评估系统性能等。在被测信号的作用下，电子束就好像一支笔的笔尖，可以在屏幕上描绘出被测信号的瞬时值的变化曲线。利用示波器能观察各种不同信号幅度随时间变化的波形曲线，还可以用它测试各种不同的电量，如电压、电流、频率、相位差、调幅度等。

一、示波器的应用、组成及使用

1. 示波器在汽车维修中的应用

在汽车电子控制系统中，有些电子信号的变化速度是非常快的，信号周期达到了千分之一秒，这是因为：一方面有些故障的发生是间歇性的；另一方面，汽车电子控制系统中的传感器和执行器在长时间的使用过程中会出现磨损、腐蚀、变形或老化等问题，它们的性能会随之变差，但是在它们不产生明显故障的情况下，电控单元不能判定它们有故障，即不会记录故障。这些信号，一般的仪器往往检测不到，最佳的检查方法就是借助示波器进行波形分析检测，如通过图3-12信号波形的对比，可以分析判断出故障。

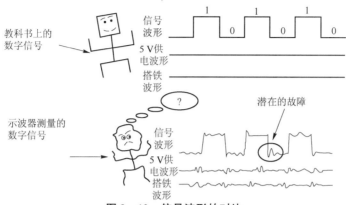

图3-12　信号波形的对比

2. 示波器的组成和分类

示波器的主要组成部分包括示波管、荧光屏、电子枪及聚焦、偏转系统和示波管的电源等。示波器常分为两大类：模拟式示波器和数字式示波器，目前模拟式示波器基本被淘汰。下面介绍汽车维修中常见的KT600示波器，如图3-13所示。

图3-13　KT600示波器

1) KT600示波器的操作面板（表3-49）

表3-49　KT600示波器的操作面板

序号	项目	说明
1	触摸屏	TFT640×480 6.4吋①真彩屏，触摸式
2	ESC	返回上级菜单、退出
3	OK	进入菜单、确认所选项目
4	⏻	电源开关
5	[▲][▼][▶][◀]	方向选择键
6	F1 F2 F3 F4	多功能辅助键

---

① 1吋=2.54 cm。

2) KT600示波器接口（图3-14）

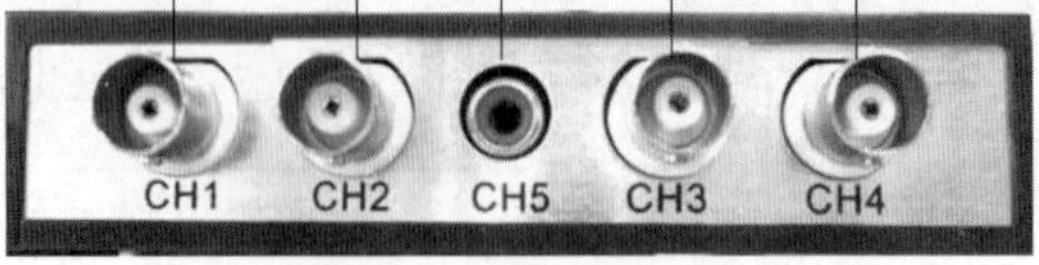

图3-14　KT600示波器接口

3) KT600示波器的附件（表3-50）

表3-50　KT600示波器的附件

图片	名称	功能
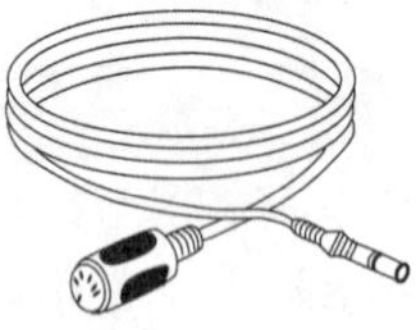	电源延长线	给主机提供电源，可以连接汽车点烟器接头或者汽车鳄鱼夹
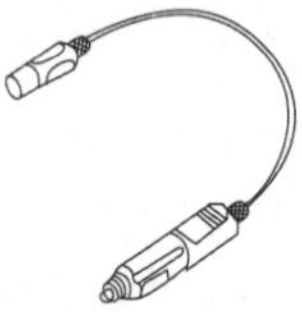	汽车点烟器接头	连接电源延长线和汽车点烟器，给主机供电
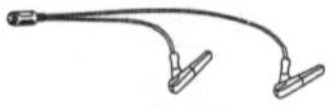	汽车鳄鱼夹	连接电源延长线和汽车电瓶，给主机供电
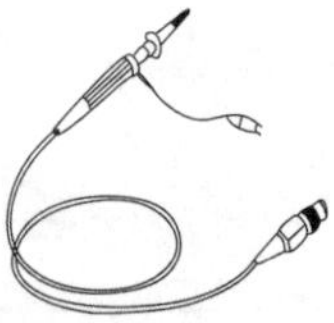	测试探针	连接到通道CH1、CH2、CH3、CH4输入，带接地线，可以×1或者×10衰减
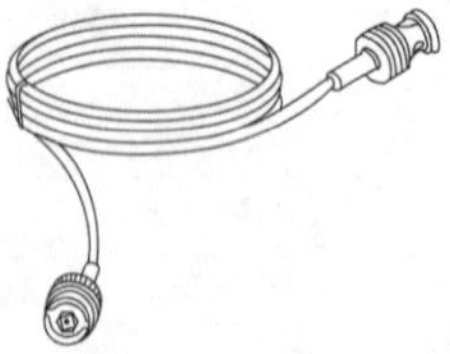	示波延长线	可以连接CH1、CH2、CH3、CH4通道，主要功能是延长输入信号线
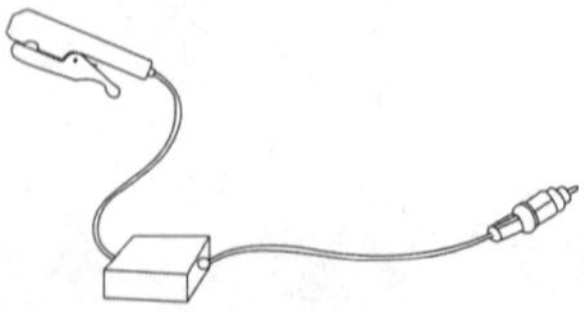	一缸信号夹	连接CH5通道，可以检测发动机转速

续表

图片	名称	功能
	容性感应夹	可以接 CH1、CH2 通道，感应次级点火信号
	示波连接线	可以对接地线或者信号线进行延长，方便连接

4）示波器探头

如图 3-15 所示：示波器探头的一端具有一个挂钩，检测波形时可以钩到电路的元件引脚上；挂钩外有一个护套，内有弹簧，使用时用手将护套拉下，挂钩即可漏出。

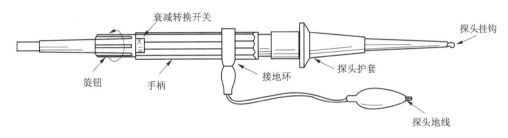

图 3-15 示波器探头结构示意图

探头中间有一个接地环和接地夹，可与被检测电路的地线相连。

探头的尾部有一个衰减转换开关，可进行 X1 挡或 X10 挡的选择。X1 挡就是将被测信号直接送到示波器而没有被衰减；X10 挡具有高阻抗和低电容量的特性，输入电压的幅度被衰减为 1/10，因此示波器上观测的值要乘以 10。示波器的输入阻抗高，测量精度就高。对于输出阻抗比较低的信号源，X1 挡和 X10 挡区别不大，这时候用 X1 挡就行了；对于输出阻抗较高的信号源，应优先选 X10 挡。如果信号的幅值过大，超出了示波器垂直通道范围，也可以用 X10 挡衰减下来，以观察到完整的信号。

3. 示波器的使用方法

1）主菜单概述

在主界面上选择示波器分析仪，进入如图 3-16 所示的功能界面。

在 KT600 的功能界面上按"上下方向"键选择需要检测的项目，按"ENTER"键可以进入下一级菜单，直到选择需要的测试项目，按"EXIT"键可以返回上级菜单。

2）通用型示波器的调整方法

一般情况下，汽车专用示波器的波形显示不需要调整；当要做超出汽车专用示波器标准

图 3-16 示波器功能界面

菜单以外的测试内容时,可以选择通用示波器功能,这就需要掌握一定的调整方法。在汽车专用示波器测试过程中如果有相似菜单,调整方法也相同。

选择通用示波器,按"ENTER"键确认,如图 3-17 所示,在屏幕上有十个选项:通道、周期、电平、幅值、位置、停止、存储、载入、光标、触发、打印、退出,还有三个功能选项:通道设置、自动设置、配置取存,按左右方向键可以对选择项目进行调整。

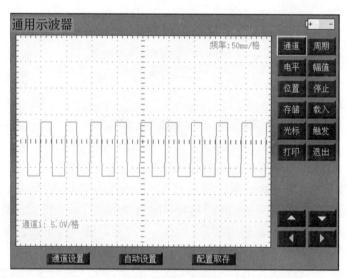

图 3-17 通用示波器界面

(1) 通道调整:选择【通道】,按功能键可以选择通道 1 (CH1)、通道 2 (CH2)、通道 3 (CH3)、通道 4 (CH4) 的任意组合方式,如图 3-18 所示。

(2) 周期调整:选择【周期】,按上下方向键可以改变每单格时间的长短。如果开机时设定的是 10 ms/格,按向下键则会变为 5 ms/格,波形就会变稀,按向上键则会变为 20 ms/格,波形会变密。

(3) 电平调整:选择【电平】可以对纵轴的触发电平进行调整。对于同一波形,选择

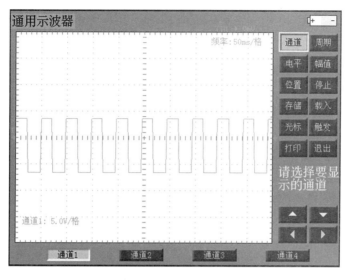

图 3-18 示波器通道选择

不同的触发电平,波形在显示屏上的位置就会跟着变化;如果触发电平的数值超出波形的最大最小范围时,波形将产生游动,在屏幕上不能稳定住。

(4)幅值调整:选择【幅值】,按上下方向键可以调整纵向波形幅值的大小。KT600可以选择1:500、1:200、1:100、1:200、1:0.5、1:1.0、1:2.5、1:5、1:10 和 1:20。

(5)位置调整:选择【位置】可以对波形的上下显示位置进行调整,按向上方向键,波形就会上移,按向下方向键,波形就会向下移动。

(6)触发方式调整:选择【触发】可以在高频(<50 ms/格)对波形的触发起点进行调整。使用功能键可以选择触发的方式:上升沿出发、下降沿出发、电平触发,如图 3-19 所示。

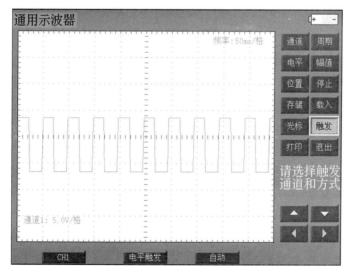

图 3-19 触发方式调整

(7) 波形的存储和载入：如果要存储当前波形，选择【存储】（如果刷新频率≥50 Hz/格，系统会等待采集完当前屏波形后自动冻结波形），弹出文件存储的界面，用户可以设定存储波形的名字，然后保存波形数据（最多支持保存64个文件），如图3-20所示。保存完以后系统会自动退出存储界面。

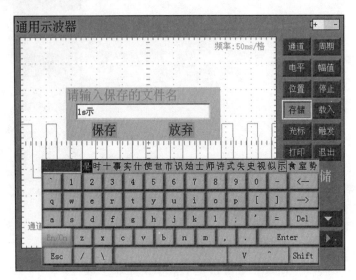

图3-20 波形的存储

如果要载入已存储的波形，选择【载入】，要是波形文件存在，系统将会自动浏览到系统已保存的文件，用户可以根据自己需要调出波形。单击【退出】/按ESC键可以退出载入界面。

(8) 配置取存：该功能主要是方便用户快捷地调整好波形的参数。例如：用户同时测试了4个传感器的波形，使用了4个通道：CH1—200 mv/div，CH2—1 v/div，CH3—0.5 v/div，CH4—5 v/div，频率为20 ms/格，调整好各个通道的位置，使波形清晰地显示到界面。然后选择【配置取存】，可以保存当前配置到文件"4通道传感器测试"；要是下次再测试4个通道的传感器的波形，用户就不需要再调节这些烦琐的参数，只需单击【配置取存】→【载入配置】，波形就可以快速的清晰的显示出来。如图3-21所示，任意有"配置取存"界面的示波器都有这一功能，每个界面最多可以存64个配置文件。

选择【保存配置】，可以保存当前的配置参数，其文件名可以是字母、数字、中文字符，如图3-22所示。

选择【载入配置】，可以将保存的配置参数载入当前界面，如图3-23所示。

3）传感器信源参数选择调整

在传感器菜单中可以通过选择【信源参数】调整所需要观察的通道的参数，如图3-24所示。

4）传感器波形参考功能

该功能方便用户在测试传感器波形的时候，把标准的传感器波形和当前测试的传感器做比较，这样用户就可以直观地看出来当前传感器的好坏。为实现该功能，用户先要采集标准

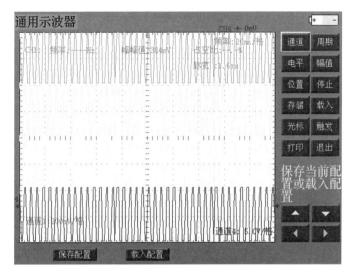

图 3-21　配置取存

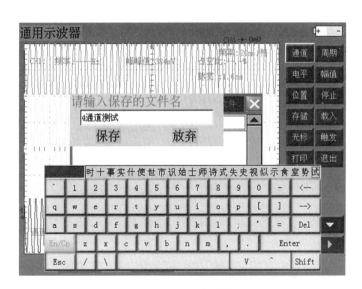

图 3-22　配置参数保存

的传感器波形存储到系统中，然后才可以回放波形，进行波形比较。系统最多可以存储 64 个波形文件。

波形参考有三种功能：采集波形、回放波形、波形比较，如图 3-25 所示。

选择【采集波形】，可将当前波形保存，其文件名可以是字母、数字、中文字符，如图 3-26 所示。

选择【回放波形】，可将采集的波形回放，如图 3-27 所示。

选择【波形比较】，可将采集的波形与当前波形进行比较。载入采集波形后，会与当前波放在同一位置，可以调整其位置来比较两波形，如图 3-28 所示。

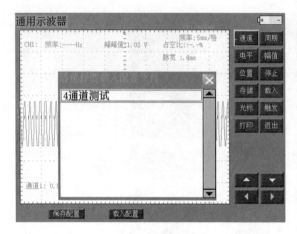

图 3-23 配置参数载入

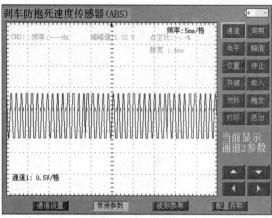

图 3-24 信源参数调整

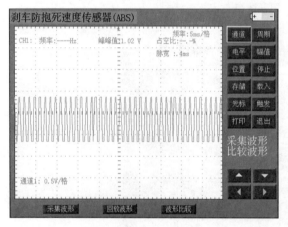

图 3-25 波形参考功能

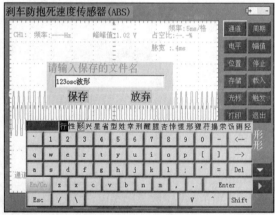

图 3-26 保存波形

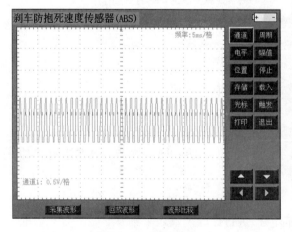

图 3-27 回放波形

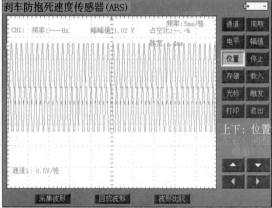

图 3-28 波形比较

4. 设备连接

连接 KT600 和电源延长线,根据被测试车型的电瓶位置选择电瓶供电或者点烟器供电,下面以电瓶供电为例介绍,如果选择点烟器接头,请先确认点烟器是否有 12 V 电瓶电压。将测试探头接入通道 1(CH1 端口)然后将测试探头上的小鳄鱼夹接蓄电池负极或搭铁,用测试探针刺入传感器的触发信号线,如图 3 – 29 所示。

示波器汽车专用的基本操作

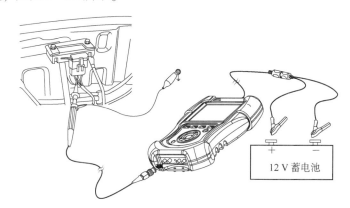

图 3 – 29　设备连接

5. 示波器使用的注意事项

为了正确规范地完成波形的测量,在使用示波器时需要熟知一些注意事项,如表 3 – 51 所示。

表 3 – 51　示波器使用的注意事项

序号	注意事项
1	对被测信号的峰值要有大概的估计,以选择合适的幅值,否则看不全波形或太小而不同步
2	当起动发动机测试前,注意将工具和示波器探头线等远离发动机的转动件和发热件,且不要将其放在蓄电池上
3	示波器一般会有 2 个或 4 个通道,它们在使用时可以随便选择
4	操作应在良好通风下进行,或操作时使用尾气抽排系统
5	起动发动机前,拉好手刹,挡位挂至"P"挡或空挡,车轮处放置好三角木
6	根据所测元器件选择合适的接线和合适的挡位
7	根据信号特性选择合适的显示周期
8	在测试特定波形需要发动机转速信号时,需连接一缸信号夹
同学们,你们认为还有哪些注意事项呢	
1	
2	
3	

二、信号分析

1. 汽车电子信号的基本类型

1）直流信号

在汽车中产生直流信号的传感器或电源装置有：蓄电池电压或控制模块输出的传感器参考电压。

2）交流信号

在汽车中产生交流信号的传感器和装置有：车速传感器、防滑制动轮速传感器、磁电式曲轴转角和凸轮轴传感器、从模拟压力传感器信号得到的发动机真空平衡波形、爆震传感器。

3）频率调制信号

在汽车中产生可变频率信号的传感器和装置有：数字式空气流量计、福特数字式进气压力传感器、光电式车速传感器、霍尔式车速传感器、光电式凸轮轴和曲轴转角传感器、霍尔式凸轮轴和曲轴转角传感器。

4）脉宽调制信号

在汽车中产生脉宽调制信号的电路和装置有：初级点火线圈，电子点火正时电路，废气再循环控制、净化、涡轮增压和其他控制电磁阀，喷油嘴，怠速控制电动机和电磁阀。

5）串行数据（多路）信号

若汽车具备有自诊断能力和其他串行数据送给能力的控制模块，则串行数据是由发动机控制模块、车身控制模块和防滑制动系统或其控制模块产生。

2. 汽车电子信号的五个判定依据

（1）幅值——电子信号在一定点上的即时电压。

（2）频率——电子信号在两个事件或循环之间的时间，一般指每秒的循环数。

（3）形状——电子信号的外形特征，包括它的曲线、轮廓和上升沿、下降沿等。

（4）脉冲宽度——电子信号所占的时间或占空比。

（5）阵列——组成专门信息信号的重复方式。

每种类型的电子信号都可以由五种判定依据中的一个或多个特征组成，如表3-52所示。

表3-52 电子信号的判断依据

信号类型	幅度	频率	外形	脉冲宽度	阵列
直流	√				
交流	√	√	√		
频率调制	√	√			
脉宽调制	√	√	√	√	
串行数据	√	√	√	√	√

3. 波形分析

1）伏格调整

示波器屏幕上每个竖格所代表的电压值称为"伏格"。当屏幕显示的是 1 V/grid，波形的幅值占了 2.5 个格时，即为 2.5 V；当屏幕显示的是 500 mV/grid，波形的幅值占了 5 个格时，也是 2.5 V。两者相比，500 mV/grid 波形占了整个测量范围的较大空间，所以可以提高波形测量的精度。

2）秒格调整

秒格调整与伏格调整类似，不同的是：

（1）秒格调整调整的是波形水平方向的时间值。

（2）秒格调整时不存在一个周期占几个格更合理的问题，具体问题具体对待，只要将波形的周期显示完整就可以。

3）读屏

在屏幕上查看是否有波形，波形是否变形，频率对与否，波形的幅度大小等，就是读屏。

一般示波器的显示屏都有坐标方格刻度，纵向有八格，横向有十格。横向每格表示一个波形在本格的时间，如该波形一个周期占了四格，那么该波形的周期是每格时间×4。每格所表示时间是由时间选择钮位置决定的。纵向每格表示一个波形在本格的电压幅度，如该波形占了四格，那么它的峰值就是每格电压×4。

三、实训项目

1. 项目概要

本实训项目是为了更好地学习示波器的使用，做到正确的安装，同时可以根据测量结果对所做任务进行评估，领会示波器使用的注意事项。各小组负责人对所要完成的任务进行组内工作分配，使人员和项目一一对应，力争使所有成员都有事做，安排可填入表 3 – 53 中。组员按照负责人要求完成相关作业内容。

表 3 – 53　示波器实训项目单

实训内容	曲轴位置传感器波形图	凸轮轴位置传感器波形图	喷油波形图	点火波形图
组内分工				

2. 计划决策

1）任务计划

根据具体任务制订小组任务计划，简要说明任务实施的步骤及注意事项，并将任务计划填入表 3 – 54 中。（注意：小组可自行设计任务实施步骤，表 3 – 54 可以酌情添加或删减）

表 3 – 54　任务计划表

序号	任务实施步骤	工具/辅具	注意事项
1			
2			

续表

序号	任务实施步骤	工具/辅具	注意事项
3			
4			
5			
6			

2）实施准备（表3-55）

表3-55 实施准备表

场地	设备和工量具	相关资料
40人用的实训场地一块，对应数量的课桌椅、黑板和多媒体设备等	实训车辆4台、示波器4套、工具车4辆、工具4套、抹布4条	示波器的使用说明书4本、车辆维修手册4本

3. 实施计划任务并完成项目工单（表3-56）

表3-56 实训项目工单

实训内容	绘制波形图
曲轴位置传感器波形图	
凸轮轴位置传感器波形图	
喷油波形图	
点火波形图	

4. 考评（表3-57）

表3-57 考评表

序号	实训评价指标	得分
1	示波器的校准是否正确（10分）	
2	示波器的连接是否正确（10分）	
3	示波器的操作是否正确（10分）	
4	波形图绘制是否正确（10分）	
5	工具是否清洁归位（5分）	
6	工单完成情况（15分）	
7	小组自评（5分）	
8	小组互评（10分）	
9	教师点评（15分）	
10	综合素质（10分）	
	总分	

续表

序号	实训评价指标	得分
备注		
评价类别	评　　语	
小组自评		
小组互评		
教师点评		

四、课程小结

（1）本节课学习了示波器的组成、分类、使用方法和信号数据的分析以及示波器使用的注意事项。

（2）你是否都掌握了、弄懂了？还有哪些疑问？请详细回答。

（以课后作业的形式布置下去，由小组课后第一时间完成并交给教师）

五、教学反思

本节课在教学过程中有哪些不足之处？有哪些创新点？学生是否有所收获？在今后的教学过程中将如何改进教学策略和教学手段？

课后测评

一、填空题

1. 示波器常分为_____和_____两类。

2. 汽车电子信号有_____、_____、_____、_____和_____五大基本类型。

3. 汽车电子信号的五个判定依据是_____、_____、_____、_____和_____。

二、判断题

1. 万用表可以代替示波器使用。　　　　　　　　　　　　　　　　（　　）

2. 因为火花塞击穿电压有上万伏，所以示波器只能测试初级点火波形，不能测试次级点火波形。　　　　　　　　　　　　　　　　　　　　　　　　　（　　）

3. 示波器可以记录信号波形，比如电压信号、气压信号、温度信号等。（　　）

三、简答题

1. KT600 供电方式有哪些？

2. KT600 测试哪些信号波形需要将衰减转换开关打在 X10 挡？

任务二　汽车故障诊断仪

1. 知识目标

（1）了解汽车故障诊断仪的组成和分类。
（2）熟悉汽车故障诊断仪的连接方法。
（3）掌握汽车故障诊断仪的使用方法和注意事项。

2. 能力目标

（1）能够正确地选择并使用汽车故障诊断仪。
（2）能够使用汽车故障诊断仪对电控系统进行故障检测。
（3）能够正确地读取电控系统的数据流，并做出相应判断。

汽车故障诊断仪又称汽车解码器，是车辆故障自检终端。汽车故障诊断仪可以迅速地读取汽车电控系统中的故障并通过液晶显示屏显示故障信息，帮助汽车维修人员迅速查明发生故障的部位及原因，是汽车维修中非常重要的工具。汽车故障诊断仪具有如下几项功能：读取故障码、清除故障码、读取发动机动态数据流、示波功能以及元件动作测试、匹配、设定和编码。

一、汽车故障诊断仪的组成、分类及使用

1. 汽车故障诊断仪的组成

汽车故障诊断仪包括主机、诊断盒、主诊断线、各车型测试接头等，如图3-30所示。

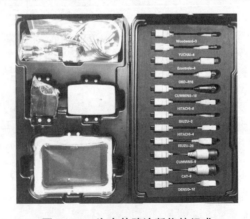

图3-30　汽车故障诊断仪的组成

2. 汽车故障诊断仪的分类

（1）通用解码器：如正德友邦 EPS918、元征 X431、博世 KTS 系列和金德 KT670 等。

通用解码器特点：适用于不同车型的故障诊断，价格相对低，功能简单，主要是读故障码、数据流。

（2）专用解码器：如通用公司 TECH – 2、福特公司 Super Star – Ⅱ、宝马公司 MODIC、大众公司 VAG1552、日产公司 Consult 等。

专用解码器特点：专用性（只能做本公司生产的汽车），价格非常高，功能强大，提供各种交流诊断功能。

3. 汽车故障诊断仪的使用方法

1）连接诊断方式

常见的连接诊断方式有蓝牙无线连接和有线连接两种，如图 3 – 31 所示。主机开启之后进入诊断菜单时系统会自动识别连接方式，也可根据实际情况随意变化连接方式。

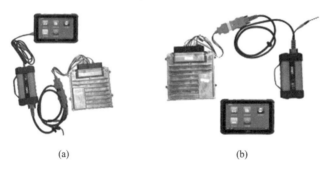

(a)　　　　　　　　　(b)

图 3 – 31　汽车故障诊断仪的连接诊断方式

（a）无线蓝牙连接；（b）有线连接

2）使用方法

下面以正德友邦 EPS918 汽车故障诊断仪为例，讲解汽车故障诊断仪的使用方法。

（1）汽车故障诊断仪的连接：找到车辆的诊断座（通常安装在驾驶员侧，仪表台下方保险丝盒附近，如图 3 – 32 所示；个别安装在驻车制动手柄附近，如大众汽车等），确认诊断座的形式（诊断座大部分为标准的 OBDII – 16PIN 诊断座，非 OBDII – 16PIN 的诊断座，需要使用转接头），找到相应的诊断插头，在汽车点火开关处于关闭的状态下进行连接。

汽车故障诊断仪的基本使用

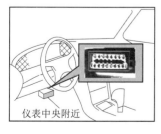

图 3 – 32　诊断座位置

（2）测试接头的使用方法：配置专用测试接头的车型一定要使用专用测试接头（例如：中华、日产、标致等），无专用测试接头的车型，一般使用标准 OBDII – 16PIN 测试接头，带 CAN – BUS 系统的车辆，一定要使用 CAN – di 测试接头。

即使诊断座同为 OBDII – 16PIN 的不同车型，由于汽车制造厂家的通信协议差异，电脑诊断自诊断协议也有所不同，也应选用对应车型的测试接头，否则无法测试。下面通过两个外观一样的 16PIN 测试接头来说明，如图 3-33 所示。

日产 NISSAN-16PIN 诊断座针脚定义

脚位	定义	脚位	定义
1	空	9	空
2	J1850 BUS +	10	空
3	空	11	空
4	GND	12	资料传输（TX）
5	GND	13	资料接收（RX）
6	空	14	传输脉冲（CLX）
7	K 线	15	L 线
8	点火开关	16	电源 +12 V

三菱 MITSUBISHI-16PIN 诊断座针脚定义

脚位	定义	脚位	定义
1	CTRL	9	BTACS
2	J1850 BUS +	10	J1850 BUS -
3	ECS	11	A/C
4	GND	12	SRS
5	GND	13	C/C
6	A/T	14	SVS
7	K 线	15	L 线
8	ABS	16	电源 +12 V

图 3-33 诊断座针脚定义

对于非标准的诊断座，可使用多功能接头进行连接测试，使用前需深入理解诊断座接口各接脚端子定义，理解多功能接头各针脚用途及定义，如图 3-34 所示。

(3) 进入汽车诊断主界面：打开点火开关后，按下 EPS918 故障诊断仪的电源开关，开启诊断仪，进入汽车诊断仪主界面，如图 3-35 所示，根据需要进行功能选择。

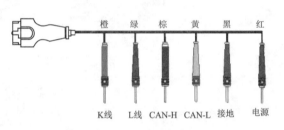

图 3-34 多功能接头定义

图 3-35 EPS918 汽车故障诊断仪主界面

(4) 诊断流程：以潍柴国 IV 电控发动机为例，具体的故障诊断流程为：选择进入【柴油车系】功能→选择【电控系统】菜单→单击【博世】图标→选择【手工选择】→选择进入【博世 EDC17CV44/54 系统】→选择【潍柴发动机】→选择其对应的具体电脑版本号→【进入系统】，如图 3 – 36 所示。此时可进行读取故障码、清故障码、读数据流、动作测试和特殊功能等操作，具体内容如表 3 – 58 所示。

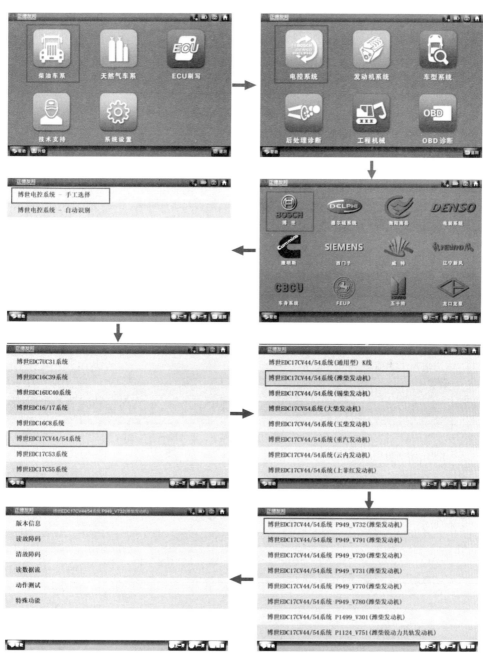

图 3 – 36　诊断流程

表 3-58 诊断功能

功能	功能说明
读故障码	判定车辆是否处于故障状态,快速锁定故障范围,判断故障的类型
清故障码	清除电控 ECU 中存储的当前故障记忆和历史故障记忆
读数据流	得到发动机运行转数、冷却温度、发动机负荷、加速踏板位置等一系列信息,辅助查找对应的故障点
动作测试	对发动机控制单元发出指令,让其控制像喷油嘴、继电器、电磁阀和冷却风扇等执行器的工作,避免了短接线路导致发动机控制单元损坏的风险,提高了车辆检修的速度,降低了维修车辆的难度
特殊功能	可以对发动机进行 PRV 阀测试、断缸测试、压缩测试、高压测试、提速测试和后处理测试等,主要用来测试汽车相关电子部件工作正常与否

4. 汽车故障诊断仪使用的注意事项

为了规范安全地使用汽车故障诊断仪完成电控系统的测试,需要熟知一些注意事项,如表 3-59 所示。

表 3-59 汽车故障诊断仪使用的注意事项

序号	注意事项
1	汽车故障诊断仪在使用过程中和使用完毕后,均要注意保持清洁
2	在进行波形测试时,注意将示波探头线等远离发动机的转动件和发热件,且不要将其放在蓄电池上
3	整个操作需要在一个通风良好的场地进行,且整个操作过程需要佩戴护目镜
4	不能带电拔插汽车故障诊断仪的诊断插头,此操作应在诊断仪和点火开关处于关闭状态下进行
5	汽车故障诊断仪在使用过程中,蓄电池的电压应在正常规定范围内
6	清除故障码前需做好必要的记录
7	汽车故障诊断仪的诊断插头要根据车辆情况正确选择使用
8	使用汽车故障诊断仪的动作测试或特殊功能时,一定要根据系统的提示要求开展作业
9	当点火开关接通时,绝不能断开汽车内部电器装置,因为断开时线圈的自感作用将会产生很高的瞬时电压,这种电压会造成传感器及 ECU 的损坏
10	故障码不一定代表真实故障
同学们,你们认为还有哪些注意事项呢	
1	
2	
3	

二、实训项目

1. 项目概要

本实训项目是为了更好地学习汽车故障诊断仪的使用,同时可以根据测量结果对所做任务进行评估，领会汽车故障诊断仪使用的注意事项。各小组负责人对所要完成的任务进行组内工作分配，使人员和项目一一对应，力争使所有成员都有事做，安排可填入表3-60中。组员按照负责人要求完成相关作业内容。

表3-60 汽车故障诊断仪实训项目单

实训内容	读取故障码	读取数据流	进行动作测试	节气门匹配	波形测试
组内分工					

2. 计划决策

1) 任务计划

根据具体任务制订小组任务计划，简要说明任务实施的步骤及注意事项，并将任务计划填入表3-61中。（注意：小组可自行设计任务实施步骤，表3-61可以酌情添加或删减）

表3-61 任务计划表

序号	任务实施步骤	工具/辅具	注意事项
1			
2			
3			
4			
5			
6			

2) 实施准备（表3-62）

表3-62 实施准备表

场地	设备和工量具	相关资料
40人用的实训场地一块，对应数量的课桌椅、黑板和多媒体设备等	实训车辆5台、汽车故障诊断仪5套、工具车5辆、工具5套、208接线盒5盒、抹布5条	汽车故障诊断仪的使用说明书5本、车辆维修手册5本

3. 实施计划任务并完成项目工单（表3-63）

表3-63 实训项目工单

实训内容	操作过程	完成情况
读取故障码		
读取数据流		
进行动作测试		
节气门匹配		
波形测试		

4. 考评（表3-64）

表3-64 考评表

序号	实训评价指标	得分
1	诊断插头的选择是否正确（5分）	
2	汽车故障诊断仪的连接是否正确（10分）	
3	测量方法选择是否正确（15分）	
4	测量数据分析是否正确（10分）	
5	工具是否清洁归位（5分）	
6	工单完成情况（15分）	
7	小组自评（5分）	
8	小组互评（10分）	
9	教师点评（15分）	
10	综合素质（10分）	
总分		
备注		
评价类别	评语	
小组自评		
小组互评		
教师点评		

三、课程小结

（1）本节课学习了汽车故障诊断仪的组成、分类、使用方法以及使用的注意事项。
（2）你是否都掌握了、弄懂了？还有哪些疑问？请详细回答。
（以课后作业的形式布置下去，由小组课后第一时间完成并交给教师）

四、教学反思

本节课在教学过程中有哪些不足之处？有哪些创新点？学生是否有所收获？在今后的教学过程中将如何改进教学策略和教学手段？

课后测评

一、填空题

1. 汽车故障诊断仪具有_____、_____、_____、_____、_____、_____和_____等功能。

2. 汽车故障诊断仪主要由_____、_____、_____和_____等组成。

3. 汽车故障诊断仪按照用途主要分为：_____解码器和_____解码器两类。
4. 汽车故障诊断仪常见的连接诊断方式有_____连接和_____连接两种。

二、画图题
请使用汽车故障诊断仪测出喷油波形，并将其画在下方。

三、简答题
1. 汽车故障诊断仪使用的注意事项有哪些？
2. 汽车的诊断座通常安装在哪里？

任务三　发动机综合分析仪

1. 知识目标
（1）了解发动机综合分析仪的组成和功用。
（2）熟悉发动机综合分析仪的连接方法。
（3）掌握发动机综合分析仪的使用方法和注意事项。

2. 能力目标
（1）能够使用发动机综合分析仪对发动机电控系统进行故障检测。
（2）能够正确地读取发动机电控系统的数据流，并做出相应判断。

发动机综合分析仪是一个完整有效的诊断系统，比较有代表性的是博世 FSA740 发动机综合分析仪，它包括信号发生器、部件测试、发动机测试系统、控制总成诊断、汽油车尾气测试系统和高性能计算机系统等。设备配套的软件能够提供包括测试和连接信息及测试步骤等数据，可以覆盖市场上 95% 的车型，通过它，维修人员能够找到关于车辆和测试过程的所有重要资料，从而提高汽车维修的效率和精度。

一、发动机综合分析仪的组成、功用及使用

1. 发动机综合分析仪的组成

发动机综合分析仪包括显示器、电脑主机、测量模块、控制总成诊断、尾气分析仪和打印机等,如图 3-37 所示。

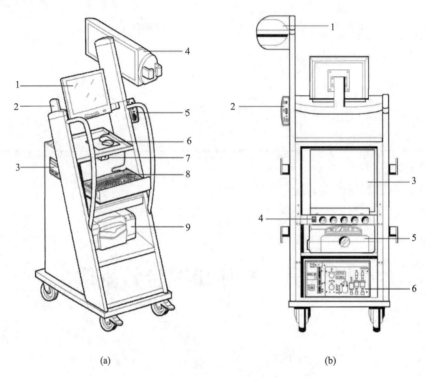

图 3-37 发动机综合分析仪的组成
(a) 前视图;(b) 后视图
(a) 1—显示器;2—遥控器;3—计算机;4—测量模块;5—控制总成诊断;
6—鼠标;7—遥控接收器;8—键盘;9—打印机
(b) 1—测量模块;2—控制总成诊断;3—计算机;4—插座电源开关;5—打印机;6—尾气分析仪

2. 发动机综合分析仪的功用(表 3-65)

表 3-65 发动机综合分析仪的功用

部件		功 用
信号发生器		可以测试传感器及其供电电路和连接件
测量模块	部件测试	可以精确地定位故障。将测量设备连接到相应的元器件后,在不必拆卸的情况下,就可以进行测试了,节省大量宝贵的时间和昂贵的替代部件
	发动机测试	实现发动机有关信号的测量。如:初级点火信号、点火模块的出发信号、转速、一缸识别和点火时刻信号

续表

部件	功 用
控制总成诊断	可以读出汽车计算机系统所记忆的故障，从而准确地定位故障
尾气分析仪	可以测量车辆尾气中的 CO、HC、CO_2、O_2、NO_X 五种气体的浓度，通过尾气分析判断发动机燃烧方面的故障
打印机	可以打印故障单

3. 发动机综合分析仪的使用方法

下面以博士 FSA740 为例，介绍发动机综合分析仪的使用方法，如表 3-66 所示。

表 3-66　发动机综合分析仪的使用方法

步骤	内　容
1	准备： 1. 车辆准备：铺设五件套和三件套、降驾驶员侧玻璃、打开引擎盖等； 2. 仪器的准备：打开主电源开关
2	诊断操作： 1. 起动控制总成诊断； 2. 选择车型； 3. 选择诊断插头； 4. 将仪器与车辆进行连接后打开点火开关； 5. 进入相应车型的诊断系统（车型、发动机型号、发动机代码）； 6. 选择发动机系统； 7. 进入诊断程序（静态诊断、动态诊断），进行故障码的读取与分析； 8. 进行数据流的读取和分析
3	结束： 1. 关闭点火开关，将诊断插头从诊断座中拔出，将诊断插头放在仪器的专用架上； 2. 将五件套和三件套取下； 3. 关闭引擎盖、升车窗、关车门； 4. 清洁整理发动机综合分析仪

4. 发动机综合分析仪使用的注意事项

为了规范安全地使用发动机综合分析仪完成发动机电控系统的测试，需要熟知一些注意事项，如表 3-67 所示。

表 3-67　发动机综合分析仪使用的注意事项

序号	注意事项
1	发动机综合分析仪在使用过程中和使用完毕后，均要注意保持清洁
2	在进行测试时，注意将各诊断线束远离发动机的转动件和发热件，且不要将其放在蓄电池上
3	正确选择诊断头；在设备与车辆进行连接或断开时，均需要关闭点火开关
4	不能带电拔插发动机综合分析仪的诊断插头，此操作应在发动机综合分析仪和点火开关处于关闭状态下进行

续表

序号	注意事项
5	禁止在发动机综合分析仪信号输入端输入超过500 V的直流或交流电压
6	使用发动机综合分析仪时,一定要根据系统的提示要求开展作业,各适配器均需轻拿轻放
7	发动机暖机后才能检测汽车尾气
8	读取数据前,怠速时间不能过长
9	尾气分析仪要定期更换滤清器
10	在进行检测作业时,要注意发动机转动的风扇,以免发生事故
	同学们,你们认为还有哪些注意事项呢
1	
2	
3	

二、实训项目

1. 项目概要

本实训项目是为了更好地学习发动机综合分析仪的使用,同时可以根据测量结果对所做任务进行评估,领会发动机综合分析仪使用的注意事项。各小组负责人对所要完成的任务进行组内工作分配,使人员和项目一一对应,力争使所有成员都有事做,安排可填入表3-68中。组员按照负责人要求完成相关作业内容。

表3-68 发动机综合分析仪实训项目单

实训内容	读取故障码	读取数据流	波形测试	尾气测量	检测气缸相对平衡压力	检测燃油压力	检测进气管真空压力
组内分工							

2. 计划决策

1)任务计划

根据具体任务制订小组任务计划,简要说明任务实施的步骤及注意事项,并将任务计划填入表3-69中。(注意:小组可自行设计任务实施步骤,表3-69可以酌情添加或删减)

表3-69 任务计划表

序号	任务实施步骤	工具/辅具	注意事项
1			
2			
3			
4			
5			
6			

2）实施准备（表3-70）

表3-70 实施准备表

场地	设备和工量具	相关资料
40人用的实训场地一块，对应数量的课桌椅、黑板和多媒体设备等	实训车辆5台、发动机综合分析仪5套、工具车5辆、工具5套、208接线盒5盒、抹布5条	发动机综合分析仪的使用说明书5本、车辆维修手册5本

3. 实施计划任务并完成项目工单（表3-71）

表3-71 实训项目工单

实训内容	操作过程	完成情况
读取故障码		
读取数据流		
波形测试		
尾气测量		
检测气缸相对平衡压力		
检测燃油压力		
检测进气管真空压力		

4. 考评（表3-72）

表3-72 考评表

序号	实训评价指标	得分
1	诊断插头的选择是否正确（5分）	
2	发动机综合分析仪的连接是否正确（10分）	
3	测量方法选择是否正确（15分）	
4	测量数据分析是否正确（10分）	
5	工具是否清洁归位（5分）	
6	工单完成情况（15分）	
7	小组自评（5分）	
8	小组互评（10分）	
9	教师点评（15分）	
10	综合素质（10分）	
总分		
备注		
评价类别	评语	
小组自评		
小组互评		
教师点评		

三、课程小结

（1）本节课学习了发动机综合分析仪的组成、功用、使用方法以及使用的注意事项。
（2）你是否都掌握了、弄懂了？还有哪些疑问？请详细回答。
（以课后作业的形式布置下去，由小组课后第一时间完成并交给教师）

四、教学反思

本节课在教学过程中有哪些不足之处？有哪些创新点？学生是否有所收获？在今后的教学过程中将如何改进教学策略和教学手段？

一、简答题
1. 发动机综合分析仪的组成有哪些？
2. 发动机综合分析仪的功用有哪些？
3. 发动机综合分析仪使用的注意事项有哪些？

模块四
汽车专用维修工具与设备的种类及使用

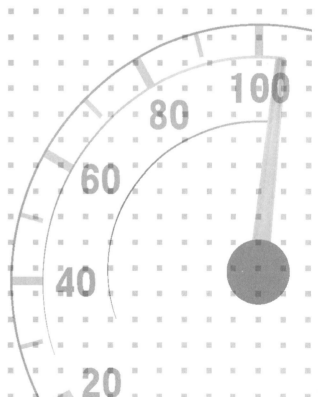

项目一

专用维修工具的种类及使用

任务一　火花塞套筒

1. 知识目标

（1）了解火花塞套筒的规格和种类。

（2）掌握火花塞套筒的使用方法和注意事项。

2. 能力目标

（1）能够正确识别火花塞套筒。

（2）能够使用火花塞套筒完成火花塞的拆装作业。

火花塞套筒又称火花塞扳手，是一种用于手工拆装发动机火花塞的专用工具，它相对于其他套筒来说有自己的结构特点。

 一、火花塞套筒的规格、种类及使用

1. 火花塞套筒的规格

常用的火花塞套筒规格有 14 mm、16 mm 和 21 mm 三种。大部分汽车用 16 mm 的火花塞套筒，面包车用 21 mm 的火花塞套筒，日系车用 14 mm 的火花塞套筒。

2. 火花塞套筒的种类

常见的火花塞套筒有三种：一种为内六角筒式结构，筒身上有手柄穿入孔；另一种为加力杆身与套筒连接后，类似丁字杆结构；还有一种为加力杆身与套筒的连接采用万向节的形式，此种结构使用时不受火花塞位置的限制，比较方便。如图 4-1 所示。

图 4-1 火花塞套筒

(a) 内六角筒式；(b) 三段可拆式；(c) 万向节式

3. 火花塞套筒的使用方法（表 4-1）

表 4-1 火花塞套筒的使用方法

步骤	内容
1	准备： 1. 打开机舱盖，铺好翼子板布三件套； 2. 将发动机装饰盖板拆掉
2	拆卸： 1. 断开点火线圈的插头； 2. 拆卸固定点火线圈的螺栓，取下点火线圈，按顺序摆放； 3. 选用合适规格型号的火花塞套筒拆卸火花塞； 4. 等火花塞完全松掉，取出火花塞套筒时，因其内置的紧固胶圈可以卡住火花塞，故可以将火花塞一并带出
3	安装： 1. 顺序与拆卸顺序相反； 2. 检查确认
4	结束：清洁整理工具

检查与更换火花塞

4. 火花塞套筒使用的注意事项

为了规范安全地完成火花塞的拆装作业，在使用火花塞套筒时需要熟知一些注意事项，如表 4-2 所示。

表 4-2 火花塞套筒使用的注意事项

序号	注意事项
1	火花塞套筒使用完毕后要注意清洁
2	拆卸火花塞时应确认发动机是否处于冷却状态
3	当拧松所要拆卸的火花塞后，应注意用高压气体将火花塞周围的污物吹净，防止火花塞旋出后污物落入燃烧室内
4	拧下或安装火花塞时要防止火花塞从火花塞套筒内掉落地面，导致两电极间隙发生改变，影响跳火
5	拆装火花塞时，要选用相应高度和径向尺寸的火花塞套筒
6	拆装火花塞时，应套正火花塞套筒再扳转，以免套筒滑脱

续表

序号	注意事项
7	扳转火花塞套筒时，不准随意加长手柄，以免损坏火花塞
8	安装火花塞时，一定要按照规定力矩拧紧
9	拆装点火线圈和火花塞时，要注意它们的摆放顺序
10	拆卸或连接点火线圈的线束插头时，要注意将点火开关打到"OFF"挡，且应注意它们之间的对应关系，不能装错
	同学们，你们认为还有哪些注意事项呢
1	
2	
3	

二、实训项目

1. 项目概要

本实训项目是为了更好地学习火花塞套筒的使用，做到正确规范，同时领会火花塞套筒使用的注意事项。各小组负责人对所要完成的任务进行组内工作分配，使人员和项目一一对应，力争使所有成员都有事做，安排可填入表4-3中。组员按照负责人要求完成相关作业内容。

表4-3 火花塞套筒实训项目单

实训内容	内六角筒式火花塞套筒的使用	三段可拆式火花塞套筒的使用	万向节式火花塞套筒的使用
组内分工			

2. 计划决策

1）任务计划

根据具体任务制订小组任务计划，简要说明任务实施的步骤及注意事项，并将任务计划填入表4-4中。（注意：小组可自行设计任务实施步骤，表4-4可以酌情添加或删减）

表4-4 任务计划表

序号	任务实施步骤	工具/辅具	注意事项
1			
2			
3			
4			
5			
6			

2）实施准备（表4-5）

表4-5 实施准备表

场地	设备和工量具	相关资料
40人用的实训场地一块，对应数量的课桌椅、黑板和多媒体设备等	实训车辆6台、火花塞套筒6套、工具车6辆、工具6套、抹布6条	火花塞套筒的使用说明书6本、车辆维修手册6本

3. 实施计划任务并完成项目工单（表4-6）

表4-6 实训项目工单

序号	实训内容	操作过程	完成情况
1	内六角筒式火花塞套筒的使用		
2	三段可拆式火花塞套筒的使用		
3	万向节式火花塞套筒的使用		

4. 考评（表4-7）

表4-7 考评表

序号	实训评价指标	得分
1	火花塞套筒的选择是否正确（10分）	
2	火花塞套筒的使用是否正确（15分）	
3	火花塞更换的方法是否正确（15分）	
4	工具是否清洁归位（5分）	
5	工单完成情况（15分）	
6	小组自评（5分）	
7	小组互评（10分）	
8	教师点评（15分）	
9	综合素质（10分）	
总分		
备注		
评价类别	评语	
小组自评		
小组互评		
教师点评		

三、课程小结

（1）本节课学习了火花塞套筒的规格、分类、使用方法以及使用的注意事项。

(2) 你是否都掌握了、弄懂了？还有哪些疑问？请详细回答。
（以课后作业的形式布置下去，由小组课后第一时间完成并交给教师）

 四、教学反思

本节课在教学过程中有哪些不足之处？有哪些创新点？学生是否有所收获？在今后的教学过程中将如何改进教学策略和教学手段？

一、填空题
1. 常见的火花塞套筒有_____、_____和_____等三种形式。
2. 常用的火花塞套筒规格有_____、_____和_____等三种。

二、简答题
火花塞套筒使用的注意事项有哪些？

任务二　机油滤清器拆装工具

1. 知识目标
（1）了解机油滤清器拆装工具的特点、种类。
（2）掌握机油滤清器拆装工具的使用方法和注意事项。

2. 能力目标
（1）能够正确识别机油滤清器拆装工具。
（2）能够使用机油滤清器拆装工具完成机油滤清器的拆装作业。

机油滤清器拆装工具是一种用于手工拆装发动机机油滤清器的专用工具。

 一、机油滤清器拆装工具的种类、特点及使用

1. 机油滤清器拆装工具的种类
常见的机油滤清器拆装工具种类有：三爪式、钳式、手铐式、链条式、皮带式和帽式，如图 4-2 所示。

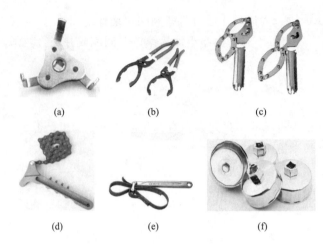

图 4-2 机油滤清器拆装工具

(a) 三爪式；(b) 钳式；(c) 手铐式；(d) 链条式；(e) 皮带式；(f) 帽式

2. 机油滤清器拆装工具的特点（表 4-8）

表 4-8 机油滤清器拆装工具的特点

机油滤清器拆装工具的种类	特　点
三爪式机油滤清器拆装工具	需配套套筒手柄或扳手使用，其内部设计有行星排传递机构，可根据机油滤清器大小自动调节三爪的大小，但是内部结构较复杂，若损坏维修麻烦
钳式机油滤清器拆装工具	该形式扳手是钳子的改型产品，使用方法类似鲤鱼钳，特点是简单、携带方便，但是能对应的机油滤清器尺寸较少，是一种简易装置
手铐式机油滤清器拆装工具	结构为大小可调的环形，环形内侧设计为锯齿状。结构简单、使用方便，能对应多种尺寸的机油滤清器，不需要与其他件配合使用，可提高工作效率
链条式机油滤清器拆装工具	
皮带式机油滤清器拆装工具	
帽式机油滤清器拆装工具	类似一个大套筒，拆卸不同车型的滤清器需要不同尺寸的扳手，在购买时多为组套形式，制造成本高，携带不方便，使用起来较麻烦

3. 机油滤清器拆装工具的使用方法（表 4-9）

表 4-9 机油滤清器拆装工具的使用方法

步骤	内　容	
1	准备： 1. 举升车辆； 2. 将机油回收器放置到位	
2	拆卸： 1. 拆卸油底壳放油螺栓； 2. 待机油基本释放完毕后，选用合适规格型号的机油滤清器拆装工具拆卸机油滤清器	拆卸机油滤清器

续表

步骤	内　容
3	安装： 1. 在新机油滤清器的密封圈上涂抹干净机油； 2. 将新机油滤清器按照规定力矩安装到位
4	检查： 1. 起动发动机运转 5 min，检查确认机油有无泄漏现象 2. 清洁整理工具

4. 机油滤清器拆装工具使用的注意事项

为了规范安全地完成机油滤清器的拆装作业，在使用机油滤清器拆装工具时需要熟知一些注意事项，如表 4-10 所示。

表 4-10　机油滤清器拆装工具使用的注意事项

序号	注意事项
1	机油滤清器拆装工具使用完毕后要注意清洁
2	新机油滤清器的密封圈上必须涂抹干净机油，否则在安装时密封圈与结合面会发生干摩擦，导致密封圈翘曲和损坏，造成密封不良而漏油
3	安装机油滤清器时，应先用手轻轻拧动，直到感觉有阻力后，再用机油滤清器拆装工具按照规定力矩将其拧紧
4	放机油时，应将机油回收器对准出油口，防止机油溅到身上或地面上
5	机油滤清器拆装工具在使用时应放在靠近机油滤清器端部（有棱面）的地方
6	安装时，应将各零部件清洁干净，确保无油污
7	更换机油滤清器时也要更换密封圈
8	新机油滤清器装好后，需要起动发动机，将其运转 5 min，然后查看有没有出现漏油现象
	同学们，你们认为还有哪些注意事项呢
1	
2	
3	

二、实训项目

1. 项目概要

本实训项目是为了更好地学习机油滤清器拆装工具的使用，做到正确规范，同时领会机油滤清器拆装工具使用的注意事项。各小组负责人对所要完成的任务进行组内工作分配，使人员和项目一一对应，力争使所有成员都有事做，安排可填入表 4-11 中。组员按照负责人要求完成相关作业内容。

表4-11 机油滤清器拆装工具实训项目单

实训内容	三爪式机油滤清器拆装工具的使用	钳式机油滤清器拆装工具的使用	手铐式机油滤清器拆装工具的使用	链条式机油滤清器拆装工具的使用	皮带式机油滤清器拆装工具的使用	帽式机油滤清器拆装工具的使用
组内分工						

2. 计划决策

1）任务计划

根据具体任务制订小组任务计划，简要说明任务实施的步骤及注意事项，并将任务计划填入表4-12中。（注意：小组可自行设计任务实施步骤，表4-12可以酌情添加或删减）

表4-12 任务计划表

序号	任务实施步骤	工具/辅具	注意事项
1			
2			
3			
4			
5			
6			

2）实施准备（表4-13）

表4-13 实施准备表

场地	设备和工量具	相关资料
40人用的实训场地一块，对应数量的课桌椅、黑板和多媒体设备等	实训车辆6台、机油滤清器拆装工具6套、工具车6辆、工具6套、抹布6条	机油滤清器拆装工具的使用说明书6本、车辆维修手册6本

3. 实施计划任务并完成项目工单（表4-14）

表4-14 实训项目工单

实训内容	操作过程	完成情况
三爪式机油滤清器拆装工具的使用		
钳式机油滤清器拆装工具的使用		
手铐式机油滤清器拆装工具的使用		
链条式机油滤清器拆装工具的使用		
皮带式机油滤清器拆装工具的使用		
帽式机油滤清器拆装工具的使用		

4. 考评（表 4-15）

表 4-15 考评表

序号	实训评价指标	得分
1	机油滤清器拆装工具的选择是否正确（10 分）	
2	机油滤清器拆装工具的使用是否正确（15 分）	
3	机油滤清器更换的方法是否正确（15 分）	
4	工具是否清洁归位（5 分）	
5	工单完成情况（15 分）	
6	小组自评（5 分）	
7	小组互评（10 分）	
8	教师点评（15 分）	
9	综合素质（10 分）	
总分		
备注		
评价类别	评语	
小组自评		
小组互评		
教师点评		

三、课程小结

（1）本节课学习了机油滤清器拆装工具的种类、特点、使用方法以及使用的注意事项。
（2）你是否都掌握了、弄懂了？还有哪些疑问？请详细回答。
（以课后作业的形式布置下去，由小组课后第一时间完成并交给教师）

四、教学反思

本节课在教学过程中有哪些不足之处？有哪些创新点？学生是否有所收获？在今后的教学过程中将如何改进教学策略和教学手段？

课后测评

一、填空题

常见的机油滤清器拆装工具种类有_____、_____、_____、_____、_____和_____等。

二、简答题

1. 请写出不同形式的机油滤清器拆装工具的特点。
2. 机油滤清器拆装工具使用的注意事项有哪些?

任务三 减震弹簧压缩器

1. 知识目标

(1) 了解减震弹簧压缩器的种类。

(2) 掌握减震弹簧压缩器的使用方法和注意事项。

2. 能力目标

(1) 能够正确识别减震弹簧压缩器。

(2) 能够使用减震弹簧压缩器完成减震器的拆装作业。

减震弹簧压缩器是一种用于拆装更换减震器的专用工具。

一、减震弹簧压缩器的种类及使用

1. 减震弹簧压缩器的种类

常见的减震弹簧压缩器有三种,如图 4 – 3 所示。

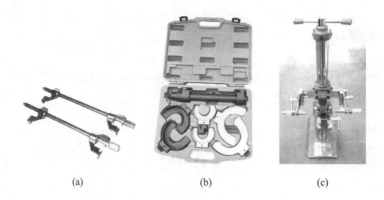

图 4 – 3 减震弹簧压缩器

(a) 卷式;(b) 免拆式;(c) 立式

2. 减震弹簧压缩器的使用方法（表 4-16）

表 4-16　减震弹簧压缩器的使用方法

步骤	内　　容
1	准备：使用前检查，确认减震弹簧压缩器的拉钩无裂纹或破损
2	使用： 1. 将拆下的减震器总成安装到减震弹簧压缩器上，并确认减震弹簧压缩器的拉钩是否压在减震弹簧上，安装是否牢固； 2. 用梅花扳手缓慢地顺时针转动减震弹簧压缩器的压缩螺杆，直到减震弹簧被压缩到工作所需要的位置上； 3. 拆除减震器总成上座的固定螺帽，拆下减震器上座，分解减震器总成
3	安装： 1. 更换减震器后，安装减震器上座，将减震器上座的固定螺帽按照规定力矩拧紧； 2. 缓慢地逆时针转动减震弹簧压缩器的压缩螺杆，直到减震弹簧的压力释放； 3. 将减震弹簧总成从减震弹簧压缩器上取下
4	检查确认，清洁整理工具

3. 减震弹簧压缩器使用的注意事项

为了规范安全地完成减震器的拆装作业，在使用减震弹簧压缩器时需要熟知一些注意事项，如表 4-17 所示。

表 4-17　减震弹簧压缩器使用的注意事项

序号	注意事项
1	减震弹簧压缩器使用完毕后，要检查各部位的紧固情况，同时要注意保持其清洁
2	减震弹簧压缩器需要每月保养一次，定期检查压缩螺杆的转动是否顺畅，压缩螺杆的螺纹是否有开裂或弯曲等损坏现象
3	减震弹簧压缩器每次使用前都必须检查拉钩有无变形、开裂或破损现象
4	未经正规专业培训，不得使用减震弹簧压缩器
5	减震弹簧压缩器在使用时，不得敲击或碰撞
	同学们，你们认为还有哪些注意事项呢
1	
2	
3	

二、实训项目

1. 项目概要

本实训项目是为了更好地学习减震弹簧压缩器的使用，做到正确规范，同时领会减震弹簧压缩器使用的注意事项。各小组负责人对所要完成的任务进行组内工作分配，使人员和项目一一对应，力争使所有成员都有事做，安排可填入表4-18中。组员按照负责人要求完成相关作业内容。

表4-18 减震弹簧压缩器实训项目单

实训内容	卷式减震弹簧压缩器的使用	免拆式减震弹簧压缩器的使用	立式减震弹簧压缩器的使用
组内分工			

2. 计划决策

1）任务计划

根据具体任务制订小组任务计划，简要说明任务实施的步骤及注意事项，并将任务计划填入表4-19中。（注意：小组可自行设计任务实施步骤，表4-19可以酌情添加或删减）

表4-19 任务计划表

序号	任务实施步骤	工具/辅具	注意事项
1			
2			
3			
4			
5			
6			

2）实施准备（表4-20）

表4-20 实施准备表

场地	设备和工量具	相关资料
40人用的实训场地一块，对应数量的课桌椅、黑板和多媒体设备等	实训车辆3台、减震弹簧压缩器6套、工具车6辆、工具6套、抹布6条	减震弹簧压缩器的使用说明书6本、车辆维修手册6本

3. 实施计划任务并完成项目工单（表4-21）

表4-21 实训项目工单

实训内容	操作过程	完成情况
卷式减震弹簧压缩器的使用		
免拆式减震弹簧压缩器的使用		
立式减震弹簧压缩器的使用		

4. 考评（表 4-22）

表 4-22 考评表

序号	实训评价指标	得分
1	减震弹簧压缩器的选择是否正确（10 分）	
2	减震弹簧压缩器的使用是否正确（15 分）	
3	减震器更换的方法是否正确（15 分）	
4	工具是否清洁归位（5 分）	
5	工单完成情况（15 分）	
6	小组自评（5 分）	
7	小组互评（10 分）	
8	教师点评（15 分）	
9	综合素质（10 分）	
总分		
备注		
评价类别	评　　语	
小组自评		
小组互评		
教师点评		

三、课程小结

（1）本节课学习了减震弹簧压缩器的种类、特点、使用方法以及使用的注意事项。
（2）你是否都掌握了、弄懂了？还有哪些疑问？请详细回答。
（以课后作业的形式布置下去，由小组课后第一时间完成并交给教师）

四、教学反思

本节课在教学过程中有哪些不足之处？有哪些创新点？学生是否有所收获？在今后的教学过程中将如何改进教学策略和教学手段？

一、填空题

1. 常见的减震弹簧压缩器有_____、_____和_____三种。
2. 减震弹簧压缩器是一种用于拆装更换_____的专用工具。

二、简答题

减震弹簧压缩器使用的注意事项有哪些？

任务四　制动分泵调整器

1. 知识目标

（1）了解制动分泵调整器的种类。
（2）掌握制动分泵调整器的使用方法和注意事项。

2. 能力目标

（1）能够正确识别制动分泵调整器。
（2）能够使用制动分泵调整器完成制动摩擦片的更换。

制动分泵调整器是一种用于碟式制动系统更换制动摩擦片时，压回制动分泵活塞的专用工具。

一、制动分泵调整器的种类及使用

1. 制动分泵调整器的种类

常见的制动分泵调整器有两种：简易式和组合式，如图4-4所示。

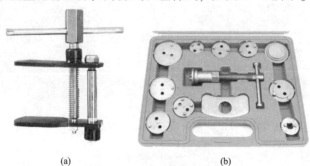

图4-4　制动分泵调整器
（a）简易式；（b）组合式

2. 制动分泵调整器的使用方法（表 4 – 23）

表 4 – 23　制动分泵调整器的使用方法

步骤	内　　　容
1	准备： 1. 拆下制动摩擦片； 2. 查看制动分泵活塞规格型号
2	使用： 1. 选择合适的碟片，组装制动分泵调整器； 2. 对正制动分泵活塞后，缓慢旋转制动分泵调整器的螺杆，将制动分泵活塞顶回，如图 4 – 5 所示；  图 4 – 5　制动分泵调整器的使用 3. 将新的制动摩擦片安装到位
3	结束：清洁整理工具

3. 制动分泵调整器使用的注意事项

为了规范安全地完成制动摩擦片的拆装作业，在使用制动分泵调整器时需要熟知一些注意事项，如表 4 – 24 所示。

表 4 – 24　制动分泵调整器使用的注意事项

序号	注意事项
1	制动分泵调整器使用完毕后要注意清洁
2	使用制动分泵调整器时要根据制动分泵的尺寸选择合适的碟片
3	操作制动分泵调整器时缓慢均衡加力
4	后轮的制动分泵活塞表面往往有凹槽，在使用制动分泵调整器时要注意调整好凹槽的角度，应使凹槽对应制动摩擦片衬板的定位凸起，如图 4 – 6 所示。 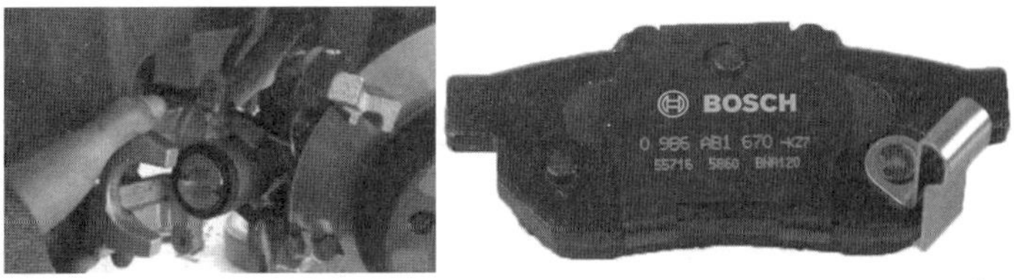 (a)　　　　　　　(b) 图 4 – 6　制动分泵活塞与制动摩擦片的关系 (a) 制动分泵活塞；(b) 制动摩擦片

续表

序号	注意事项
5	对于配置了电子手刹的车辆,在更换制动摩擦片时,必须先用故障诊断设备将电子手刹关闭,这样分泵活塞才会释放压力,此时才能使用制动分泵调整器将制动分泵活塞顶回去
6	定期对螺杆进行润滑
同学们,你们认为还有哪些注意事项呢	
1	
2	
3	

二、实训项目

1. 项目概要

本实训项目是为了更好地学习制动分泵调整器的使用,做到正确规范,同时领会制动分泵调整器使用的注意事项。各小组负责人对所要完成的任务进行组内人员分配,组员按照负责人要求完成相关作业内容。

检查或更换制动片

2. 计划决策

1)任务计划

根据具体任务制订小组任务计划,简要说明任务实施的步骤及注意事项,并将任务计划填入表 4 – 25 中。(注意:小组可自行设计任务实施步骤,表 4 – 25 可以酌情添加或删减)

表 4 – 25 任务计划表

序号	任务实施步骤	工具/辅具	注意事项
1			
2			
3			
4			
5			
6			

2)实施准备(表 4 – 26)

表 4 – 26 实施准备表

场地	设备和工量具	相关资料
40 人用的实训场地一块,对应数量的课桌椅、黑板和多媒体设备等	实训车辆 2 台、制动分泵调整器 8 套、工具车 8 辆、工具 8 套、抹布 8 条	制动分泵调整器的使用说明书 8 本、车辆维修手册 8 本

3. 实施计划任务并完成项目工单（表 4–27）

表 4–27　实训项目工单

实训内容	操作过程	完成情况
碟式制动系统制动摩擦片的更换		

4. 考评（表 4–28）

表 4–28　考评表

序号	实训评价指标	得分
1	制动分泵调整器的选择是否正确（10 分）	
2	制动分泵调整器的使用是否正确（15 分）	
3	制动摩擦片的更换方法是否正确（15 分）	
4	工具是否清洁归位（5 分）	
5	工单完成情况（15 分）	
6	小组自评（5 分）	
7	小组互评（10 分）	
8	教师点评（15 分）	
9	综合素质（10 分）	
总分		
备注		
评价类别	评　语	
小组自评		
小组互评		
教师点评		

三、课程小结

（1）本节课学习了制动分泵调整器的种类和使用方法以及使用的注意事项。
（2）你是否都掌握了、弄懂了？还有哪些疑问？请详细回答。
（以课后作业的形式布置下去，由小组课后第一时间完成并交给教师）

四、教学反思

本节课在教学过程中有哪些不足之处？有哪些创新点？学生是否有所收获？在今后的教学过程中将如何改进教学策略和教学手段？

一、填空题
常见的制动分泵调整器有_____和_____两种。

二、简答题
制动分泵调整器使用的注意事项有哪些？

任务五　气门弹簧压缩器

学习目标

1. 知识目标
（1）了解气门弹簧压缩器的种类。
（2）掌握气门弹簧压缩器的使用方法和注意事项。

2. 能力目标
（1）能够正确识别气门弹簧压缩器。
（2）能够使用气门弹簧压缩器完成气门的拆装。

气门弹簧压缩器是一种用于手工拆装气门的专用工具。在拆卸发动机气门时，气门弹簧处于预压缩状态，要想拆卸气门或气门锁片，必须对气门弹簧进行压缩。气门弹簧压缩器的作用就是用来压缩气门弹簧，从而使气门弹簧座下移，以取出气门锁片，拆下气门。

一、气门弹簧压缩器的种类及使用

1. 气门弹簧压缩器的种类

气门弹簧压缩器按照工作服务对象（发动机）不同，有两种常见的形式：弓形和杆形。弓形用于普通的发动机，杆形用于重型发动机，如图4-7所示。常用的气门弹簧压缩器配套的套筒接头规格有16 mm、19 mm、23 mm、25 mm 和30 mm 五种。

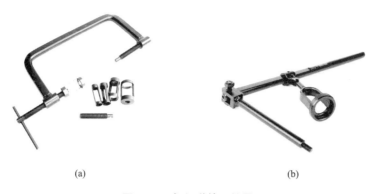

图 4-7 气门弹簧压缩器

(a) 弓形；(b) 杆形

2. 气门弹簧压缩器的使用方法（表 4-29）

表 4-29 气门弹簧压缩器的使用方法

步骤	内容
1	准备： 1. 将气门弹簧压缩器组装好（杆式气门弹簧压缩器的使用如图 4-8 所示）； 图 4-8 杆式气门弹簧压缩器的使用 2. 将气门弹簧压缩器安装到气缸盖气门组件处
2	拆卸： 1. 下压气门弹簧压缩器压杆手柄，至气门杆尾部漏出（气门锁片高于气门弹簧座）； 2. 使用磁力棒将气门锁片吸出； 3. 缓慢释放气门弹簧压缩器压杆手柄； 4. 取下气门弹簧座、气门弹簧和气门等
3	安装： 1. 顺序与拆卸顺序相反； 2. 检查确认
4	结束：清洁整理工具

3. 气门弹簧压缩器使用的注意事项

为了规范安全地完成气门的拆装作业，在使用气门弹簧压缩器时需要熟知一些注意事项，如表4-30所示。

表4-30 气门弹簧压缩器使用的注意事项

序号	注意事项
1	气门弹簧压缩器使用完毕后要注意清洁
2	气门弹簧压缩器在使用时要注意选择合适尺寸的套筒接头
3	气门弹簧压缩器在使用时要注意将套筒接头和螺杆托盘分别对正气门弹簧座和气门头部
4	杆形气门弹簧压缩器在使用时需要将螺纹连接端旋入气缸盖
5	下压气门弹簧压缩器的压杆时，要均匀用力
6	安装气门时，当装好气门锁片后，要缓慢地释放气门弹簧压缩器的压杆
	同学们，你们认为还有哪些注意事项呢
1	
2	
3	

二、实训项目

1. 项目概要

本实训项目是为了更好地学习气门弹簧压缩器的使用，做到正确规范，同时可以通过气门的拆装，领会气门弹簧压缩器使用的注意事项。各小组负责人对所要完成的任务进行组内工作分配，使人员和项目一一对应，力争使所有成员都有事做，安排可填入表4-31中。组员按照负责人要求完成相关作业内容。

表4-31 气门弹簧压缩器实训项目单

实训内容	弓形气门弹簧压缩器的使用	杆形气门弹簧压缩器的使用
组内分工		

2. 计划决策

1）任务计划

根据具体任务制订小组任务计划，简要说明任务实施的步骤及注意事项，并将任务计划填入表4-32中。（注意：小组可自行设计任务实施步骤，表4-32可以酌情添加或删减）

表4-32 任务计划表

序号	任务实施步骤	工具/辅具	注意事项
1			
2			

续表

序号	任务实施步骤	工具/辅具	注意事项
3			
4			
5			
6			

2）实施准备（表4-33）

表4-33 实施准备表

场地	设备和工量具	相关资料
40人用的实训场地一块，对应数量的课桌椅、黑板和多媒体设备等	发动机气缸盖4个、气门弹簧压缩器8套、工具车8辆、工具8套、抹布8条	气门弹簧压缩器的使用说明书8本、技术资料8套

3. 实施计划任务并完成项目工单（表4-34）

表4-34 实训项目工单

实训内容	操作过程	完成情况
弓形气门弹簧压缩器的使用		
杆形气门弹簧压缩器的使用		

4. 考评（表4-35）

表4-35 考评表

序号	实训评价指标	得分
1	气门弹簧压缩器的选择是否正确（10分）	
2	气门弹簧压缩器的使用是否正确（15分）	
3	气门拆装的方法是否正确（15分）	
4	工具是否清洁归位（5分）	
5	工单完成情况（15分）	
6	小组自评（5分）	
7	小组互评（10分）	
8	教师点评（15分）	
9	综合素质（10分）	
总分		
备注		
评价类别	评语	
小组自评		
小组互评		
教师点评		

三、课程小结

（1）本节课学习了气门弹簧压缩器的种类、使用方法以及使用的注意事项。
（2）你是否都掌握了、弄懂了？还有哪些疑问？请详细回答。
（以课后作业的形式布置下去，由小组课后第一时间完成并交给教师）

四、教学反思

本节课在教学过程中有哪些不足之处？有哪些创新点？学生是否有所收获？在今后的教学过程中将如何改进教学策略和教学手段？

一、填空题

1. 气门弹簧压缩器的种类有_____和_____两种。
2. 常用的气门弹簧压缩器配套的套筒接头规格有_____、_____、_____、_____和_____等五种。
3. 气门弹簧座是通过安装在气门杆尾端凹槽或圆孔中的_____或_____来固定。

二、选择题

1. ![] 图中零件为（ ）
   A. 挺柱　　　　　B. 锁片　　　　　C. 油封　　　　　D. 弹簧
2. ![] 图中零件为（ ）
   A. 弹簧　　　　　B. 锁片　　　　　C. 油封　　　　　D. 弹簧座

三．简答题

气门弹簧压缩器使用的注意事项有哪些？

任务六　活塞环拆装钳

学习目标

1. 知识目标

（1）了解活塞环拆装钳的种类。
（2）掌握活塞环拆装钳的使用方法和注意事项。

2. 能力目标

（1）能够正确识别活塞环拆装钳。
（2）能够使用活塞环拆装钳完成活塞环的拆装。

活塞环拆装钳是一种拆装活塞环的专用工具。它的工作过程是将活塞环略微张开，使活塞环内径稍微大于活塞外径，方便活塞环的拆卸。

一、活塞环拆装钳的种类及使用

1. 活塞环拆装钳的种类

常见的活塞环拆装钳有两种：简易款和普通款，如图4-9所示。

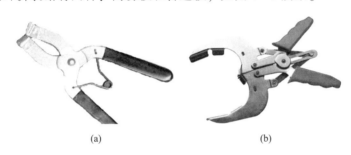

图4-9　活塞环拆装钳
(a) 简易款；(b) 普通款

2. 活塞环拆装钳的使用方法（表4-36）

表4-36　活塞环拆装钳的使用方法

步骤	内　　容
1	准备：选择并检查活塞环拆装钳
2	拆卸： 1. 用活塞环拆装钳将活塞环（第一道）托住，使拆装钳上的环卡卡住活塞环开口； 2. 均匀施力到活塞环拆装钳的手柄上，将活塞环慢慢张开； 3. 将活塞环（第一道）从活塞上取下； 4. 依次取下第二道气环和油环，并按顺序摆放好
3	安装： 1. 检查确认活塞环的方向、弹力和各间隙； 2. 依次安装油环、第二道气环和第一道气环； 3. 检查确认活塞环的安装情况
4	结束：清洁整理工具

3. 活塞环拆装钳使用的注意事项

为了规范安全地完成活塞环的拆装作业，在使用活塞环拆装钳时需要熟知一些注意事项，如表 4-37 所示。

表 4-37 活塞环拆装钳使用的注意事项

序号	注意事项
1	活塞环拆装钳使用后要注意清洁
2	活塞环拆装钳在使用时要注意活塞环的正反
3	拆装活塞环时，要注意活塞环拆装钳的正反
4	拆装活塞环时，应在活塞环内径稍稍大于活塞头部直径时平行装入或取出
5	活塞环材料为合金铸铁，强度较低，拆装活塞环时必须小心，要均匀用力，以免折断
6	安装活塞环时，必须把各道活塞环的开口错开安装，且各活塞环开口均不能处在活塞销方向。例：对于有3道活塞环的活塞，通常是将各道活塞环开口相错120°
7	油环通常为组合式，一般用手拆
8	安装活塞环前应先检查清洁活塞环槽
同学们，你们认为还有哪些注意事项呢	
1	
2	
3	

二、实训项目

1. 项目概要

本实训项目是为了更好地学习活塞环拆装钳的使用，做到正确规范，同时领会活塞环拆装钳使用的注意事项。各小组负责人对所要完成的任务进行组内人员分配，组员按照负责人要求完成相关作业内容。

2. 计划决策

1）任务计划

根据具体任务制订小组任务计划，简要说明任务实施的步骤及注意事项，并将任务计划填入表 4-38 中。（注意：小组可自行设计任务实施步骤，表 4-38 可以酌情添加或删减）

表 4-38 任务计划表

序号	任务实施步骤	工具/辅具	注意事项
1			
2			
3			
4			
5			
6			

2）实施准备（表4-39）

表4-39 实施准备表

场地	设备和工量具	相关资料
40人用的实训场地一块，对应数量的课桌椅、黑板和多媒体设备等	发动机6台、活塞环拆装钳6套、工具车6辆、工具6套、抹布6条	活塞环拆装钳的使用说明书6本、车辆维修手册6本

3. 实施计划任务并完成项目工单（表4-40）

表4-40 实训项目工单

实训内容	操作过程	完成情况
活塞环的拆装		

4. 考评（表4-41）

表4-41 考评表

序号	实训评价指标	得分
1	活塞环拆装钳的使用是否正确（20分）	
2	活塞环拆装的方法是否正确（20分）	
3	工具是否清洁归位（5分）	
4	工单完成情况（15分）	
5	小组自评（5分）	
6	小组互评（10分）	
7	教师点评（15分）	
8	综合素质（10分）	
总分		
备注		
评价类别	评语	
小组自评		
小组互评		
教师点评		

三、课程小结

（1）本节课学习了活塞环拆装钳的种类、使用方法以及使用的注意事项。
（2）你是否都掌握了、弄懂了？还有哪些疑问？请详细回答。
（以课后作业的形式布置下去，由小组课后第一时间完成并交给教师）

四、教学反思

本节课在教学过程中有哪些不足之处？有哪些创新点？学生是否有所收获？在今后的教学过程中将如何改进教学策略和教学手段？

课后测评

一、填空题

1. 常见的活塞环拆装钳有_____和_____两种。
2. 对于有 3 道活塞环的活塞，通常是将各道活塞环开口相错_____度安装，且各活塞环开口均不能处在活塞销方向。

二、简答题

活塞环拆装钳使用的注意事项有哪些？

任务七　活塞环压缩器

1. 知识目标

（1）了解活塞环压缩器的种类。

（2）掌握活塞环压缩器的使用方法和注意事项。

2. 能力目标

（1）能够正确识别活塞环压缩器。

（2）能够使用活塞环压缩器完成活塞连杆组的拆装。

活塞环压缩器是一种用于将活塞连杆组安装到气缸中的专用工具。

一、活塞环压缩器的种类及使用

1. 活塞环压缩器的种类

活塞环压缩器通常有两种常见的形式：普通式和固定式。普通式适用于多种尺寸规格的活塞连杆组，固定式常用于固定单一尺寸规格的活塞连杆组，其中固定式又包括钳式和锥形管状式，如图 4-10 所示。常用普通式活塞环压缩器的规格有 3 寸和 4 寸两种。

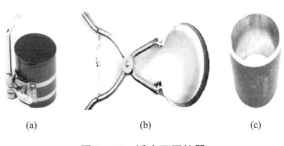

图 4 – 10 活塞环压缩器

(a) 普通式；(b) 钳式；(c) 锥形管状式

安装活塞连杆组

2. 活塞环压缩器的使用方法（表 4 – 42）

表 4 – 42 活塞环压缩器的使用方法

步骤	内 容
1	准备： 1. 将活塞环和气缸套内壁涂抹一层机油； 2. 将活塞连杆大头端两个螺栓的螺纹用专用橡胶管套套住； 3. 将发动机缸体横置，并将曲轴转到合适位置
2	安装： 1. 将活塞环压缩器安装到活塞上； 2. 按顺序将活塞连杆组装入相应的气缸内，紧固并检查装配情况
3	结束：清洁整理工具

3. 活塞环压缩器使用的注意事项

为了规范安全地完成活塞的拆装，在使用活塞环压缩器时需要熟知一些注意事项，如表 4 – 43 所示。

表 4 – 43 活塞环压缩器使用的注意事项

序号	注意事项
1	活塞环压缩器使用前和使用后均要注意清洁
2	压缩活塞环时，必须确认各道活塞环的开口应错开安装，且各活塞环开口均不能处在活塞销方向。另外，在旋紧活塞环压缩器时应防止活塞环随压缩器的旋转而改变位置
3	安装活塞时应使活塞环压缩器的下表面和气缸体的上表面结合好，然后用木槌柄锤击活塞顶部，使活塞顺利进入气缸内
4	每装一个活塞连杆组，按规定力矩拧紧后，需要转动曲轴，查看装配情况是否良好
5	在分离活塞环压缩器后即停止敲击活塞，检查连杆至连杆轴颈间是否对齐后，将活塞推至规定位置
6	要根据活塞的直径选择合适大小和型号的活塞环压缩器
7	在使用活塞环压缩器时要注意它的棘轮锁止装置是否可靠，防止其失效后活塞环压缩器弹散开划伤手
	同学们，你们认为还有哪些注意事项呢
1	
2	
3	

二、实训项目

1. 项目概要

本实训项目是为了更好地学习活塞环压缩器的使用,做到正确规范,同时领会活塞环压缩器使用的注意事项。各小组负责人对所要完成的任务进行组内人员分配,组员按照负责人要求完成相关作业内容。

2. 计划决策

1)任务计划

根据具体任务制订小组任务计划,简要说明任务实施的步骤及注意事项,并将任务计划填入表4-44中。(注意:小组可自行设计任务实施步骤,表4-44可以酌情添加或删减)

表4-44 任务计划表

序号	任务实施步骤	工具/辅具	注意事项
1			
2			
3			
4			
5			
6			

2)实施准备(表4-45)

表4-45 实施准备表

场地	设备和工量具	相关资料
40人用的实训场地一块,对应数量的课桌椅、黑板和多媒体设备等	发动机8台、活塞环压缩器8套、工具车8辆、工具8套、抹布8条	活塞环压缩器的使用说明书8本、车辆维修手册8本

3. 实施计划任务并完成项目工单(表4-46)

表4-46 实训项目工单

实训内容	操作过程	完成情况
活塞连杆组的拆装		

4. 考评(表4-47)

表4-47 考评表

序号	实训评价指标	得分
1	活塞环压缩器的选择是否正确(10分)	

续表

序号	实训评价指标	得分
2	活塞环压缩器的使用是否正确（15分）	
3	活塞连杆组的安装方法是否正确（15分）	
4	工具是否清洁归位（5分）	
5	工单完成情况（15分）	
6	小组自评（5分）	
7	小组互评（10分）	
8	教师点评（15分）	
9	综合素质（10分）	
总分		
备注		
评价类别	评　　语	
小组自评		
小组互评		
教师点评		

三、课程小结

（1）本节课学习了活塞环压缩器的种类、使用方法以及使用的注意事项。
（2）你是否都掌握了、弄懂了？还有哪些疑问？请详细回答。
（以课后作业的形式布置下去，由小组课后第一时间完成并交给教师）

四、教学反思

本节课在教学过程中有哪些不足之处？有哪些创新点？学生是否有所收获？在今后的教学过程中将如何改进教学策略和教学手段？

 课后测评

一、填空题

1. 活塞环压缩器通常有_____和_____两种常见形式。
2. 常用普通式活塞环压缩器的规格有_____和_____两种。
3. 活塞环压缩器适用于汽车_____的装配。

二、选择题

1. 安装活塞连杆组时，应使发动机缸体处于（　　）状态。
   A. 垂直　　　　　　B. 水平　　　　　　C. 倒置　　　　　　D. 倾斜
2. 安装活塞连杆组时，应使用（　　）。
   A. 气门弹簧压缩器　　　　　　　　　B. 活塞环压缩器
   C. 活塞环拆装钳　　　　　　　　　　D. 铁锤
3. 压缩活塞环时，必须确认各道活塞环的开口应错开（　　）度安装，且各活塞环开口均不能处在活塞销方向。
   A. 60　　　　　　　B. 90　　　　　　　C. 120　　　　　　D. 180

三、简答题

活塞环压缩器使用的注意事项有哪些？

任务八　球头取出器

1. 知识目标

（1）了解球头取出器的种类。

（2）掌握球头取出器的使用方法和注意事项。

2. 能力目标

（1）能够正确识别球头取出器。

（2）能够使用球头取出器完成相关球头连接件的拆卸。

球头取出器又叫球头拆卸器，是一种用于拆卸拉杆球头和摆臂球头等球头连接件的专用工具。

一、球头取出器的种类及使用

1. 球头取出器的种类

常见的球头取出器有两种，如图 4-11 所示。立式球头取出器，用于拆卸如雨刮臂球头；鸭嘴式球头取出器，用于拆卸如转向横拉杆球头。

大车横拉杆球头取出器也是立式，其使用如图 4-12 所示。

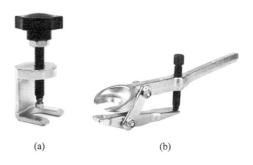

图 4-11 球头取出器

(a) 立式；(b) 鸭嘴式

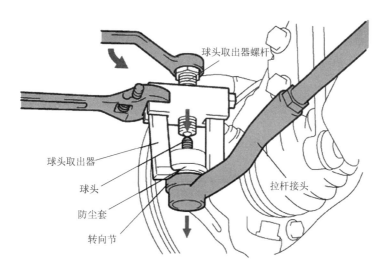

图 4-12 大车横拉杆球头取出器的使用

2. 球头取出器的使用方法（表 4-48）

表 4-48 球头取出器的使用方法

步骤	内　　容
1	准备： 1. 先松掉球头的紧固螺栓； 2. 将发动机装饰盖板拆掉
2	拆卸： 1. 将球头取出器的叉口卡在球头与定位孔中间； 2. 使球头取出器推杆压住球头螺栓； 3. 选用合适扳手拧动球头取出器的拆卸螺栓即可压出球头
3	结束：清洁整理工具

3. 球头取出器使用的注意事项

为了规范安全地完成球头的拆装，在使用球头取出器时需要熟知一些注意事项，如表 4-49 所示。

表 4-49 球头取出器使用的注意事项

序号	注意事项
1	球头取出器使用完毕后要注意清洁
2	使用球头取出器时最好用安全绳绑住球头取出器，防止压出球头时工具掉落
3	当拧动球头取出器螺杆出现拆卸困难时，应停止拧动，用榔头轻轻敲击球头，然后继续缓慢拧动直到拆卸螺栓
4	当球头取出器支架压出球头时，注意防止球头取出器弹出
5	球头取出器不能在有裂纹、缺陷、磨损和变形等情况下使用
6	球头取出器在使用时，应注意在螺杆部位加注润滑油
	同学们，你们认为还有哪些注意事项呢
1	
2	
3	

二、实训项目

1. 项目概要

本实训项目是为了更好地学习球头取出器的使用，做到正确规范，同时领会球头取出器使用的注意事项。各小组负责人对所要完成的任务进行组内工作分配，使人员和项目一一对应，力争使所有成员都有事做，安排可填入表 4-50 中。组员按照负责人要求完成相关作业内容。

雨刮电动机的检测与更换

转向横拉杆球头拆卸与更换

表 4-50 球头取出器实训项目单

实训内容	雨刮臂球头的拆装	转向横拉杆球头的拆装
组内分工		

2. 计划决策

1）任务计划

根据具体任务制订小组任务计划，简要说明任务实施的步骤及注意事项，并将任务计划填入表 4-51 中。（注意：小组可自行设计任务实施步骤，表 4-51 可以酌情添加或删减）

表 4-51 任务计划表

序号	任务实施步骤	工具/辅具	注意事项
1			
2			
3			
4			
5			
6			

2）实施准备（表 4-52）

表 4-52 实施准备表

场地	设备和工量具	相关资料
40 人用的实训场地一块，对应数量的课桌椅、黑板和多媒体设备等	实训车辆 6 台、球头取出器 6 套、工具车 6 辆、工具 6 套、抹布 6 条	球头取出器的使用说明书 6 本、车辆维修手册 6 本

3. 实施计划任务并完成项目工单（表 4-53）

表 4-53 实训项目工单

项目内容	操作过程	完成情况
雨刮臂球头的拆装		
转向横拉杆球头的拆装		

4. 考评（表 4-54）

表 4-54 考评表

序号	实训评价指标	得分
1	球头取出器的选择是否正确（10 分）	
2	球头取出器的使用是否正确（15 分）	
3	球头拆卸的方法是否正确（15 分）	
4	工具是否清洁归位（5 分）	
5	工单完成情况（15 分）	
6	小组自评（5 分）	
7	小组互评（10 分）	
8	教师点评（15 分）	
9	综合素质（10 分）	
总分		
备注		
评价类别	评语	
小组自评		
小组互评		
教师点评		

 三、课程小结

（1）本节课学习了球头取出器的种类、使用方法以及使用的注意事项。
（2）你是否都掌握了、弄懂了？还有哪些疑问？请详细回答。
（以课后作业的形式布置下去，由小组课后第一时间完成并交给教师）

 四、教学反思

本节课在教学过程中有哪些不足之处？有哪些创新点？学生是否有所收获？在今后的教学过程中将如何改进教学策略和教学手段？

 课后测评

一、填空题
1. 常见的球头取出器有_____和_____两种。
2. 大车横拉杆球头取出器是_____式的。

二、简答题
球头取出器使用的注意事项有哪些？

任务九 拉拔器

 学习目标

1. 知识目标
（1）了解拉拔器的种类。
（2）掌握拉拔器的使用方法和注意事项。

2. 能力目标
（1）能够正确识别拉拔器。
（2）能够使用拉拔器完成相关零件的拆卸。

 导入

拉拔器又叫拉马，是一种将轴承内圈或齿轮从安装座取出的专用工具，主要由拉爪和拉力螺栓组成。

一、拉拔器的种类及使用

1. 拉拔器的种类

常见的拉拔器有三种：两爪式、三爪式和滑锤式，其中滑锤式用于拆卸轴承内圈，如图 4 – 13 所示。

图 4 – 13 拉拔器

（a）两爪式；（b）三爪式；（c）滑锤式

2. 拉拔器的使用方法（表 4 – 55）

表 4 – 55 拉拔器的使用方法

步骤	内　　容
1	准备：根据被拆卸零件大小选择合适尺寸的拉拔器，并调整拉力螺栓到适当位置
2	拆卸： 1. 用拉拔器的拉爪卡住需要拆卸的零件下端面； 2. 将拉拔器的拉力螺栓顶在被拆卸零件的中间固定轴上，用扳手缓慢拧动拉力螺栓，逐渐取出需要拆卸的零件，如图 4 – 14 所示： 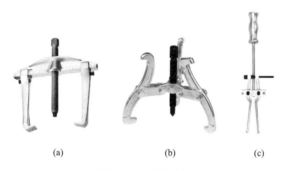 （a） 图 4 – 14 拉拔器的使用方法 （a）齿轮的拉拔

续表

步骤	内　容
2	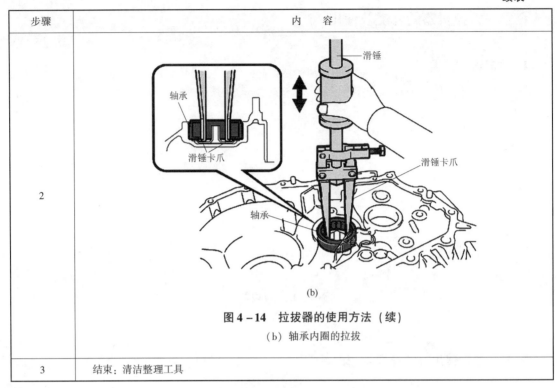 (b) 图 4-14　拉拔器的使用方法（续） (b) 轴承内圈的拉拔
3	结束：清洁整理工具

3. 拉拔器使用的注意事项

为了规范安全地完成轴承内圈或齿轮的拆装作业，在使用拉拔器时需要熟知一些注意事项，如表 4-56 所示。

表 4-56　拉拔器使用的注意事项

序号	注意事项
1	拉拔器使用完毕后要注意清洁
2	始终戴好安全眼镜，避免受可能飞出的零件的伤害
3	需定期清洗及润滑拉拔器螺杆，从螺纹到顶尖，保证使用寿命
4	使用时要均匀缓慢地加力
5	要选择使用正确尺寸的拉拔器
6	要保证拉拔器与工件处于垂直状态
7	不要对接拉拔器的拉爪或使用的拉爪长于标准拉爪，否则拉拔器断裂、弯曲或移位的概率会增加
8	拉拔器的拉爪在卡住零件底端时，拉爪的分布角度要均等
同学们，你们认为还有哪些注意事项呢	
1	
2	
3	

二、实训项目

1. 项目概要

本实训项目是为了更好地学习拉拔器的使用,做到正确规范,同时领会拉拔器使用的注意事项。各小组负责人对所要完成的任务进行组内工作分配,使人员和项目一一对应,力争使所有成员都有事做,安排可填入表 4-57 中。组员按照负责人要求完成相关作业内容。

表 4-57 拉拔器实训项目单

实训内容	齿轮的拆装	轴承的拆装	皮带轮的拆装
组内分工			

2. 计划决策

1)任务计划

根据具体任务制订小组任务计划,简要说明任务实施的步骤及注意事项,并将任务计划填入表 4-58 中。(注意:小组可自行设计任务实施步骤,表 4-58 可以酌情添加或删减)

表 4-58 任务计划表

序号	任务实施步骤	工具/辅具	注意事项
1			
2			
3			
4			
5			
6			

2)实施准备(表 4-59)

表 4-59 实施准备表

场地	设备和工量具	相关资料
40 人用的实训场地一块,对应数量的课桌椅、黑板和多媒体设备等	发动机 6 台、变速器 6 台、拉拔器 6 套、工具车 6 辆、工具 6 套、抹布 6 条	拉拔器的使用说明书 6 本、车辆维修手册 6 本

3. 实施计划任务并完成项目工单(表 4-60)

表 4-60 实训项目工单

实训内容	操作过程	完成情况
齿轮的拆装		
轴承的拆装		
皮带轮的拆装		

4. 考评（表4-61）

表4-61 考评表

序号	实训评价指标	得分
1	拉拔器的选择是否正确（10分）	
2	拉拔器的使用是否正确（15分）	
3	齿轮、轴承和皮带轮的拆卸方法是否正确（15分）	
4	工具是否清洁归位（5分）	
5	工单完成情况（15分）	
6	小组自评（5分）	
7	小组互评（10分）	
8	教师点评（15分）	
9	综合素质（10分）	
总分		
备注		
评价类别	评语	
小组自评		
小组互评		
教师点评		

三、课程小结

（1）本节课学习了拉拔器的种类、使用方法以及使用的注意事项。
（2）你是否都掌握了、弄懂了？还有哪些疑问？请详细回答。
（以课后作业的形式布置下去，由小组课后第一时间完成并交给教师）

四、教学反思

本节课在教学过程中有哪些不足之处？有哪些创新点？学生是否有所收获？在今后的教学过程中将如何改进教学策略和教学手段？

课后测评

一、填空题

1. 常见的拉拔器有_____、_____和_____三种类型。
2. 拉拔器主要由_____和_____组成。

二、选择题

1. 拉拔器是用于将轴承内圈或齿轮从安装座（　　）的专用工具。

   A. 拆卸　　　　B. 安装　　　　C. 调整　　　　D. 测试

2. 下列不属于拉拔器优点的是（　　）。

   A. 重量轻　　　　　　　　B. 使用方便省力
   C. 携带方便　　　　　　　D. 操作复杂

三、简答题

拉拔器使用的注意事项有哪些？

拉拔校正及替换
减震器支座

项目二

专用维修设备的种类及使用

任务一 轮胎拆装机

1. 知识目标

(1) 了解轮胎拆装机的种类。

(2) 掌握轮胎拆装机的使用方法和注意事项。

2. 能力目标

(1) 能够正确识别轮胎拆装机。

(2) 能够使用轮胎拆装机完成轮胎的拆装。

轮胎拆装机,也叫拆胎机、扒胎机,用于拆卸和安装汽车轮胎,可以为汽车、摩托车和重型卡车等不同车辆修补或者更换轮胎,是汽车维修厂和4S店的必备设备。

一、轮胎拆装机的种类及使用

1. 轮胎拆装机的种类

轮胎拆装机从外形和功能上可以分为乘用车小型轮胎拆装机和商用车大型轮胎拆装机两种,其中小型轮胎拆装机是我们常见的,它按照外形和功能分为普通型和带辅助臂增强型两种,如图4-15所示,大型轮胎拆装机如图4-16所示。轮胎拆装机按照动力不同分为气动式和液压式两种,最常用的是气动式。

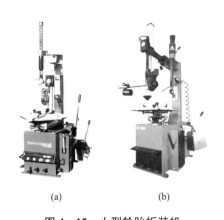

图 4-15 小型轮胎拆装机

(a) 普通型；(b) 带辅助臂增强型

图 4-16 大型轮胎拆装机

2. 轮胎拆装机的使用方法（表 4-62）

表 4-62 轮胎拆装机的使用方法

步骤	内容
1	准备： 1. 接通电源和气源，进行调试操作——分别踩踏 3 个脚踏板开关，依次确认工作台的顺时针旋转、撑爪的分离加紧和分离铲回位情况； 2. 拆卸气门芯，放掉轮胎内的空气，取下所有平衡块及车轮上的杂物
2	拆卸： 1. 将车轮放在轮胎拆装机的右侧，让车轮靠在橡胶支撑板上，用分离铲将轮胎与轮辋初步分离； 2. 把车轮放到轮胎拆装机的卡盘上，在胎圈上涂抹轮胎拆装润滑膏或同类润滑油，防止造成轮胎磨损； 3. 踏下中间踏板，使撑爪卡住轮辋； 4. 确认轮辋被牢固卡住后，放下压杆，将拆装头靠到轮辋的上边缘，操纵锁紧手柄，锁住水平及垂直臂，并使拆装头自动离轮辋大约 2 mm。将撬杠插到胎圈拆装头前端，用撬杠剥开胎圈； 5. 使撬杠保持位置不变，踏下左踏板，使卡盘按顺时针方向旋转，直到轮胎上面一侧的胎圈完全与轮辋分离； 6. 将车轮向上抬起，用同样方法使另一侧胎圈与轮辋完全分离，将轮胎取出
3	安装并检查： 1. 将胎圈上涂抹轮胎拆装润滑膏或同类润滑油； 2. 把轮胎放到轮辋上，将下侧胎圈移到拆装头下边缘，压下拆装头，将轮胎边缘压入轮辋并用双手向下按轮胎，踏下左踏板，使卡盘和轮辋顺时针转动，将轮胎下侧胎圈装入轮辋； 3. 将拆装头对应的轮胎向下按，重复上一步骤，将轮胎上侧胎圈装入轮辋； 4. 给轮胎充气检查后，取下轮胎
4	结束：关闭轮胎拆装机的电源和气源，清洁整理工具

拆卸后轮轮胎

3. 轮胎拆装机使用的注意事项

为了规范安全地完成轮胎的拆装作业，在使用轮胎拆装机时需要熟知一些注意事项，如表 4-63 所示。

表 4-63 轮胎拆装机使用的注意事项

序号	注意事项
1	轮胎拆装机使用完毕后要注意清洁，并定期润滑相关移动件
2	在拆装之前需检查轮胎胎纹上有无异物嵌入，拆卸轮胎平衡块，释放轮胎内气体。用气门芯扳手把气门芯缓慢拧松，应防止气门芯飞出伤人
3	分离轮胎和轮辋时，要注意做好轮胎的润滑，并且分离铲在使用时要注意：①分离铲应放置在距离轮辋边缘大约 1 cm 处，然后踩下右踏板，分离铲动作，以防止损伤轮辋；②分离铲在使用时应注意对角操作，且轮胎两侧均应操作分离，直到轮胎与轮辋初步脱离
4	安装轮胎时，应使用轮胎拆装润滑膏，防止轮胎损伤，确保轮胎顺利装入
5	安装轮胎时，不要将手指放在轮毂和轮胎之间，以免夹伤手指
6	安装轮胎时，注意轮胎的安装方向
7	在给轮胎充气的时候，要使用带有轮胎压力表的轮胎充气机，充气时应注意检查轮胎气压，严禁超过轮胎气压标准值
8	拆装轮胎时，应注意定位爪不要紧贴轮辋，以免磨损轮辋的漆面
9	要定期检查气路的油水分离器，注意放水
10	轮辋锁定方法分内外两种，要按照轮辋的形式进行选择
11	对轮胎拆装机进行维护保养前，必须断开电源和气源
12	为了方便轮胎的放取，很多轮胎拆装机的立柱均采用了起动后倾式设计（此功能单独用一个脚踏板开关），这种轮胎拆装机在使用时严谨立柱后方站人
13	轮胎安装前需检查确认轮胎和轮辋的尺寸是否相符
	同学们，你们认为还有哪些注意事项呢
1	
2	
3	

二、实训项目

1. 项目概要

本实训项目是为了更好地学习轮胎拆装机的使用，做到正确规范，同时领会轮胎拆装机使用的注意事项。各小组负责人对所要完成的任务进行组内人员分配，组员按照负责人要求完成相关作业内容。

2. 计划决策

1）任务计划

根据具体任务制订小组任务计划，简要说明任务实施的步骤及注意事项，并将任务计划填入表 4-64 中。（注意：小组可自行设计任务实施步骤，表 4-64 可以酌情添加或删减）

表 4-64 任务计划表

序号	任务实施步骤	工具/辅具	注意事项
1			
2			
3			
4			
5			
6			

2）实施准备（表 4-65）

表 4-65 实施准备表

场地	设备和工量具	相关资料
40 人用的实训场地一块，对应数量的课桌椅、黑板和多媒体设备等	车轮总成 6 个、轮胎拆装机 6 台、工具车 6 辆、工具 6 套、抹布 6 条	轮胎拆装机的使用说明书 6 本

3. 实施计划任务并完成项目工单（表 4-66）

表 4-66 实训项目工单

实训内容	操作过程	完成情况
轮胎拆装机的使用		

4. 考评（表 4-67）

表 4-67 考评表

序号	实训评价指标	得分
1	轮胎拆装机的选择是否正确（10 分）	
2	轮胎拆装机的使用是否正确（15 分）	
3	轮胎拆装的方法是否正确（15 分）	
4	工具是否清洁归位（5 分）	
5	工单完成情况（15 分）	
6	小组自评（5 分）	
7	小组互评（10 分）	
8	教师点评（15 分）	
9	综合素质（10 分）	
总分		
备注		
评价类别	评语	
小组自评		
小组互评		
教师点评		

三、课程小结

（1）本节课学习了轮胎拆装机的种类、使用方法以及使用的注意事项。
（2）你是否都掌握了、弄懂了？还有哪些疑问？请详细回答。
（以课后作业的形式布置下去，由小组课后第一时间完成并交给教师）

四、教学反思

本节课在教学过程中有哪些不足之处？有哪些创新点？学生是否有所收获？在今后的教学过程中将如何改进教学策略和教学手段？

一、填空题

1. 轮胎拆装机从外形和功能上可以分为_____和_____两种。
2. 小型轮胎拆装机按照外形和功能分为_____和_____两种。
3. 轮胎拆装机通常有3个脚踏板开关，分别为_____、_____和_____。
4. 轮胎拆装机在使用时，应使拆装头离轮辋大约_____mm。
5. 分离铲在使用时，应放置在距离轮辋边缘大约_____cm处。

二、简答题

轮胎安装机使用的注意事项有哪些？

任务二　车轮动平衡机

1. 知识目标

（1）了解车轮动平衡机的种类。
（2）掌握车轮动平衡机的使用方法和注意事项。

2. 能力目标

（1）能够正确识别车轮动平衡机。
（2）能够使用车轮动平衡机完成轮胎的动平衡作业。

车轮动平衡机用于消除或避免汽车车轮高速旋转起来后出现的不平衡状态，防止车辆在行驶中出现轮胎磨损加剧、车轮抖动和方向盘震动等现象。它是汽车维修厂和4S店的必备设备。它的配件包括快速螺母（常见尺寸有36 mm、38 mm和40 mm三种）、椎体、卡尺、平衡块拆装钳和平衡块等，如图4-17所示。

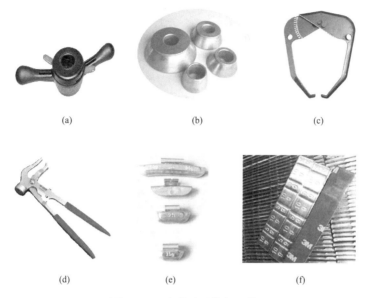

图4-17 车轮动平衡机配件
(a) 快速螺母；(b) 椎体；(c) 卡尺；(d) 平衡块拆装钳；(e) 钩式平衡块；(f) 粘式平衡块

一、车轮动平衡机的种类及使用

1. 车轮动平衡机的种类

车轮动平衡机均为电动式，从外形和功能上可以分为乘用车小型车轮动平衡机和商用车大型车轮动平衡机两种，其中小型车轮动平衡机是我们常见的，如图4-18所示。

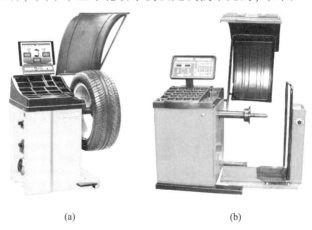

图4-18 车轮动平衡机
(a) 小型车轮平衡机；(b) 大型车轮平衡机

2. 车轮动平衡机的使用方法（表4-68）

表4-68 车轮动平衡机的使用方法

步骤	内 容
1	准备： 1. 确定轮胎气压是否为标准值，清除轮胎上杂物； 2. 将车轮套装在动平衡机主轴上，并安装锥套和快速螺母固定
2	动平衡测试： 1. 用测量尺测出轮胎动平衡机离车轮轮辋的距离 A； 2. 连接电源，启动车轮动平衡机，通过"上下"键输入车轮动平衡机离车轮轮辋距离 A，如图4-19（a）所示； 3. 用测量卡尺测量轮辋宽度 L，通过"上下"键输入轮辋宽度"L"，如图4-19（b）所示； 4. 在轮胎上找到轮辋名义直径代号 D，通过"上下"键输入轮辋直径 D，如图4-19（c）所示； 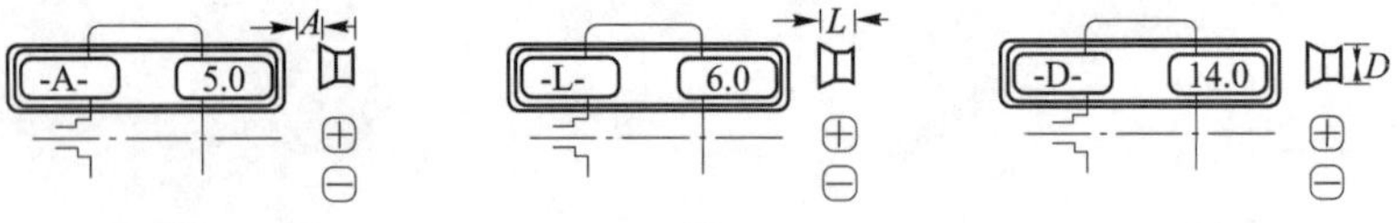 （a） （b） （c） 图4-19 车轮动平衡机参数输入 （a）轮辋距离的输入；（b）轮辋宽度的输入；（c）轮辋直径的输入 5. 盖上保护盖，按开始按钮（看设备设置情况，有很多车轮动平衡机盖上保护盖即自行旋转，不用按开始按钮），机器运转，数秒钟后，机器自动停止。如图4-20所示，左侧显示屏显示车轮内侧不平衡值，右侧显示屏显示车轮外侧不平衡值； 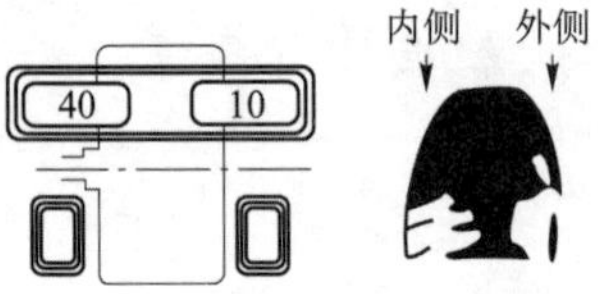 图4-20 车轮动平衡机测量数值　　　车轮动平衡检测 6. 抬起保护盖，用手缓慢转动车轮，至内侧不平衡指示灯全亮，如图4-21（a）所示，表示此时轮辋内侧最高点（12点钟位置）为不平衡位置，在此位置加上相应重量（屏幕显示数值）的平衡块； 7. 继续用手缓慢转动车轮，至外侧不平衡指示灯全亮，如图4-21（b）所示，表示此时轮辋外侧最高点（12点钟位置）为不平衡位置，在此位置加上相应重量（屏幕显示数值）的平衡块； 8. 再次盖上保护盖，按开始按钮，机器运转，数秒钟后，机器自动停止，查看车轮的动平衡状态。若不平衡，则重复以上操作步骤，直至两边显示器都显示［0］［0］为止，如图4-22所示，说明车轮已平衡 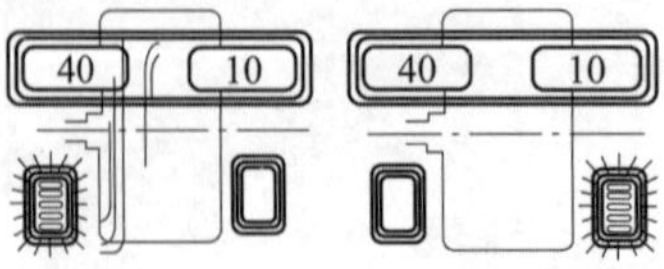 （a） （b） 图4-21 车轮不平衡位置显示　　　图4-22 车轮平衡显示 （a）内侧不平衡位置显示；（b）外侧不平衡位置显示 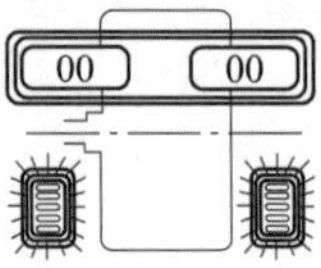

续表

步骤	内　　容
3	结束： 1. 完成车轮动平衡后，关闭设备电源，取下快速螺母和锥套，取下车轮； 2. 清洁整理工具

3. 车轮动平衡机使用的注意事项

为了规范安全地完成车轮的动平衡作业，在使用车轮动平衡机时需要熟知一些注意事项，如表4-69所示。

表4-69　车轮动平衡机使用的注意事项

序号	注意事项
1	车轮动平衡机使用完毕后要注意清洁
2	当把车轮安装到车轮动平衡机上时，应将轮胎安装面朝内装到平衡轴上，要注意保护手指，防挤伤、刮伤
3	在车轮动平衡测试前要确保夹紧车轮
4	当车轮旋转时，手不要接触车轮，防止受伤
5	在车轮动平衡之前需要将车轮上旧的平衡块清理干净，将轮毂内侧以及轮胎表面胎纹槽内的石子及异物清除干净，否则的话将会影响动平衡的精度和效果
6	如果使用平衡块过多或无论怎么做都无法平衡，应考虑更换轮辋
7	车轮动平衡机屏幕显示为"00"或"OK"时，即说明车轮动平衡（5克以下即可，因为没有5克以下的铅块，平衡机也不显示5克以下的不平衡量）
8	钩式平衡块的挂钩开口大小不同，适用于不同的车型。扁口适用于部分韩系车型，中口适用于绝大多数车型（通用型），宽口适用于部分日系车型。另外大口平衡块常用于铝合金轮毂，小口平衡块常用于钢轮毂和铁轮毂。
	同学们，你们认为还有哪些注意事项呢
1	
2	
3	

二、实训项目

1. 项目概要

本实训项目是为了更好地学习车轮动平衡机的使用，做到正确规范，同时领会车轮动平衡机使用的注意事项。各小组负责人对所要完成的任务进行组内人员分配，组员按照负责人要求完成相关作业内容。

2. 计划决策

1）任务计划

根据具体任务制订小组任务计划，简要说明任务实施的步骤及注意事项，并将任务计划填入表 4-70 中。（注意：小组可自行设计任务实施步骤，表 4-70 可以酌情添加或删减）

表 4-70 任务计划表

序号	任务实施步骤	工具/辅具	注意事项
1			
2			
3			
4			
5			
6			

2）实施准备（表 4-71）

表 4-71 实施准备表

场地	设备和工量具	相关资料
40 人用的实训场地一块，对应数量的课桌椅、黑板和多媒体设备等	车轮总成 6 个、车轮动平衡机 6 台、工具车 6 辆、工具 6 套、抹布 6 条	车轮动平衡机的使用说明书 6 本

3. 实施计划任务并完成项目工单（表 4-72）

表 4-72 实训项目工单

实训内容	操作过程	完成情况
车轮动平衡机的使用		

4. 考评（表 4-73）

表 4-73 考评表

序号	实训评价指标	得分
1	车轮动平衡机的选择是否正确（10 分）	
2	车轮动平衡机的使用是否正确（15 分）	
3	车轮动平衡操作的方法是否安全规范（15 分）	
4	工具是否清洁归位（5 分）	
5	工单完成情况（15 分）	
6	小组自评（5 分）	
7	小组互评（10 分）	
8	教师点评（15 分）	
9	综合素质（10 分）	

续表

序号	实训评价指标	得分
总分		
备注		
评价类别	评语	
小组自评		
小组互评		
教师点评		

三、课程小结

（1）本节课学习了车轮动平衡机的种类、使用方法以及使用的注意事项。
（2）你是否都掌握了、弄懂了？还有哪些疑问？请详细回答。
（以课后作业的形式布置下去，由小组课后第一时间完成并交给教师）

四、教学反思

本节课在教学过程中有哪些不足之处？有哪些创新点？学生是否有所收获？在今后的教学过程中将如何改进教学策略和教学手段？

课后测评

一、填空题
1. 车轮动平衡机从外形和功能上可以分为_____和_____两种。
2. 车轮动平衡机的平衡块常见的有_____式和_____式两种。
3. 车轮动平衡机在使用时需要输入_____、_____和_____等三个参数。

二、选择题
1. 车轮动平衡机停止运转后，用手缓慢转动车轮，至内侧不平衡指示灯全亮时，表示此时轮辋内侧的（　　）点钟位置为不平衡位置。
   A. 3　　　　　　B. 6　　　　　　C. 9　　　　　　D. 12
2. 下面哪些现象是车轮不平衡造成的？（　　）
   A. 方向盘抖动　　　　　　　　　B. 轮胎偏磨
   C. 转向节轴承和悬架等部件易损坏　　D. 以上都是
3. 内粘式配重块的重量主要有 5 g 和（　　）两种。
   A. 10 g　　　　B. 15 g　　　　C. 20 g　　　　D. 25 g

三、简答题
1. 车辆在什么情况下需要做车轮动平衡？
2. 如何确认车轮已动平衡？

任务三　举升机

1. 知识目标
（1）了解举升机的种类。
（2）掌握举升机的使用方法和注意事项。
2. 能力目标
（1）能够正确识别举升机。
（2）能够使用举升机完成车辆的举升。

举升机用于支撑汽车底盘或车身的某一部位，使汽车升降，便于车辆的维护、检测及修理，是汽车维修厂和4S店必备的专用设备。

一、举升机的种类及使用

1. 举升机的种类

举升机按照形状来分，主要可分为双柱式、四柱式和剪式三大类，以及单柱式、多柱式和地藏式等。图4-23所示为常见的举升机。

1）双柱式举升机

双柱式举升机有机械传动和液压传动两种传动形式，常见的为液压传动形式；双柱举升机通常包括普通式和龙门式两种，常见的为龙门式。由于解锁方式不同，龙门式举升机又分为单边解锁式和双边解锁式两种。

2）四柱式举升机

四柱式举升机基本是液压传动式，通常有平板型和四轮定位型（加装二后侧滑板和转角盘）两种形式，常见的为平板型。

3）可移动柱式举升机

可移动柱式举升机通常由4~8个柱子组成，可分别适用于两轴、三轴和四轴商用车的举升。每个柱子可以托举5~10T的重量，每个柱子都有一个轮叉，举升时用轮叉托举车轮。柱子间距可根据车辆轴距的不同而调整，这些举升柱之间是同步举升的，都有安全锁止装置，以确保举升车辆的安全。

4）剪式举升机

剪式举升机按照占用的空间不同可分为地上超薄式和地藏式两种。按照外形和功能来分主要有小剪式（含小剪SUV专用型）、大剪式（子母式）以及安装在地沟两侧的跑道式举升机，其中大剪式以及跑道式举升机通常用于车辆的四轮定位作业。

随着环保要求的提高，一些4S店要求不允许有油和污水漏到地面上，为此一些厂家生产出地藏式举升机。它是把整个机身埋在地下，只把托臂漏出地面，这也使得车间显得整齐干净，维修技师在车下的维修空间大，但是它的价格昂贵。

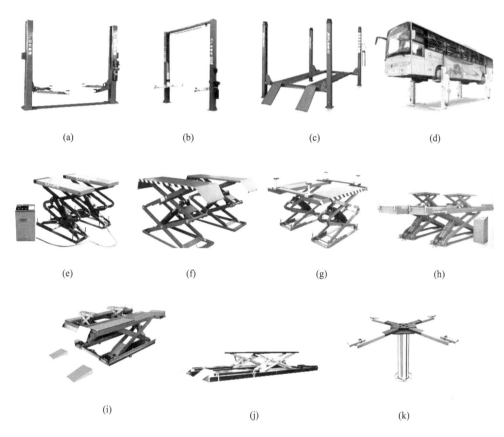

图4-23 常见的举升机

(a) 双柱普通式；(b) 双柱龙门式；(c) 四柱平板式；(d) 可移动柱式举升机；(e) 小剪式-地藏式；(f) 小剪式-超薄式；(g) 小剪SUV专用型；(h) 大剪式；(i) 大剪式-二次举升小车式；(j) 跑道式；(k) 地藏式

2. 举升机的使用方法

下面以双柱式举升机为例，介绍举升机的使用方法，如表4-74所示。

表4-74 举升机的使用方法

步骤	内　　容
1	准备： 1. 将举升臂向外张开，驾驶车辆使驾驶侧靠近举升机非操作位置一侧驶入举升机内，要求停靠周正； 2. 清除举升机附近妨碍举升作业的障碍物； 3. 移动举升臂使举升托盘移至各个举升点的正下方

续表

步骤	内　容
2	升降： 1. 操纵举升机上升，使举升托盘与车辆举升点接触，停止举升，确认举升点是否处于举升托盘的中心，若不是中心，则重复此操作； 2. 继续举升，在车辆上升至车轮离地高度约300 mm时，停止举升，按压前后保险杠，检查确认车辆的支撑稳定情况，同时检查汽车是否保持水平状态； 3. 继续举升车辆至需要的高度，停止举升； 4. 操纵下降手柄，使举升机制动器处于锁紧状态，至此车辆举升操作完毕； 5. 待完成汽车保养或检修作业后，操纵举升机上升按钮，待车辆稍升举后，停止举升； 6. 松开举升机的保险装置，按压举升机的下降手柄，使车辆下降
3	结束： 1. 待车辆完全降下后，移开举升臂，驶出车辆； 2. 关闭举升机的电源，做好清洁整理

3. 举升机使用的注意事项

为了规范安全地完成车辆的升降，在使用举升机时需要熟知一些注意事项，如表4-75所示。

表4-75　举升机使用的注意事项

序号	注意事项
1	举升机使用前要检查各地脚螺栓有无松动，检查各举升托盘高度是否一致，安装是否到位，托盘上的脚垫是否完整；空载试举升操作，确认各举升臂是否处于同一高度，目测检查所有的液压油管路有无磨损情况出现
2	举升机启用三个月后更换一次液压油（46号抗磨耐压油），以后每年更换一次液压油。同时要定期（每月一次）涂抹润滑脂润滑活动架的滑块、导轨面，用喷雾润滑剂润滑链条、缆索。每次使用前，均需检查安全锁止机构工作是否正常
3	举升机上标注有最大安全载荷，使用时严禁超过安全工作载荷
4	举升机升降过程中，不允许任何人停留在举升机举升臂及举升重物下方或上方
5	在装拆重型零部件总成时，应注意车辆重心位置的改变，以防止事故的发生
6	当举升车辆到合适高度后，务必进行安全落锁操作，确保安全。对于二次举升也必须使用安全锁止装置
7	下降举升机时，需要先将其操纵上升，解锁后再操纵举升机下降
8	在升降过程中，操作人员务必随时观察车辆的支承情况
9	剪式举升机要定期检查气路的油水分离器，注意放水
10	剪式举升机所有支铰轴处和上、下滚轮部位，应每周加一次机油
11	使用剪式举升机前，要检查排除平台周围和下部的障碍物
12	车辆举升前，应拉好汽车的手刹，垫好防滑三角木等

续表

序号	注意事项
13	举升机在长时间不工作时,应降至最低位,同时应切断电源
14	举升车辆的下降速度在一定程度上可根据汽车的重量或通过操纵举升机下降手柄的幅度进行适当控制
15	在车辆举升或下降时,要时刻观察车辆及四周,确认车辆不倾斜,无人员进入作业区
16	每次变更举升高度时,均须确保举升机的制动器处于锁紧状态
17	举升机使用一段时间后,钢丝绳会被不同程度的拉长,以致两侧举升臂不能同步升降,此时应及时调整钢丝绳的长度
18	剪式举升机在举升车辆时,应在举升平台与车辆举升点之间垫上胶垫块
19	以下情况不能使用举升机: 1. 举升时举升机颤抖或跳动; 2. 举升后举升机自己慢慢下滑; 3. 举升机下降得非常慢; 4. 从举升机排气孔里喷出液压油; 5. 举升机密封盖处有漏油现象; 6. 标示有故障的举升机
	同学们,你们认为还有哪些注意事项呢
1	
2	
3	

二、实训项目

1. 项目概要

本实训项目是为了更好地学习举升机的使用,做到正确规范,同时领会举升机使用的注意事项。各小组负责人对所要完成的任务进行组内工作分配,使人员和项目一一对应,力争使所有成员都有事做,安排可填入表 4 – 76 中。组员按照负责人要求完成相关作业内容。

表 4 – 76 举升机实训项目单

实训内容	龙门式举升机的使用	小剪式举升机的使用	大剪式举升机的使用	四柱式举升机的使用
组内分工				

2. 计划决策

1）任务计划

根据具体任务制订小组任务计划,简要说明任务实施的步骤及注意事项,并将任务计划填入表 4 – 77 中。（注意：小组可自行设计任务实施步骤,表 4 – 77 可以酌情添加或删减）

表 4-77 任务计划表

序号	任务实施步骤	工具/辅具	注意事项
1			
2			
3			
4			
5			
6			

2）实施准备（表 4-78）

表 4-78 实施准备表

场地	设备和工量具	相关资料
40 人用的实训场地一块，对应数量的课桌椅、黑板和多媒体设备等	车辆 6 台、举升机 6 台、工具车 6 辆、工具 6 套、抹布 6 条	举升机的使用说明书 6 本

3. 实施计划任务并完成项目工单（表 4-79）

表 4-79 实训项目工单

实训内容	操作过程	完成情况
龙门式举升机的使用		
小剪式举升机的使用		
大剪式举升机的使用		
四柱式举升机的使用		

4. 考评（表 4-80）

表 4-80 考评表

序号	实训评价指标	得分
1	举升机的选择是否正确（10 分）	
2	举升机的使用是否正确（15 分）	
3	是否安全规范操作（15 分）	
4	工具是否清洁归位（5 分）	
5	工单完成情况（15 分）	
6	小组自评（5 分）	
7	小组互评（10 分）	
8	教师点评（15 分）	
9	综合素质（10 分）	
总分		
备注		

续表

评价类别	评　语
小组自评	
小组互评	
教师点评	

三、课程小结

（1）本节课学习了举升机的种类、使用方法以及使用的注意事项。
（2）你是否都掌握了、弄懂了？还有哪些疑问？请详细回答。
（以课后作业的形式布置下去，由小组课后第一时间完成并交给教师）

四、教学反思

本节课在教学过程中有哪些不足之处？有哪些创新点？学生是否有所收获？在今后的教学过程中将如何改进教学策略和教学手段？

课后测评

一、填空题

1. 举升机按照形状来分，主要可分为＿＿＿＿、＿＿＿＿和＿＿＿＿，以及单柱式、多柱式和地藏式等。
2. ＿＿＿＿式举升机整个机身埋在地下，只把托臂漏出地面，使得车间显得整齐干净，维修技师在车下的维修空间大，但是它的价格昂贵。
3. 可移动柱式举升机通常由 4～8 个柱子组成，可分别适用于＿＿＿＿、＿＿＿＿和＿＿＿＿商用车的举升。

二、选择题

1. 常用的举升机液压油的牌号为（　　）抗磨液压油。
A. 32 号　　　　　　B. 35 号　　　　　　C. 46 号　　　　　　D. 72 号
2. 通常用于车辆的车轮定位作业的举升机为（　　）。
A. 龙门式　　　　　B. 小剪式　　　　　C. 地藏式　　　　　D. 大剪式

三、简答题

1. 请写出举升机的操作流程。
2. 举升机使用时的注意事项有哪些？

举升机举升操作　　　举升机下降操作

任务四　四轮定位仪

1. 知识目标

（1）了解四轮定位仪的种类和组成。

（2）掌握四轮定位仪的使用方法和注意事项。

2. 能力目标

（1）能够正确识别四轮定位仪。

（2）能够使用四轮定位仪完成车轮的定位调校。

四轮定位仪是通过光电传导及电脑运算检测汽车底盘悬挂机构件、车轮与地面三者之间所形成的角度参数的高级检测仪器，是汽车维修厂和4S店必备的专用设备。

一、四轮定位仪的种类、组成及使用

1. 四轮定位仪的种类和组成

1）四轮定位仪的种类

四轮定位仪有前束尺和光学水准定位仪、拉线定位仪、CCD定位仪、激光定位仪和3D影像定位仪等几种，如图4-24所示。其中3D影像定位仪、CCD定位仪和激光定位仪是目前市场上的三大主流产品，3D影像定位仪是目前市场上最先进的四轮定位仪，测量方式先进，测量时间仅为传统定位仪的五分之一。

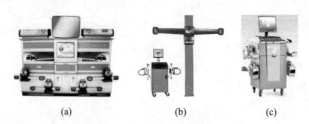

图4-24　四轮定位仪

(a) CCD定位仪；(b) 激光定位仪；(c) 3D影像定位仪

2）四轮定位仪的组成

四轮定位仪由机柜——操作显示部分，测量部分——主要为传感器、附件等组成。附件包括转角盘、转角盘过渡块、方向盘固定器、脚踏板固定器和自定心卡具等，如图4-25所示。

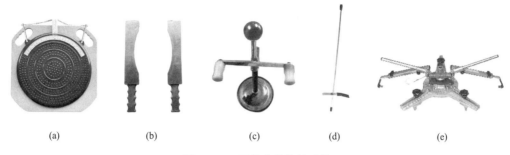

图 4-25 四轮定位仪的附件

(a) 转角盘；(b) 转角盘过渡块；(c) 方向盘固定器；(d) 脚踏板固定器；(e) 自定心卡具

2. 四轮定位仪的使用方法（表 4-81）

表 4-81 四轮定位仪的使用方法

步骤	内　　容
1	准备： 1. 检查轮辋（必要时需做车轮动平衡）； 2. 检查轮胎气压是否正常，轮胎磨损程度如何，轮胎规格品牌是否一致； 3. 检查转向机是否有松动、磨损、转向助力不对称现象； 4. 检查轮毂与底盘各连接处有无松动； 5. 检查左右刹车是否对称，车身左右高度是否对称； 6. 检查减震器是否漏油，弹性是否良好； 7. 安装四轮定位仪的夹具； 8. 连接四轮定位仪各传感器，并调整传感器水平； 9. 打开四轮定位仪的电脑 四轮定位仪的使用
2	测量： 1. 选择正确车型； 2. 进行轮毂补偿； 3. 根据四轮定位仪系统提示进行数据检查； 4. 读取测量数据
3	调整：应当先调后轮，再调前轮；后轮先调外倾角，再调前束值；前轮先调主销后倾角，再调外倾角，最后调前束值
4	结束： 1. 打印结果； 2. 断开各传感器的信号线，拆卸各个传感器并复位，拆卸各个卡具并复位； 3. 将四轮定位仪系统还原，关闭四轮定位仪的电源，做好清洁整理

3. 四轮定位仪使用的注意事项

为了规范安全地完成车轮的定位调校，在使用四轮定位仪时需要熟知一些注意事项，如表 4-82 所示。

表4-82 车轮定位仪使用的注意事项

序号	注意事项
1	使用前,检查四轮定位仪所配附件是否与说明书上列出的清单相符
2	在安装设备时一定要按照产品说明书的要求去做
3	对于光学式四轮定位仪中的传感探头,需要细心维护
4	在四轮定位仪的安装地点,应在墙上(或其他的地方)安装一个带保险丝的开关盒,同时要求开关盒带有四轮定位仪的过载保护装置
5	在安装传感器时注意按照对应的车轮安装,不要混装
6	传感器安装在卡盘轴上要妥当,在不用时应妥善保存,做好防潮,在使用时要轻拿轻放,避免碰撞,且安装到夹具上以后一定要将其与夹具锁紧
7	四轮定位仪需要移动时,首先要断电,注意不要使其受到震动,否则可能会损坏传感器及计算机等部件
8	四轮定位仪应半年检验标定一次,标定工作应该在专用标定器上进行。注意,在购买四轮定位仪时应带专用标定器具和标定程序
9	在用四轮定位仪检测车轮定位角时,一定要进行轮毂补偿操作,否则会引起相当大的测量误差
10	车辆驶上举升机后,要注意对中,使前轮重心接近转角盘的中心点,后轮位于举升机侧滑板上,防止发生传感器干涉测量数据,防止发生意外
11	四轮定位仪要求单独的电源,不得与举升机、气泵和点焊机等共用一个电源
12	夹具在安装时要选择合适夹爪,注意检查夹头是否完好,安装是否到位(应与轮辋贴合无缝隙),否则影响测量精度
13	夹具安装时夹具爪不能在有磨损及有铅块的位置上,且卡具安装以后,一定要使用安全钩
14	四轮定位仪使用有线传输时,应注意将信号线理顺,不要弯折打卷
15	进行四轮定位前要先使轮胎气压达到标准值
16	以下情况需进行车轮定位: 1. 在车辆每行驶10 000公里或六个月后; 2. 车辆直行时需要一直握紧方向盘; 3. 车辆行驶出现车身漂浮或摇摆不定时; 4. 轮胎异常磨损; 5. 车辆安装新的轮胎以后; 6. 车辆发生碰撞事故维修以后; 7. 换装新的悬挂或转向系统有关配件后; 8. 新车驾驶3 000公里后
	同学们,你们认为还有哪些注意事项呢
1	
2	
3	

二、实训项目

1. 项目概要

本实训项目是为了更好地学习四轮定位仪的使用，做到正确规范，同时领会四轮定位仪使用的注意事项。各小组负责人对所要完成的任务进行组内工作分配，使人员和项目一一对应，力争使所有成员都有事做，安排可填入表 4-83 中。组员按照负责人要求完成相关作业内容。

表 4-83 四轮定位仪实训项目单

实训内容	CCD 定位仪的使用	3D 影像定位仪的使用
组内分工		

2. 计划决策

1）任务计划

根据具体任务制订小组任务计划，简要说明任务实施的步骤及注意事项，并将任务计划填入表 4-84 中。（注意：小组可自行设计任务实施步骤，表 4-84 可以酌情添加或删减）

表 4-84 任务计划表

序号	任务实施步骤	工具/辅具	注意事项
1			
2			
3			
4			
5			
6			

2）实施准备（表 4-85）

表 4-85 实施准备表

场地	设备和工量具	相关资料准备
40 人用的实训场地一块，对应数量的课桌椅、黑板和多媒体设备等	车辆 2 台、四轮定位仪 2 台、工具车 2 辆、工具 2 套、抹布 2 条	四轮定位仪的使用说明书 6 本

3. 实施计划任务并完成项目工单（表 4-86）

表 4-86 实训项目工单

项目内容	操作过程	完成情况
CCD 定位仪的使用		
3D 影像定位仪的使用		

4. 考评（表4-87）

表4-87 考评表

序号	实训评价指标	得分
1	四轮定位仪的使用是否正确（10分）	
2	是否安全规范操作（15分）	
3	车轮的参数调整是否正确（15分）	
4	工具是否清洁归位（5分）	
5	工单完成情况（15分）	
6	小组自评（5分）	
7	小组互评（10分）	
8	教师点评（15分）	
9	综合素质（10分）	
总分		
备注		
评价类别	评　语	
小组自评		
小组互评		
教师点评		

三、课程小结

（1）本节课学习了四轮定位仪的种类、组成、使用方法以及使用的注意事项。

（2）你是否都掌握了、弄懂了？还有哪些疑问？请详细回答。

（以课后作业的形式布置下去，由小组课后第一时间完成并交给教师）

四、教学反思

本节课在教学过程中有哪些不足之处？有哪些创新点？学生是否有所收获？在今后的教学过程中将如何改进教学策略和教学手段？

课后测评

一、填空题

1. 目前市场上的三大主流四轮定位仪产品为＿＿＿＿、＿＿＿＿和＿＿＿＿。

2. 四轮定位仪由_____、_____和_____等组成。

3. 四轮定位仪的附件包括_____、_____、_____、_____和_____等。

二、简答题

1. 车轮定位时，如何进行轮毂补偿？

2. 什么情况下需要进行车轮定位？

任务五　千斤顶

1. 知识目标

（1）了解千斤顶的种类。

（2）掌握千斤顶的使用方法和注意事项。

2. 能力目标

（1）能够正确识别千斤顶。

（2）能够正确规范地使用千斤顶。

千斤顶是一种起重高度小（小于1 m）、结构简单的起重设备，它以钢性顶举件作为工作装置，通过顶部托座或底部托爪在行程内顶升重物。

一、千斤顶的种类及使用

1. 千斤顶的种类

（1）千斤顶的种类较多，其中用得比较多的是液压千斤顶。千斤顶根据动力来源的不同又可分为机械式千斤顶、气动式千斤顶和电动式千斤顶，如图4-26所示。

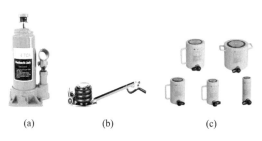

图4-26　千斤顶（1）

(a) 机械式；(b) 气动式；(c) 电动式

(2) 根据千斤顶形状的不同，分为立式千斤顶、卧式千斤顶、剪式千斤顶和分离式千斤顶等，如图 4-27 所示。

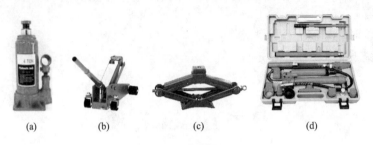

图 4-27　千斤顶（2）
(a) 立式；(b) 卧式；(c) 剪式；(d) 分离式

2. 千斤顶的使用方法和注意事项（表 4-88）

表 4-88　千斤顶的使用方法和注意事项

序号	内　　容
1	使用前必须检查千斤顶有无渗漏油现象
2	使用时选用合适规格的千斤顶，切忌超高超载，否则当起重高度或起重吨位超过规定时，液压千斤顶的顶部会发生严重漏油
3	起顶汽车前应把顶面擦拭干净，拧紧液压开关，把千斤顶放置在被顶物品的规定位置处，且使千斤顶与汽车间相互垂直，以防千斤顶滑出而造成事故
4	旋转顶面螺杆，改变千斤顶顶面与汽车间的原始距离，使起顶高度符合汽车需顶高度
5	用三角形垫木将汽车着地车轮前后塞住，防止汽车在顶起过程中发生滑溜事故
6	用手上下压动千斤顶手柄，当被顶汽车逐渐升到合适高度后，需要在车架下放入安全支撑，液压千斤顶不可作为永久支撑设备
7	徐徐拧松液压开关，使汽车缓慢平稳地下降，架稳在安全支撑上
8	千斤顶一定要在坚硬平整的路面上使用
9	千斤顶一定要支撑在车身底盘的专用支撑点上，拉起手刹，防止汽车前后晃动。不要将千斤顶支在悬挂的下摆臂等可动部件上，防止千斤顶打滑，车辆掉落
10	千斤顶使用完后要注意清洁，并妥善存放
同学们，你们认为还有哪些注意事项呢	
1	
2	
3	

二、实训项目

1. 项目概要

本实训项目是为了更好地学习千斤顶的使用,做到正确规范,同时领会千斤顶使用的注意事项。各小组负责人对所要完成的任务进行组内工作分配,使人员和项目一一对应,力争使所有成员都有事做,安排可填入表 4-89 中。组员按照负责人要求完成相关作业内容。

千斤顶使用

表 4-89 千斤顶实训项目单

实训内容	立式千斤顶的使用	卧式千斤顶的使用	剪式千斤顶的使用	分离式千斤顶的使用
组内分工				

2. 计划决策

1) 任务计划

根据具体任务制订小组任务计划,简要说明任务实施的步骤及注意事项,并将任务计划填入表 4-90 中。(注意:小组可自行设计任务实施步骤,表 4-90 可以酌情添加或删减)

表 4-90 任务计划表

序号	任务实施步骤	工具/辅具	注意事项
1			
2			
3			
4			
5			
6			

2) 实施准备(表 4-91)

表 4-91 实施准备表

场地	设备和工量具	相关资料
40 人用的实训场地一块,对应数量的课桌椅、黑板和多媒体设备等	实训车辆 6 台、千斤顶 6 套、工具车 6 辆、工具 6 套、抹布 6 条	千斤顶的使用说明书 6 本、车辆维修手册 6 本

3. 实施计划任务并完成项目工单(表 4-92)

表 4-92 实训项目工单

实训内容	操作过程	完成情况
立式千斤顶的使用		
卧式千斤顶的使用		
剪式千斤顶的使用		
分离式千斤顶的使用		

4. 考评（表4-93）

表4-93 考评表

序号	实训评价指标	得分
1	千斤顶的选择是否正确（10分）	
2	千斤顶的使用是否正确（15分）	
3	是否安全规范操作（15分）	
4	工具是否清洁归位（5分）	
5	工单完成情况（15分）	
6	小组自评（5分）	
7	小组互评（10分）	
8	教师点评（15分）	
9	综合素质（10分）	
总分		
备注		
评价类别	评　　语	
小组自评		
小组互评		
教师点评		

三、课程小结

（1）本节课学习了千斤顶的种类、使用方法以及使用的注意事项。
（2）你是否都掌握了、弄懂了？还有哪些疑问？请详细回答。
（以课后作业的形式布置下去，由小组课后第一时间完成并交给教师）

四、教学反思

本节课在教学过程中有哪些不足之处？有哪些创新点？学生是否有所收获？在今后的教学过程中将如何改进教学策略和教学手段？

课后测评

一、填空题

1. 千斤顶根据动力来源的不同可分为_____、_____和_____。
2. 千斤顶根据其形状的不同可分为_____、_____、_____和_____等类型。
3. _____利用电动机，依托汽车蓄电池作为动力源，通过控制开关，自由、均匀、平稳地升降千斤顶机械部分，在汽车更换轮胎时省时省力。

二、选择题

1. 气动千斤顶在工作时，需要的气源压力为（　　）。
A. 3 ~ 4 kg   B. 5 ~ 8 kg   C. 10 ~ 12 kg   D. 13 ~ 15 kg
2. 哪种千斤顶常作为随车工具配置在车上？（　　）
A. 卧式   B. 立式   C. 剪式   D. 分离式

三、简答题

1. 如何操作液压千斤顶？
2. 液压千斤顶使用时的注意事项有哪些？

任务六　安全支撑

1. 知识目标

（1）了解安全支撑的种类。
（2）掌握安全支撑的使用方法和注意事项。

2. 能力目标

（1）能够正确识别安全支撑。
（2）能够正确规范地使用安全支撑。

安全支撑又叫马镫安全支架，常与千斤顶配合使用，主要用于支撑车辆，使车辆保持一定高度，维修人员能够开展一部分汽车底盘的维护作业，如拆卸车轮等。

一、安全支撑的种类及使用

1. 安全支撑的种类

安全支撑通常有三角支撑和四角支撑两种，如图4-28所示。按照承载能力来分，安全支撑通常有2T、3T、6T和12T四种规格。

(a)　　　　　　　　　　　(b)

图4-28　安全支撑

(a) 三角折叠式；(b) 四角固定式

2. 安全支撑的使用方法（表4-94）

表4-94 安全支撑的使用方法

步骤	内　　容
1	准备： 1. 将可折叠基座打开，使三个支撑腿完全撑开（四角固定式不需要）； 2. 齿条插入基座领口，调节齿条高度到合适孔位，将销轴插入并完全穿过这个孔，同时用开口销将其固定； 3. 用千斤顶举升车辆到略高于要求的高度，将安全支撑放置车辆规定支撑点，确保载荷位对正齿条鞍座中心位置
2	使用： 1. 操作千斤顶使车辆缓慢下降，直至与安全支撑紧密贴合，检查确认； 2. 完成维修作业后，操纵千斤顶使车辆上升，打开开口销，拔出销轴，使齿条恢复到最低位置； 3. 小心移开安全支撑，操纵千斤顶使车辆缓慢下降至地面
3	结束：清洁安全支撑，并妥善存放

3. 安全支撑使用的注意事项

为了规范安全地完成相关汽车维修作业，在使用安全支撑时需要熟知一些注意事项，如表4-95所示。

表4-95 安全支撑使用的注意事项

序号	注意事项
1	安全支撑在使用时不得超载
2	安全支撑不能在不平、松软的地面上使用
3	安全支撑在使用时必须检查所有零件是否完好，不能有裂纹和变形
4	安全支撑在使用时必须与千斤顶支垫等搭配使用，并且要成对
5	安全支撑在使用时不得撞击
6	安全支撑在使用时要确保鞍座清洁干净，不能有油脂
7	如果安全支撑是采用销子和一系列的孔来调节高度，这时应使用规定材质、直径和长度的销子，不要使用旧的看起来较好的销子或者螺栓来代替，以免造成事故
8	安全支撑使用时鞍座应接触车辆的水平面，而不是锥面和斜边，否则易造成车辆滑移和倾覆，如图4-29所示： 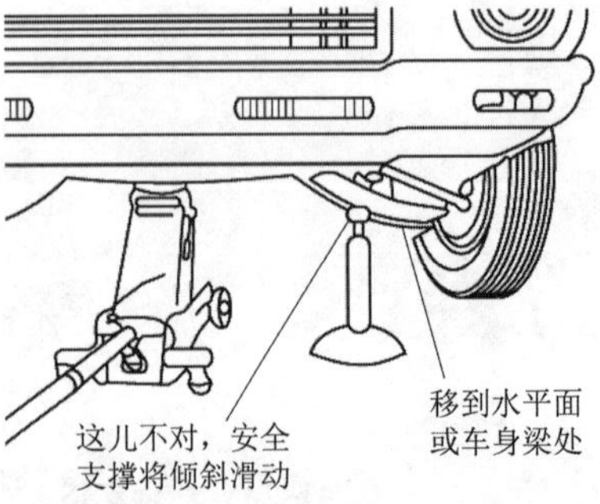

图4-29 安全支撑使用示意图

续表

序号	注意事项
9	若举升车辆的一侧，则应确保另一侧的车轮处于固定状态（可用三角木塞住），如图4-30所示： 图4-30 确保在车辆下工作的安全
10	三角折叠式安全支撑的最大负荷不超过6T
	同学们，你们认为还有哪些注意事项呢
1	
2	
3	

二、实训项目

1. 项目概要

本实训项目是为了更好地学习安全支撑的使用，做到正确规范，同时领会安全支撑使用的注意事项。各小组负责人对所要完成的任务进行组内人员分配，组员按照负责人要求完成相关作业内容。

2. 计划决策

1）任务计划

根据具体任务制订小组任务计划，简要说明任务实施的步骤及注意事项，并将任务计划填入表4-96中。（注意：小组可自行设计任务实施步骤，表4-96可以酌情添加或删减）

表4-96 任务计划表

序号	任务实施步骤	工具/辅具	注意事项
1			
2			
3			
4			
5			
6			

2)实施准备(表4-97)

表4-97 实施准备表

场地	设备和工量具	相关资料
40人用的实训场地一块,对应数量的课桌椅、黑板和多媒体设备等	实训车辆6台、安全支撑6套、工具车6辆、工具6套、抹布6条	安全支撑使用说明书6本、车辆维修手册6本

3. 实施计划任务并完成项目工单(表4-98)

表4-98 实训项目工单

实训内容	操作过程	完成情况
安全支撑的使用		

4. 考评(表4-99)

表4-99 考评表

序号	实训评价指标	得分
1	安全支撑的选择是否正确(10分)	
2	安全支撑的使用是否正确(15分)	
3	是否安全规范操作(15分)	
4	工具是否清洁归位(5分)	
5	工单完成情况(15分)	
6	小组自评(5分)	
7	小组互评(10分)	
8	教师点评(15分)	
9	综合素质(10分)	
总分		
备注		
评价类别	评语	
小组自评		
小组互评		
教师点评		

三、课程小结

(1)本节课学习了安全支撑的种类、使用方法以及使用的注意事项。

（2）你是否都掌握了、弄懂了？还有哪些疑问？请详细回答。
（以课后作业的形式布置下去，由小组课后第一时间完成并交给教师）

 四、教学反思

本节课在教学过程中有哪些不足之处？有哪些创新点？学生是否有所收获？在今后的教学过程中将如何改进教学策略和教学手段？

一、填空题
1. 安全支撑通常有_____支撑和_____支撑两种形式。
2. 按照承载能力来分，安全支撑通常有_____、_____、_____和_____等四种规格。
3. 三角折叠式安全支撑的最大负荷不超过_____T。
二、简答题
安全支撑使用的注意事项有哪些？

任务七　吊具吊索

1. 知识目标
（1）了解吊具吊索的种类。
（2）掌握吊具吊索的使用方法和注意事项。

2. 能力目标
（1）能够正确识别吊具吊索。
（2）能够使用合适的吊具吊索完成物品的吊装。

导　入

起重吊运作业的刚性取物装置称为吊具；吊运物品时，系结钩挂在物品上具有挠性的组合取物装置称为索具或吊索。

吊具可以直接吊取物品，主要有吊钩、抓斗、夹钳、吸盘及专用吊具等；吊索一般由高强度挠性件（钢丝绳、起重环链、人造纤维带等）配以端部环、钩、卸扣等组合而成，它通常与吊具配合使用。

一、吊具吊索的种类及使用

1. 吊具吊索的种类

在汽车检修作业中，常见的举升吊具吊索有发动机小吊车、手拉葫芦、平衡架等，如图4-31所示。

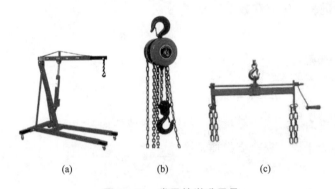

图4-31 常见的举升吊具

（a）发动机小吊车；（b）手拉葫芦；（c）平衡架

2. 吊具吊索的使用方法和注意事项

下面以发动机小吊车和平衡架及吊索为例，介绍吊具吊索的使用方法和注意事项，如表4-100所示。

表4-100 吊具吊索的使用方法和注意事项

项目	内容
发动机小吊车	1. 按照吊装物品质量确认吊臂的长度，切勿随意把发动机小吊车起重臂伸得太长，若超出规定范围值，发动机小吊车在起吊重物时会失去平衡，如图4-32所示； 2. 使用前应检查举升油缸是否有渗漏油现象； 3. 操作前进行吊索接头连接时，螺栓、螺钉等必须旋进至少15倍直径的深度，确保吊钩与起吊物连接牢固，防止起吊物体滑落，如图4-33所示： 图4-32 发动机小吊车的起重臂伸得太长　　图4-33 举升吊具连接示意图

续表

项目	内 容
发动机小吊车	4. 发动机小吊车下方不得站人，在确有必要情况下若有人或装备在发动机小吊车下面时，严禁操作发动机小吊车； 5. 不要让重物一直处于悬空状态，并且起吊时应尽量使重物刚好离开地面或车辆，悬空物体越高，发动机小吊车就越不平稳，容易翻覆； 6. 当移动起吊物时，应尽量避免起吊物摇晃，要防止与其他物体碰撞； 7. 发动机小吊车使用完毕后要还原到设备的原始状态，并注意做好清洁
平衡架及吊索	1. 平衡架及吊索在使用时不能超过其最大安全工作载荷； 2. 需要定期进行检查和维修，确保吊索链环、铰链处无磨损、绞缠和开裂等现象，确保紧固件不出现线拉伸变形，螺纹状况良好，如图4-34所示； 3. 吊索在使用时应理顺链锁，不得出现扭转打结现象，以确保其使用时的安全性； 4. 平衡架及吊索应使用标准的扣环，不能使用螺栓和销代替； 5. 吊索使用时应远离燃油管、机油管，电缆、分电器、机油滤清器和相关传感器等零部件，防止挤伤这些零部件； 6. 对于起吊物存在尖锐边缘时，需要用保护衬垫将这些尖锐边缘包住，以防损坏吊索。吊索使用时应注意其锁链之间的夹角一般不应大于60°，且应注意使起吊物品保持平衡。如图4-35所示： 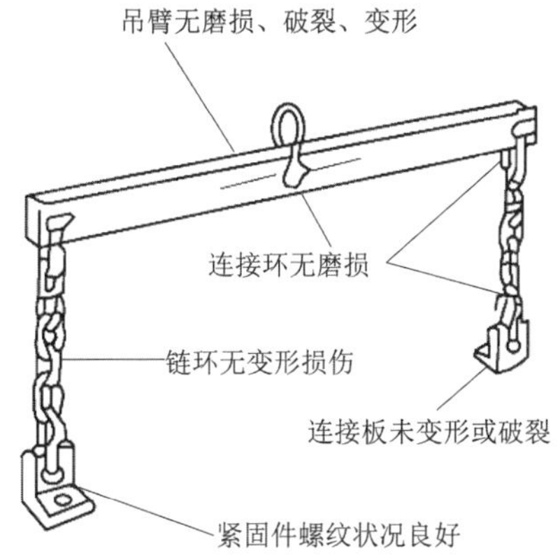 图4-34 平衡架及吊索检查示意图 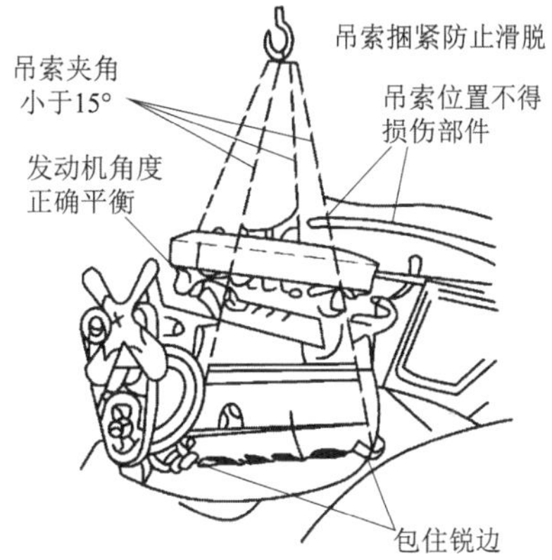　　图4-35 正确使用吊索 7. 吊索链使用完毕后要注意做好清洁、妥善保管，防止生锈；合成纤维绳应避免在紫外线辐射条件下及热源附近存放；当钢丝绳表面可见断丝总数超过规定，纤维芯损坏或钢芯断裂使绳径显著减小，出现变形（绳股挤出、钢丝挤出严重、绳径局部严重增大、严重扭结、局部压扁严重和产生弯折等）超过规定值时，应当及时报废； 8. 当吊钩出现裂纹，危险断面磨损达原尺寸的10%，开口度比原尺寸增加15%，扭转变形超过10度，危险断面或吊钩颈部产生塑性变形等情况时，应当及时报废，吊钩上的裂纹或磨损不能焊补； 9. 合成纤维绳通常以颜色区分额定载荷，紫色1 000 kg、绿色2 000 kg、黄色3 000 kg、红色5 000 kg、蓝色8 000 kg、橘黄色为10 000 kg以上； 10. 卸载后，空载吊索的下端部应反挂到平衡架的吊钩上
	同学们，你们认为还有哪些注意事项呢
1	
2	
3	

二、实训项目

1. 项目概要

本实训项目是为了更好地学习吊具吊索的使用,做到正确规范,同时领会吊具吊索使用的注意事项。各小组负责人对所要完成的任务进行组内工作分配,使人员和项目一一对应,力争使所有成员都有事做,安排可填入表4-101中。组员按照负责人要求完成相关作业内容。

表4-101 吊具吊索实训项目单

实训内容	吊具的使用	吊具吊索的使用
组内分工		

2. 计划决策

1) 任务计划

根据具体任务制订小组任务计划,简要说明任务实施的步骤及注意事项,并将任务计划填入表4-102中。(注意:小组可自行设计任务实施步骤,表4-102可以酌情添加或删减)

表4-102 任务计划表

序号	任务实施步骤	工具/辅具	注意事项
1			
2			
3			
4			
5			
6			

2) 实施准备

表4-103 实施准备表

场地	设备和工量具	相关资料
40人用的实训场地一块,对应数量的课桌椅、黑板和多媒体设备等	汽车零部件总成6套、吊具吊索6套、工具车6辆、工具6套、抹布6条	吊具吊索的使用说明书6本

3. 实施计划任务并完成项目工单(表4-104)

表4-104 实训项目工单

实训内容	操作过程	完成情况
吊具的使用		
吊具吊索的使用		

4. 考评（表4-105）

表4-105　考评表

序号	实训评价指标	得分
1	吊具吊索的选择是否正确（10分）	
2	吊具吊索的使用是否正确（15分）	
3	是否安全规范操作（15分）	
4	工具是否清洁归位（5分）	
5	工单完成情况（15分）	
6	小组自评（5分）	
7	小组互评（10分）	
8	教师点评（15分）	
9	综合素质（10分）	
总分		
备注		
评价类别	评　　语	
小组自评		
小组互评		
教师点评		

三、课程小结

（1）本节课学习了吊具吊索的种类、使用方法以及使用的注意事项。
（2）你是否都掌握了、弄懂了？还有哪些疑问？请详细回答。
（以课后作业的形式布置下去，由小组课后第一时间完成并交给教师）

四、教学反思

本节课在教学过程中有哪些不足之处？有哪些创新点？学生是否有所收获？在今后的教学过程中将如何改进教学策略和教学手段？

 课后测评

一、填空题

1. 在汽车检修作业中，常见的举升吊具有＿＿＿＿、＿＿＿＿和＿＿＿＿等。
2. 吊索使用时应注意其锁链之间的夹角一般不应大于＿＿＿＿度，且应注意使起吊物品保持平衡。

二、简答题

请列举出几种不同颜色的合成纤维绳及其所对应的额定载荷。

任务八 手动压力机

1. 知识目标
（1）了解手动压力机的结构和分类。
（2）掌握手动压力机的使用方法和注意事项。

2. 能力目标
（1）能够正确识别手动压力机。
（2）能够正确规范地使用手动压力机。

手动压力机主要用于齿轮、轴套和球头等紧配件的拆卸以及变形零件的校正。常见的手动压力机有 20T 和 32T 两种规格。

一、手动压力机的组成及使用

1. 手动压力机的组成

手动压力机由机架（立柱和上梁等）、工作台（压梁和横梁）、压板垫块及液压千斤顶等组成，如图 4-36 所示。压梁由上梁的起吊装置沿机架立柱提升移动，立柱上有横梁（固定工作台）的支撑。

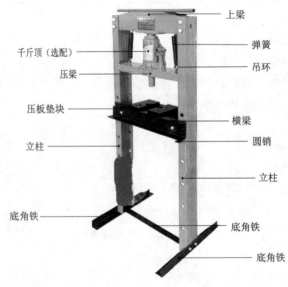

图 4-36 手动压力机的组成

2. 手动压力机的使用方法和注意事项（表4-106）

表4-106 手动压力机的使用方法和注意事项

序号	内容
1	使用前必须检查手动压力机有无渗漏油现象，确认各部件的连接情况是否良好，有无变形和裂纹等
2	严禁超载使用手动压力机
3	使用时前应把工件固定好，把施压工作面擦拭干净。必须使千斤顶活塞杆的中心对准工件的承压中心，确保其与工件间处于垂直位置，以防施力时活塞杆和工件发生位置滑动而造成事故
4	操作手动压力机时应佩戴必要的劳保用品
5	在施压状态下，严禁调整、敲打工件，防止其弹出伤人
6	手动压力机使用完毕后要注意做好清洁整理
同学们，你们认为还有哪些注意事项呢	
1	
2	
3	

二、实训项目

1. 项目概要

本实训项目是为了更好地学习手动压力机的使用，做到正确规范，同时领会手动压力机使用的注意事项。各小组负责人对所要完成的任务进行组内人员分配，组员按照负责人要求完成相关作业内容。

2. 计划决策

1）任务计划

根据具体任务制订小组任务计划，简要说明任务实施的步骤及注意事项，并将任务计划填入表4-107中。（注意：小组可自行设计任务实施步骤，表4-107可以酌情添加或删减）

表4-107 任务计划表

序号	任务实施步骤	工具/辅具	注意事项
1			
2			
3			
4			
5			
6			

2）实施准备（表 4-108）

表 4-108 实施准备表

场地	设备和工量具	相关资料
40 人用的实训场地一块，对应数量的课桌椅、黑板和多媒体设备等	用于分解的工件 6 个、手动压力机 6 套、工具车 6 辆、工具 6 套、抹布 6 条	手动压力机的使用说明书 6 本

3. 实施计划任务并完成项目工单（表 4-109）

表 4-109 实训项目工单

实训内容	操作过程	完成情况
手动压力机的使用		

4. 考评（表 4-110）

表 4-110 考评表

序号	实训评价指标	得分
1	手动压力机的选择是否正确（10 分）	
2	手动压力机的使用是否正确（15 分）	
3	是否安全规范操作（15 分）	
4	工具是否清洁归位（5 分）	
5	工单完成情况（15 分）	
6	小组自评（5 分）	
7	小组互评（10 分）	
8	教师点评（15 分）	
9	综合素质（10 分）	
总分		
备注		
评价类别	评语	
小组自评		
小组互评		
教师点评		

三、课程小结

（1）本节课学习了手动压力机的组成、使用方法以及使用的注意事项。
（2）你是否都掌握了、弄懂了？还有哪些疑问？请详细回答。
（以课后作业的形式布置下去，由小组课后第一时间完成并交给教师）

四、教学反思

本节课在教学过程中有哪些不足之处？有哪些创新点？学生是否有所收获？在今后的教学过程中将如何改进教学策略和教学手段？

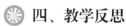

一、填空题

1. 常见的手动压力机有_____和_____两种规格。
2. 手动压力机由_____、_____、_____及_____等组成。

二、简答题

手动压力机使用的注意事项有哪些？

模块五

汽车职业技能大赛指定维修工具及设备的使用

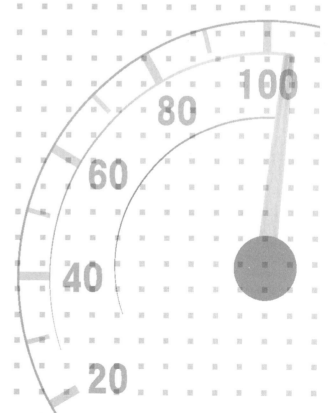

项目一

汽车基本技能类比赛工具及设备的使用

汽车基本技能类比赛主要考查学生对常用工量具的使用,下面以国赛项目发动机气门机构拆装与检修为例,学习规范的操作流程,总结常见量具使用的注意事项。

一、比赛作业流程及注意事项(表 5-1)

表 5-1 比赛作业流程及注意事项

项目	作业流程	作业要求及注意事项
1. 维修准备	确认工具、量具、零件等	检查确认工具、量具、零件或辅料
2. 拆卸凸轮轴及轴承盖	按照拆卸顺序松开第一道凸轮轴轴承盖螺栓	按照手册给出的顺序拆卸第一道轴承盖螺栓,用橡胶锤轻轻敲打,松开轴承盖,拆下轴承盖
	检查进排气凸轮轴轴承盖标记	检查确认进排气凸轮轴轴承盖标记是否正确
	按照拆卸顺序松开排气凸轮轴轴承盖螺栓,取下排气凸轮轴,放置到工作台托架上	以 1/2 至 1 转的增量按照拆卸顺序松开 8 个排气凸轮轴轴承盖螺栓,取下排气凸轮轴轴承盖及螺栓和排气凸轮轴,摆放到工作台上
	按照拆卸顺序松开进气凸轮轴轴承盖螺栓,取下进气凸轮轴,放置在工作台托架上	以 1/2 至 1 转的增量按照拆卸顺序松开 8 个进气凸轮轴轴承盖螺栓,取下进气凸轮轴轴承盖及螺栓和进气凸轮轴,摆放到工作台上
3. 拆卸气门挺柱	拆卸气门挺柱	使用专用磁铁棒逐一拆下进排气门挺柱,并在零部件板上按照规定位置摆放
4. 拆卸指定的某一气缸的全部进排气门组	选择专用工具拆卸指定的某一气缸全部进排气门	选择比赛提供的三套气门弹簧拆装工具中的其中一套,准备拆装某一指定气缸的进排气门组
	使用专用工具释放松开气门座圈	按照手册要求使用专用释放工具,用橡胶锤短暂敲击气门座圈,松开该气缸所有气门座圈
	拆卸该气缸的全部进排气门组件	佩戴护目镜(含眼镜)。正确使用气门拆装专用工具拆卸该气缸的全部进排气门组,并按照规定位置在零部件板上摆放
	取下该气缸全部气门油封	调整专用工具并逐一拆下全部四个气门油封

续表

项目	作业流程	作业要求及注意事项
5. 检查测量该气缸中指定的其中一组（前或后）进排气门	进排气门外观检查	检查气门座部位（锥面）点蚀、气门余量厚度、气门杆弯曲、气门杆点蚀或严重磨损、气门锁片槽磨损、气门杆顶端磨损等情况，清洁与记录
	进排气门长度测量	使用高度尺在平台上测量
	进排气门头部直径测量	使用外径千分尺测量
	进排气门座接触面宽度测量	使用钢板尺或游标卡尺对气门座圈上的红印油痕迹进行测量
	进排气门锥面接触面宽度测量	使用钢板尺或游标卡尺测量气门锥面上的红印油痕迹宽度
	进排气门对气门座同心度检查	涂抹红印油后检查印迹
	气门锥面上气门与气门座接触面的位置检查	涂抹红印油后检查印迹
6. 清洁零件	清洁零件	使用气枪或吸油纸清洁全部零件，包括进排气凸轮轴、凸轮轴承盖和螺栓以及气门零件板上的全部零件
7. 装配指定的某一气缸的全部进排气门组	装配该气缸气门油封	用机油润滑气门油封，选择合适的专用工具将四个气门油封装入气门导管头部
	装配该气缸的全部进排气门组件	佩戴护目镜（含眼镜）。用机油润滑该缸四个气门杆端部，并插入气门导管中，正确使用气门拆装专用工具装配该气缸的全部进排气门组
8. 装配气门挺柱	装配润滑气门挺柱	润滑气门挺柱外表面或座孔，用专用工具（磁棒）逐一装入气门挺柱
9. 安装进排气凸轮轴	安装进气凸轮轴，按照装配顺序紧固进气凸轮轴轴承盖螺栓	清洁并润滑进气凸轮轴轴承座及吹螺栓孔，将进气凸轮轴放置在轴承座上，装上4个进气凸轮轴轴承盖及螺栓，用棘轮扳手按照规定的装配顺序预紧至少1次，然后用扭力扳手按照规定顺序拧紧到 $8\,N\cdot m$
	安装排气凸轮轴，按照装配顺序紧固排气凸轮轴轴承盖螺栓	清洁并润滑排气凸轮轴轴承座及吹螺栓孔，将排气凸轮轴放置在轴承座上，装上4个排气凸轮轴轴承盖及螺栓，用棘轮扳手按照规定的装配顺序预紧至少1次，然后用扭力扳手按照规定顺序拧紧到 $8\,N\cdot m$
	按照装配顺序装上第一道凸轮轴承盖螺栓	按照手册给出的顺序安装第一道轴承盖螺栓，使用扭力扳手分两次上紧轴承盖，第一次 $2\,N\cdot m$，第二次 $8\,N\cdot m$
	检查进排气凸轮轴轴承盖标记	检查确认进排气凸轮轴轴承盖标记是否正确
	否决项	裁判最终检查进排气凸轮轴轴承盖位置装配错误或进排气凸轮轴装配错位
10. 作业后整理	清洁工具、工作台、场地	清洁工作台，工量具归位，处理垃圾

续表

项目	作业流程	作业要求及注意事项
11. 维修手册使用	使用维修手册查找技术标准	应至少查阅三次，从打开手册开始计算为第一次，其他在结果判断和处理时应翻阅查找，例如气门长度检测、气门头部直径标准值等
12. 安全和5S	整个工作过程中的安全与5S	场地整洁，物品摆放有序，无安全问题
13. 维修工单	维修记录表填写	按要求填写，记录值准确

在此比赛项目中用到高度尺、外径千分尺、游标卡尺，量具的使用在前面的章节已经介绍过，在这里总结一下量具使用的规范步骤：

（1）清洁被测部件。
（2）清洁量具，特别是要接触测量部件的部位。
（3）校准，所有的量具都需要校准，校准的方法在前面的章节已经介绍，只有通过校准无误的量具才能够正常地使用。
（4）测量并读数，建议将量具锁紧后读数，以免造成读数的误差。
（5）多次测量并记录数据。
（6）测量完毕清洁量具，并整理。

二、比赛中用到的工量具

1. 千分尺

1）千分尺使用的注意事项

（1）使用前确保零点校正，若有误差请用调整扳手调整或用测定值减去误差。
（2）被测部位及千分尺必须保持清洁，若有油污或灰尘须立即擦拭干净。
（3）测量时请将被测面轻轻顶住砧子，转动限荷棘轮（图5-1）及套筒使测轴前进，不可直接转动活动套筒。
（4）测量时尽可能握住千分尺的弓架部分，同时要注意不可碰及砧子。
（5）旋转后端的限荷棘轮，使两个砧端夹住被测部件，然后再旋转限荷棘轮一圈左右，当听到发出"咔嗒"声后，就会产生适当的测量压力。
（6）为防止因视差而产生误读，最好让眼睛视线与基准线成直角后再读取读数。

图5-1 限荷棘轮

（7）当测量活塞、曲轴轴径之类的圆周直径时，必须保证测轴轴线与最大轴径保持一致（即测量处为轴径最大处），若从横向来看，测轴应与测量部件中心线垂直，只有这样才能保证测量数据正确无误。

2）千分尺的零点校正

（1）仔细清理测定面后，将标准量规夹在测轴和砧子之间，如图5-2所示。慢慢转动限荷棘轮，当限荷棘轮转动一圈半并发出"咔嗒"声后，即能产生正确的测量压力，检视指示值。

（2）活动套管前端面应在固定套筒的"0"刻线位置，且活动套管上的"0"刻线要与固定套筒的基准线对齐。若两者中有一个"0"刻线不能对齐，则该千分尺有误差，如图5-3所示，应检查调整后才能继续测量。

图5-2 用标准量规校零　　　　　图5-3 用千分尺校零误差

（3）根据以上方法进行校正后，如果零点有偏差，应先检查测定面接触状况是否良好，然后再根据误差的大小进行调整。

（4）当误差在0.02 mm以下时，把调整扳手的前端插入固定套筒内，如图5-4所示，转动套筒使活动套管的"0"刻线和套筒上的基准线对齐；经几次调整后，再进行零点检查，若还有偏差则根据上述方法再次调整。用0～25 mm量程的千分尺可直接校零。

（5）当误差在0.02 mm以上时，使用调整扳手紧固活动套管和测轴，如图5-5所示。

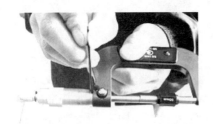 

图5-4 误差在0.02 mm以下校零方法　　　图5-5 紧固活动套管和测轴

图5-6 松解紧固棘轮

松解棘轮螺钉，如图5-6所示，转动套管，大致调整零点的偏差在0.02 mm以下后，紧固棘轮螺钉。

再次进行零点校正，确定误差在0.02 mm以下后，再按前项利用固定套筒进行微调。

2. 游标卡尺

1）使用前的检查

使用游标卡尺时先应依照下列事项逐一检查：

（1）量爪的密合状态：主、副尺的量爪必须完全密合。内径测量时，量爪在密合状态下能够看到少许光线，表示密合良好，反之，如果穿透光线很多，则表示量爪密合不佳，如图5-7所示。

(2) 零点校正：当量爪密切结合后，主、副尺零点必须相互一致才是正确的，如图 5-8 所示。

图 5-7　量爪的密合状态检查

图 5-8　零点校正

(3) 游标的移动状况：游标必须能够在主尺上轻轻地移动而不会发出声音才行。

2）测量操作

(1) 在从事测量作业之前，必须事先清理测量零件及游标尺。在测量外径时，需要将零件深夹在量爪中，然后用右手拇指轻压游标卡尺，同时使测定工件和游标卡尺保持垂直状态，如图 5-9 所示。

(2) 内径尺寸的测量如图 5-10 所示，首先用拇指轻轻拉开副尺，并使主尺量爪与测量物件保持正确的接触，上下晃动，由指示的最大尺寸读取读数。

(3) 游标卡尺还可以测量汽车零部件的深度。

图 5-9　游标卡尺的标准测量方法

图 5-10　内径尺寸的测量

项目二

汽车诊断与维修类比赛工具及设备的使用

对于汽车诊断与维修类比赛工具及设备的使用，以迈腾 B7L 1.8T 案例进行讲解。

一、故障案例一

1. 故障现象

打开点火开关，方向盘解锁（防盗验证通过），但仪表不亮，起动发动机时，起动机不转。

2. 故障分析

在使用解码器扫描网关时，发现多个控制模块无法通信，加之仪表、空调（面板）等受点火开关控制的系统或设备均不工作，由此推断车辆15#供电异常，如图 5-11 所示。由此展开诊断。

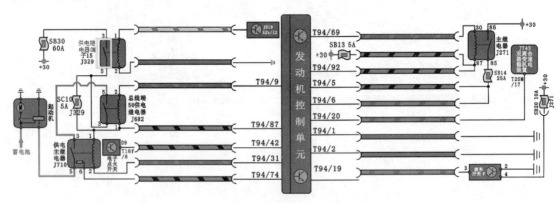

图 5-11 迈腾 B7L 1.8T 发动机控制单元电路图

3. 诊断过程

1）扫描网关列表，读取故障代码

对于具有自诊断功能的系统而言，读取故障记忆是所有检测工作的第一步，如果有故障代码，应清楚故障代码的定义和生成的条件，并基于此展开诊断和故障检修。

测试结果：解码器与发动机控制模块通信异常，解码器与其他控制模块通信异常。
分析测试结果：相关控制模块 15#没有供电。
可能原因：J329 及其相关电路异常。
诊断思路：

（1）由于相关模块都是从 J329 的#5 获得电源，所以下一步开始测量 J329 的输出。

（2）由于相关控制模块多连有保险丝，这些保险丝均连接到 J329 的#5 上，基于方便测量，可以找任何一个相关保险丝进行测量，例如 SC10。

2）测试 J329 继电器的输出

打开点火开关，用万用表测量 J329 继电器的#5 对地电压，正常情况下应为 +B，实测为 0，测试结果异常。

可能原因：

（1）J329 继电器自身故障。

（2）J329 继电器触点供电路故障。

（3）J329 继电器电磁线圈控制电路（包含正极和负极）故障。

3）测试 J329 的电源和控制信号

打开点火开关，用万用表测量 J329 继电器的#1、#2、#3 对地电压，正常情况下，#1 端子对地电压从点火开关打开前的 0 到打开后的 +B，#2 端子对地电压为搭铁电压，#3 端子对地电压应为 +B，实测正常，说明继电器损坏。

4）J329 继电器单件测试

如果进行 J329 继电器单件测试，要求严格按照以下步骤进行：

（1）测量继电器#1 和#2 之间的电阻，正常值为 60～200 Ω，测试结果正常。注意：只有在电阻正常的情况下才能通电测试。

（2）#2 接蓄电池负极，然后#1 接蓄电池正极，用万用表测量#3 和#5 端子之间的电阻，应从无穷大切换到导通。

测试结果为触点无法闭合。更换继电器后，打开点火开关，仪表板恢复正常，起动发动机时，起动机可以旋转，故障排除。

4. 案例总结

在该案例中主要使用万用表进行了电压和电阻的测试，在此要特别注意：

（1）在用万用表测试电压时，将开关转到直流电压（V）挡（选择合适的量程），将测试表笔接至被测两端。用测电压的方法可以检查电路上各点的电压（信号电压或电源电压）以及电气部件上的电压降。测量电压时，万用表总是以并联方式接入被测电路。

（2）用万用表测试电阻时，万用表总是与一个用电器或一个电导体相串联，电路应总是在电源开路状态，绝对不能让欧姆表与电流发生器（电源）相连。

故障案例二

1. 故障现象

打开点火开关后，仪表显示无异常，发起发动机时，发动机抖动，抖动与发动机转动同步,初次起动 20 s 后排气故障指示灯闪烁,再次起动后排气故障指示灯长亮。

2. 故障分析

从理论上讲,造成发动机抖动的原因虽然很多,但不外乎有以下几种:

(1) 发动机的动平衡性较差,造成发动机抖动,这种抖动随发动机转速提高而加剧。

(2) 发动机各缸功率不平衡,造成发动机抖动,这种抖动的最大特点是抖动频率与发动机转速同步。

(3) 发动机动力不足,造成发动机抖动,这种抖动的最大特点就是一旦加速,抖动就消失。

3. 诊断过程

如果有相关故障代码提示,就按照故障代码的提示进行诊断;如果没有相关故障代码提示,则需要分析故障现象,读取相关的数据流和尾气排放数值,发现异常数据,实施诊断。

喷油器线路如图 5-12 所示:

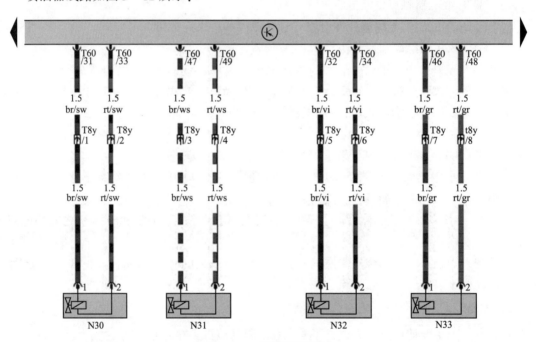

图 5-12 喷油器线路图

1) 扫描网关,读取故障代码

打开点火开关,用解码器扫描网关,读取故障代码,发现有以下故障代码:

a. 00514:气缸 2 喷射阀 - N31 电路电气故障。

b. 00768:检测到不发火。

c. 00770:气缸 2 检测到不发火。

通过以上故障代码可以看出,是 2 缸喷油器或其电路故障造成发动机缺缸。

可能原因:

(1) 喷油器自身故障。

(2) 喷油器与发动机控制模块之间的电路故障。

(3) 发动机控制模块自身故障。

2) 读取相关数据组，确定故障所在

注意：在有故障代码提示时可以不用该步测试。

在发动机运行过程中，读取失火（14/3，15/1，15/2，15/3，16/1）数据流：

a. 14/3（失火计数器）：0→474（异常，标准：4→8）；

b. 15/1（气缸1计数器）：0（正常）；

c. 15/2（气缸2计数器）：0→474（异常）；

d. 15/3（气缸3计数器）：0（正常）；

e. 16/1（气缸4计数器）：0（正常）。

通过以上数据流可以看出，是2缸喷油器或其电路故障造成发动机缺缸。

可能原因：

(1) 喷油器自身故障。

(2) 喷油器与发动机控制模块之间的电路故障。

(3) 发动机控制模块自身故障。

(4) 2缸点火系统故障造成2缸喷油器中断燃油喷射。

3) 测量2缸喷油器的驱动信号，确定故障所在

由于迈腾TSI 1.8T发动机的喷油器采用的是双源控制，即喷油器的正极和负极同时进行控制，因此要想测量能正确反映喷油器工作状况的驱动信号波形，最好是示波器的负极检测探针连接到喷油器负极信号线上，示波器的正极检测探针连接到喷油器的正极信号线上。

喷油器控制原理：当发动机控制模块决定喷油时，一面给喷油器搭铁控制端提供合适的搭铁时间，一面通过正极控制端提供两次高压电流脉冲，第一次用40 V开关控制电路将针阀拉开，第二次用14 V开关控制电路维持针阀的开启。喷油结束时，控制单元将搭铁切断，由于电流的减小，会感应出两次反向电动势。

同时注意：通过原理图可以看出，1缸和4缸、2缸和3缸分别合用一套14~40 V的升压电路，也就是说，在发动机运行过程中，每个气缸工作一次，喷油器正极端子会检测到两个高压脉冲，但只有一次高压脉冲可以形成回路，促使喷油器工作。

起动发动机时，用示波器测量喷油器T8y/3、T8y/4端子之间的信号波形，正常情况下，应可以检测到类似图5-13（a）的波形。

实测结果为图5-13（b）的波形，说明喷油器两端的电压下降了，整个电路存在电压降。针对该结论的说明如下：发动机控制模块向喷油器发出稳定的电压信号，但由于喷油器驱动器实质是一个电感元件，在通电的过程中会产生反向电动势，最初阶段电路电流几乎为零，虚接电阻几乎没有分压，所以喷油器两端还可以检测到最初的高压；随着时间的延长，反向电动势越来越低，电路中的电流越来越大，虚接电阻的分压也越来越高，导致喷油器两端的电压逐渐下降；当反向电动势降低为零，电路中的电流趋于稳定，虚接电阻的分压也固定下来，喷油器两端的电压也就可以保持一个稳定的状态；当发动机控制模块中断电压输出时，电路中的电流突然降低为零，喷油器内的线圈会产生与之前相位相反的反向电动势，随着时间的延长，反向电动势越来越小。由于喷油器第一次通电的时间很短，所以充电电流还没有饱和时发动机控制模块就转入第二种通电模式；由于喷油器不能有效打开，也就不能喷射出燃油。

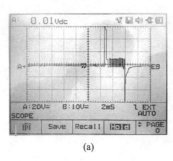 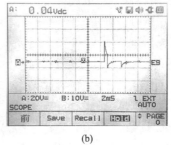

(a)   (b)

图 5-13 喷油波形

(a) 标准波形；(b) 实测波形

可能原因：

(1) 发动机控制模块存在故障，造成电路虚接。

(2) 发动机控制模块与喷油器之间的电路存在虚接故障。

4) 测量喷油器与发动机控制模块之间电路电阻是否符合要求

有两种测量方法：一种是通过测量电路两端电压降的方法来判定电路虚接；另一种是通过实际测量电路两端的电阻来判定电路虚接。

方法一：在起动发动机过程中，用万用表测量发动机控制模块 T60/47 与喷油器 T8y/3 之间、发动机控制模块 T60/49 与喷油器 T8y/4 之间的电压，正常情况下应小于 0.1V，实测结果为发动机控制模块 T60/47 与喷油器 T8y/3 之间的电压从 0 逐步提高到 7.2V，然后重复测量，说明发动机控制模块 T60/47 与喷油器 T8y/3 之间存在电阻。

方法二：关闭点火开关，必要时断开蓄电池负极，拔下发动机控制模块连接器和喷油器连接器，用万用表测量发动机控制模块 T60/47 与喷油器 T8y/3 之间、发动机控制模块 T60/47 与喷油器 T8y/3 之间的电阻，正常情况下应小于 0.5Ω，实测结果为发动机控制模块 T60/47 与喷油器 T8y/3 之间电阻为 3Ω。

检修电路后系统恢复正常。

4. 案例总结

在该案例中通过万用表测试了线路的虚接，使用万用表还可以测试线路断路和短路。

1) 线路断路（开路）的测试

如图 5-14 所示的配线有断路故障，可用检查导通或检查电压的方法来确定断路的部位。

(1) 检查导通：

①脱开连接器 A 和 C，测量它们之间的电阻值，如图 5-15 所示。若连接器 A 端子 1 与连接器 C 端子 1 之间的电阻值为 ∞，则它们之间不导通（断路）；若连接器 A 端子 2 与连接器 C 端子 2 之间的电阻值为 0，则它们之间导通（无断路）。

②脱开连接器 B，测量连接器 A 与 B、B 与 C 之间的电阻值。若连接器 A 的端子 1 与连接器 B 的端子 1 之间的电阻值为 0，而连接器 B 的端子 1 与连接器 C 的端子 1 之间的电阻为 ∞，则连接器 A 的端子 1 与连接器 B 的端子 1 之间导通，而连接器 B 的端子 1 与连接器 C 的端子 1 之间有断路故障。

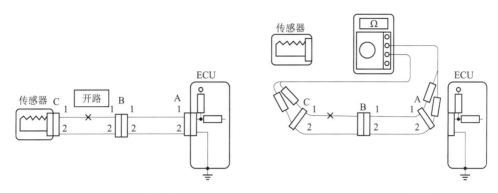

图 5-14 断路故障　　　　　　　图 5-15 导通检查

(2) 检查电压:在电脑连接器端子有电压的电路中,可以用检查电压的方法来检查断路故障,如图 5-16 所示。在各连接器接通的情况下,电脑输出端子电压为 5 V 的电路中,如果依次测量连接器 A 的端子 1、连接器 B 的端子 1 和连接器 C 的端子 1 与车身(搭铁)之间的电压值分别为 5 V、5 V 和 0,则可以判定:在 B 的端子 1 与 C 的端子 1 之间的配线有断路故障。

2) 线路短路的测试

如果配线短路搭铁,可通过检查配线与车身(或搭铁线)是否导通来判断短路的部位,如图 5-17 所示。

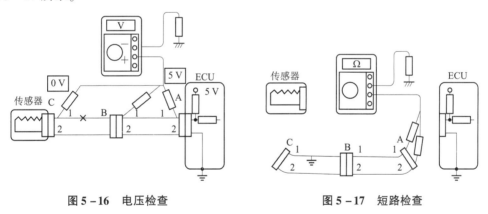

图 5-16 电压检查　　　　　　　图 5-17 短路检查

(1) 脱开连接器 A 和 C,测量连接器 A 的端子 1 和端子 2 与车身之间的电阻值。如果测得的电阻值分别为 0 和 ∞,测连接器 A 的端子 1 与连接器 C 的端子 1 的配线与车身之间有短路搭铁故障。

(2) 脱开连接器 B,分别测量连接器 A 的端子 1 和连接器 C 的端子 1 与车身(地线)之间的电阻值。如果测得的电阻值分别为 ∞ 和 0,则可以判定:连接器 B 的端子 1 与连接器 C 的端子 1 之间的配线与车身之间有短路。

故障案例三

1. 故障现象

打开点火开关后,近光灯、右前行车灯、后部行车灯及牌照灯异常点亮;当灯光开关旋转至行车灯挡时，近光灯熄灭，但左前行车灯仍不亮；当灯光开关旋转至近光灯挡时，近光灯正常点亮，但左前行车灯不亮。

2. 故障分析

打开点火开关，近光灯、右前行车灯、后部行车灯及牌照灯异常点亮，说明灯光控制系统进入应急保护模式，这主要是由于灯光开关输出违背信号输出逻辑，因此进入应急保护模式。在迈腾轿车上，针对灯光系统的应急保护有两种情况：一种是 E1 的 TFL、56、58（图 5-18）在任何情况下，必须只有一个端子电压为高电位，否则系统就会进入应急保护模式；另一种是当后雾灯开关打开时，前雾灯开关也必须有正常打开时的信号输出，否则也会进入应急模式。

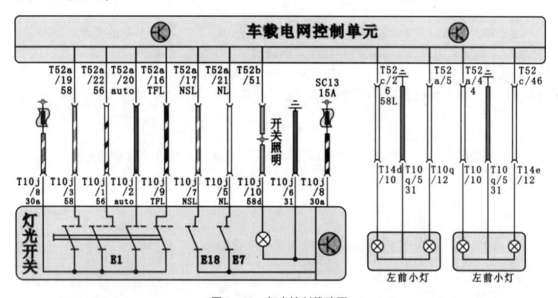

图 5-18 灯光控制线路图

如果系统能够提示故障代码，就按照故障代码内容进行诊断，如果没有故障代码提示，则一般先排除应急故障，再排除个别故障。

3. 诊断过程

1）读取故障代码

故障代码 01800：灯开关 E1 为不可信信号。

根据故障代码定义，推断开关 E1 信号输入异常，加之当打开点火开关时，近光灯异常点亮，说明灯光系统进入应急模式。

2）检查车灯开关信号输入是否正常

打开点火开关，关闭灯光开关，用解码器读取相关数据流，以测量灯光开关的信号输出：

a. 09-49/1（灯开关）断开，标准值：接通；

b. 09-49/2（示宽挡）断开，标准值：断开；

c. 09-49/3（近光挡）断开，标准值：断开。

测试发现，当灯光开关关闭的时候，J519 未收到正常的车灯开关信号，由于其他挡位灯光工作正常，说明开关及信号电路可能存在断路故障。

注意：也可以用万用表测量 J519 的信号输入是否正常，但其需要对车辆进行必要的拆装，因此最好用解码器进行检测。

3）检查灯光开关输出是否正常

打开点火开关，关闭灯光开关，测量灯光开关的 T10j/9 对地电压。正常情况下该端子对地电压为 +B，实测始终为 0，说明开关没有输出信号。由于其他挡位灯光工作正常，说明开关内部存在断路故障。

申请更换配件后，打开点火开关，近光灯、右前行车灯、后部行车灯及牌照灯均不再点亮。但操作行车灯开关及近光开关时，左前行车灯仍不亮，由于其他行车灯工作正常，说明故障可能在左前行车灯及其电路上。由于左前行车灯和其他灯光合用搭铁，因此暂时不考虑搭铁故障可能，所以可能原因为：J519 自身故障，J519 到左前行车灯之间的电路故障，左前行车灯自身故障。

4）检查左前行车灯工作电源是否正常

打开点火开关，操作灯光开关至行车灯挡时，用示波器测量左前行车灯一侧插头 T14d/10 端子对地电压，正常情况下应测得 0→+B 的占空比信号波形，如图 5-19（a）所示，实测结果如图 5-19（a）所示的一条直线，说明左前行车灯没有接收到控制信号。

可能原因：

（1）J519 自身故障。

（2）J519 到测试点之间的电路故障。

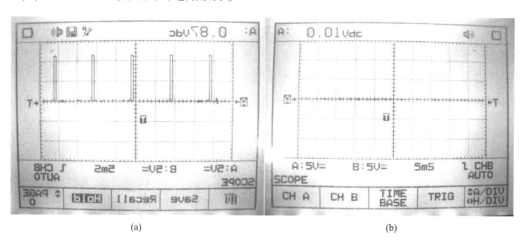

图 5-19　左前行车灯占空比信号波形

（a）标准波形；（b）实测波形

5）检查 J519 的信号输出是否正常

打开点火开关，操作灯光开关至行车灯挡时，用示波器测量 J519 的 T52c/26 端子对地电压波形。

正常情况下应测得 0→+B 的占空比信号波形，实测正常，说明 J519 发出了控制信号。结合上步测试，说明故障点一定是在线路上。

6）检查左前行车灯线路是否正常

打开点火开关，操作灯光开关至行车灯挡时，用示波器测量左前行车灯 T14d/10 连接器线束端端子的对地电压，正常情况下应测得 0→+B 的占空比信号波形，实测正常，说明左前行车灯连接器自身存在故障。检修电气连接器后，系统性能恢复正常，故障排除。

4. 案例总结

在该案例中使用到了解码器（故障诊断仪）和示波器，通过解码器的动态数据流结合开关的操作来判断开关信号及线路、控制单元的故障，使用示波器测试喷油波形。

目前主要有三种燃油喷射系统：

（1）峰值保持型：喷油嘴电路实际上是使用两个不同电路来给喷油嘴供电，两个电路同时作用喷油嘴时，可供应较高的起始电流给喷油嘴，使其快速地开启；喷油嘴开启之后，其中一个电路切断，另一个电路继续维持喷油嘴的开启，直到喷射时间结束。这个电路中有一个电阻用以减少通过喷油嘴的电流。当第二个电路也切断后，喷油嘴关闭，结束喷油。测量开启时间的方法是寻找开启脉冲的下降沿以及表示第二个电路切断的上升沿。

（2）传统型（饱和开关型）：喷油嘴的三极管提供固定电流给喷油嘴。某些喷油嘴使用电阻用以限制电流的大小，其他喷油嘴有较高的内部阻抗，这些喷射的脉冲只有一个。

（3）脉冲宽度调制型：喷油嘴有较高的启动电流以快速地打开喷油嘴，当喷油嘴开启后，接地端开始脉冲式地接通，从而切断电流以延长喷油嘴开启时间，同时限制流经喷油嘴的电流。

用示波器测试喷油波形时，连接 KT600 和电源延长线，将一缸信号夹连接到 CH5 通道并夹住一缸高压线，将测试探头前部的衰减开关拨到 ×10 位置，接入通道 1（CH1 端口），然后将测试探头上的小鳄鱼夹接蓄电池负极或搭铁，用测试探针引入喷油嘴的信号线。多点燃油喷射连接方法如图 5-20 所示，单点燃油喷射系统连接方法如图 5-21 所示。

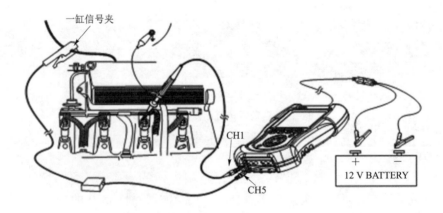

图 5-20　多点燃油喷射系统喷油波形测试连接方法

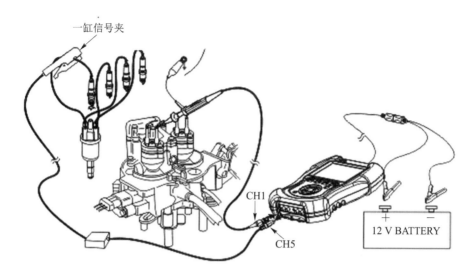

图 5-21 单点燃油喷射系统喷油波形测试连接方法

调整周期、幅值、电平等参数可以得到喷油波形，各种喷油嘴的波形特征请参考图 5-22 ~ 图 5-24。

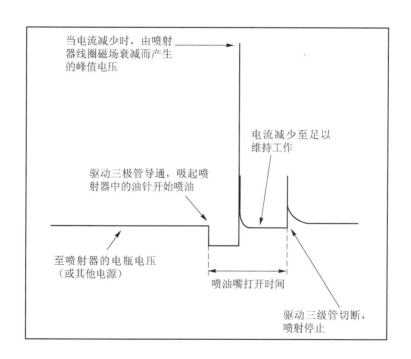

图 5-22 峰值保持型和 TBI 喷油嘴的喷油波形

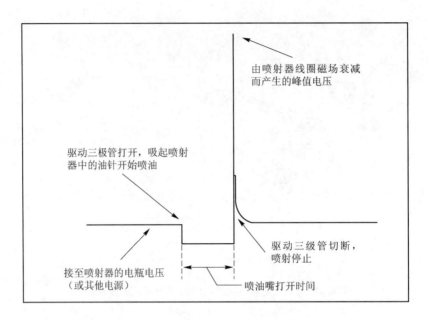

图 5－23　饱和开关型喷油嘴的喷油波形

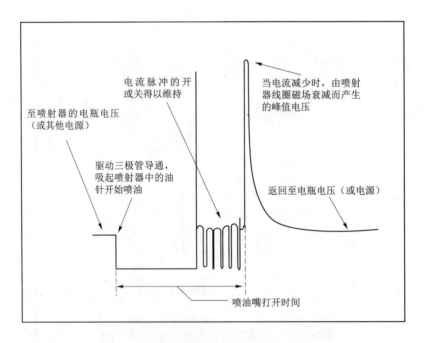

图 5－24　脉冲宽度调制型喷油嘴的喷油波形

项目三
汽车钣金与喷涂比赛维修工具及设备的使用

汽车钣金与喷涂比赛是全国职业院校技能大赛中的两个比赛项目。

一、钣金比赛

汽车钣金比赛主要包括车身电子测量和校正项目、板件更换项目和受损门板修复项目等内容。

(一) 车身电子测量和校正项目

本项目用到的主要设备有车身校正仪和车身电子测量系统等,它们也是事故车车身校正维修最为重要的设备。车身校正仪也称为大梁校正平台,用于校正修复因碰撞等原因而损坏、变形的汽车车身或大梁。车身校正仪主要由基础部件——升降平台,定位夹紧系统——各种形式的夹具和链条等,拉伸系统——液压拉伸柱(塔柱)等组成。车身电子测量系统是一种超声波测量系统,测量精度可以达到 ±1 mm,测量稳定、准确,可以实时测量,操作简便、高效。车身电子测量系统由超声波发射器、超声波接收器、控制柜及各种测量头组成。目前比赛用的车身校正仪和车身电子测量系统是麦特集团生产的 BANTAM – B2E 和 BANTAM – SHARK 3,如图 5 – 25 所示。

图 5 – 25　车身校正仪 BANTAM – B2E 和车身电子测量系统 BANTAM – SHARK 3

1. 车身电子测量和校正项目的操作内容（表 5–2）

表 5–2　车身电子测量和校正项目的操作内容

序号	操作内容
1	穿戴好防护用品
2	连接测量设备：连接超声波测量系统（BEAM 端口）与测量横梁（铝梁）的连接电缆线，启动测量系统
3	点击 F1 进入测量界面，填写车辆、维修人员相关信息
4	车型选择：车辆制造商、车型选择、车辆有悬架/无悬架/部分悬架拆除选择
5	建立基准界面并进行基准点测量附件安装：选择测量基准点、安装连接器、连接杆和发射器
6	参考点测量附件安装：选择测量参考点、安装连接器、连接杆和发射器
7	其他测量点的测量附件安装：选择测量点、安装连接器、连接杆和发射器
8	全部测量部件安装好后，按 F1 进行测量，显示测量结果数据。测量结果数据分析：6 对测量点，共 36 个数据
9	根据数据分析，准备好拉塔等，进行拉伸校正
10	拆卸整理测量附件、整理工位等：在规定的时间内完成拆卸和整理工作

2. 车身电子测量和校正项目的注意事项（表 5–3）

表 5–3　车身电子测量和校正项目的注意事项

序号	注意事项
1	作业前要穿戴好工作服、安全鞋、安全帽、线手套、防护眼镜等安全防护用品
2	在升起或下降平台以前将拉塔移动至一端并锁紧安全螺栓，清除平台上下的障碍物。在拉伸作业时，将车身校正仪调整到最低水平工作位置，并使用锁止装置
3	根据需要选择合适的夹具
4	拉伸整体式车身时，车身与校正平台的固定点至少为 4 个。在拉伸作业前需再次确认主夹具的夹紧情况，同时确认牵引拉塔应牢固锁紧在工作台上
5	对于损坏部位的维修，一定要找到一个以上的拉伸点，即车身校正操作时，要使用多点拉伸
6	对前纵梁进行拉伸校正前，要正确判断拉伸方向，防止出现反向拉伸。比赛中，任何情况下左右两条纵梁的拉伸方向都是一样的，不会出现同时向外拉，或者同时向车身中心线方向拉的情况
7	移动塔柱时要推动，不允许拉动；在调整好塔柱和导向环位置（严禁高于红色安全线）后，用 T 形螺栓将塔柱固定好
8	严禁人员在施力过程中靠近链条、夹具或其他承受强力的部件，或与它们处于同一直线上
9	要充分利用保险绳，把尼龙带/夹具和链条连接起来，防止拉伸时夹具脱落飞出，确保安全

续表

序号	注意事项
10	接通车身校正仪电动泵电源,将电动泵箱体手柄置于塔柱拉伸位置。按下黄色控制手柄的 up 键开始进行拉伸,待链条绷紧时,将导向环手轮松开。在拉伸时,应边拉伸边观察测量点的数据变化情况,每次拉伸程度不宜过大。在拉伸过程中可通过拉伸后放松,再拉伸再放松,用榔头敲击应力集中处等方法释放板件中的应力,确保维修质量
11	要使纵梁拉伸到位,不可急于求成,每次拉伸后都会有回弹现象,一般需要按照拉伸→保持平衡→再拉伸→再保持平衡的方法,反复拉伸 3~5 次才能拉伸到位。当一条纵梁校正到位后,可用另一个塔柱将此纵梁固定,然后再对另一条纵梁进行拉伸校正。在对第一条纵梁进行拉伸时,在距离标准尺寸还有 3 mm 左右时暂停拉伸,无须塔柱固定;当对另外一条纵梁拉伸时,会将此纵梁留有的几毫米一并拉伸到位
12	塔柱使用链条进行拉伸时,链条在顶杆的锁紧窝锁紧,链条不能有扭曲,所有链节都成一条直线。严禁敲击工作中的链条钩子
13	车身大梁在拉伸修复时,其校正顺序为:首先是长度方向的校正,其次是宽度方向的校正,最后是高度方向的校正
14	在测量车身底部六对测量点和前纵梁一对测量点时应注意操作速度,时间最好控制在 15 min 以内
15	要将连接器卡爪紧固好,将测量探头安装到位,防止测量数据超出标准数据 ±1 mm 的范围
16	超声波发射器在安装时,应使发射器的发射孔朝向测量横梁
17	超声波发射器在安装拆卸时,要轻拿轻放,防止磕碰
	同学们,你们认为还有哪些注意事项呢
1	
2	
3	

3. 车身电子测量数据记录表(表 5-4)

表 5-4 车身电子测量数据记录表

测量点		长度测量值	宽度测量值	高度测量值
a 点 (基准点)	右侧			
	左侧			
b 点 (参考点)	右侧			
	左侧			
____点	右侧			
	左侧			
____点	右侧			
	左侧			

续表

测量点		长度测量值	宽度测量值	高度测量值
＿＿点	右侧			
	左侧			
＿＿点	右侧			
	左侧			

4. 项目考核要点

本项目主要考核测量系统的使用、测量数据准确性、校正过程和校正后数据的准确性、安全防护、校正设备使用和5S等。

（二）板件更换项目

本项目主要是模拟车辆在撞击后，某些板件破损、板件变形较严重无法修复至原形状，或者钢板锈蚀严重时，需要进行的车身修复作业。本项目用到的主要工具有：大力钳、斜嘴钳、划针、钢板尺、板件固定夹具、台虎钳、气动环带打磨机、气动焊点去除钻、气动切割锯、自变色焊接面罩等，部分工具如图5-26所示；用到的主要设备有：电阻点焊机和二氧化碳气体保护焊机等，如图5-27和图5-28所示；用到的工件为模拟结构件套装成型板件，工件形状如图5-29所示。

图5-26　板件更换用到的部分工具

(a) 大力钳；(b) 气动环带打磨机；(c) 气动焊点去除钻；(d) 气动切割锯；(e) 自变色焊接面罩

图5-27　电阻点焊机

图5-28　二氧化碳气体保护焊机

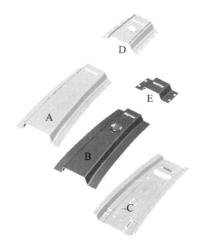

图 5-29 套装成型板件

说明：①A、D 板件：镀锌钢板，厚度 0.7 mm，其中 D 板件已加工好 4 个 Φ9 mm 孔、4 个 Φ6 mm 孔；

②B、E 板件：低碳钢钢板，厚度 1.2 mm，其中 E 板件已加工好 4 个 Φ8 mm 孔；

③C 板件：镀锌钢板，厚度 1 mm。

1. 板件更换项目的操作内容（表 5-5）

表 5-5 板件更换项目的操作内容

序号	操作内容
1	穿戴好防护用品
2	在 A 板件上测量、划线，确定焊点位置，如图 5-30 所示。 图 5-30 在 A 板件上确定焊点位置

续表

序号	操作内容
3	将A、B、C板件进行组合、夹持、定位,如图5-31所示。  图5-31 将A、B、C板件定位
4	调整电阻点焊设备参数,然后把A、B、C板件焊接起来,每边10个焊点
5	根据D、E板件长度尺寸,分别剥离A板件和B板件,如图5-32所示。  (a)　　　　　(b)　　　　　(c)　　　　　(d) 图5-32 板件钻孔、切割分离 (a) 气动焊点去除钻;(b) 气动切割锯;(c) 切割分离A板件;(d) 切割分离B板件
6	调整二氧化碳气体保护焊机参数,进行试焊
7	对E板件进行定位、焊接(连续焊),如图5-33所示。  图5-33 对E板件和B板件进行 对接连续焊

续表

序号	操作内容
8	对 D 板件进行定位、焊接（连续点焊和塞孔焊），如图 5-34 所示。  图 5-34 对 D 板件和 A 板件进行对接连续点焊和塞孔焊
9	清洁整理工位

2. 板件更换项目的注意事项（表 5-6）

表 5-6 板件更换项目的注意事项

序号	操作内容
1	切割时要穿戴好防护眼镜、耳罩等安全防护用品；进行二氧化碳气体保护焊时穿戴好焊接工作服、护腿、焊帽、焊接手套等安全防护用品；进行电阻点焊时要戴面罩
2	在切割板件时，要画好切割线，用气动锯进行切割，尽量用锯条的后端下锯，注意下锯要稳
3	在进行电阻点焊或二氧化碳气体保护焊前，均需要进行试焊和焊接质量检验
4	根据需要选择合适的夹具
5	在进行电阻点焊前要注意检查两电极头的对正情况、两电极头的形状磨损和表面光滑情况
6	在进行电阻点焊时要注意点焊的顺序，因电阻点焊的过程中会有分流现象，所以应先焊两端的两个焊点。保证每个电阻点焊焊点不失圆，焊点最大直径与最小直径的差值≤1 mm
7	剥离 A 板件和 B 板件时，切口要齐整，工件切割完毕后，要用锉刀或者带式打磨机将毛刺除干净
8	注意导电嘴、喷嘴等易损件的使用情况，对于磨损严重的必须更换
9	在进行二氧化碳气体保护焊时，禁止拿焊枪对头或脸部，要注意使用焊接防粘膏，连续使用过程中，注意随时清理飞溅至喷嘴内的金属颗粒，防止飞溅物把喷嘴粘死。注意焊丝的伸出长度（约为焊丝直径的 10 倍），在剪断焊丝时要先让焊丝朝向地面再剪，以免焊丝伤人
10	在进行连续点焊时，要分段（五段）进行，段与段应间隔焊接，防止板件受热过大造成变形；且焊接一段焊疤时应将上一段焊疤与本段焊疤的接头处进行打磨（使用气动环带打磨机）处理后，再进行焊接，以此确保焊接质量

续表

序号	操作内容
11	二氧化碳气体保护焊机在使用时，注意不要碰撞焊枪，严禁把焊枪用过后放在工件上或放在地上，不能弯折和踩踏送丝软管
12	在室内进行焊接作业时，注意启用气体烟雾抽排设施
	同学们，你们认为还有哪些注意事项呢
1	
2	
3	

3. 项目技术要求（表5–7）

表5–7 项目技术要求

焊接名称		技术要求
电阻点焊		1. 焊点失圆、外圈不连续、出现熔敷物等缺陷，判定此焊点不合格； 2. 焊点直径：≥4 mm
气体保护焊	连续对接焊	焊疤宽度：5~8 mm，焊疤高度：≤2 mm
	连续点焊	焊疤宽度：3~6 mm，焊疤高度：≤2 mm
	塞孔焊（9 mm）	焊点直径：10~13 mm，焊点高度：≤2 mm，背面焊疤最小直径：≥9 mm
	塞孔焊（6 mm）	焊点直径：7~9 mm，焊点高度：≤2 mm

4. 项目考核要点

本项目主要考核安全防护、设备调整及操作、切割尺寸、定位准确性、焊接缺陷、焊点大小、焊点间距、焊点与边缘距离、焊接质量、5S等。

（三）受损门板修复项目

本项目主要是模拟车辆在撞击后，板件受力变形，需要进行的车身修复作业。本项目用到的主要工具有：门板测量专用卡尺、平挫、钢板尺、6件套汽车钣金工具组、气动环带打磨机等，部分工具如图5–35所示；用到的主要设备有：车身外形修复机和轨道式自生成真空打磨机等，如图5–36所示；用到的工件为受损（漆膜已破坏的条形凹陷）车门板件，如图5–37所示。

图5–35 受损门板修复用到的部分工具

(a) 门板测量专用卡尺；(b) 汽车钣金工具组

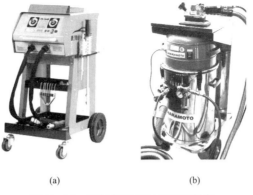

(a)   (b)

图 5-36 受损门板修复用到的设备　　　　受损门板修复

(a) 车身外形修复机；(b) 轨道式自生成真空打磨机

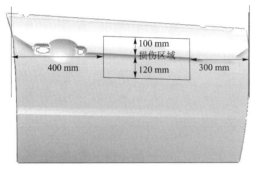
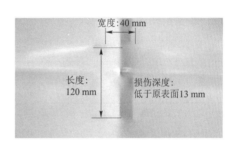

图 5-37 受损车门板件

1. 受损门板修复项目的操作内容（表 5-8）

表 5-8 受损门板修复项目的操作内容

序号	操作内容
1	穿戴好防护用品
2	确定损伤区域，去除漆膜
3	使用车身外形修复机等工具、设备进行门板修复
4	使用平挫等将车门板件修复中产生的焊疤除掉
5	使用门板测量专用卡尺进行检查，若尺寸差距太大，则继续重复进行相关修复作业，直至尺寸检查合格
6	清洁整理工位

2. 受损门板修复项目的注意事项（表 5-9）

表 5-9 受损门板修复项目的注意事项

序号	注意事项
1	应使用 80 号砂纸去除漆膜，漏出金属，边缘要磨出羽状边
2	安装砂纸时要注意将砂纸的孔和打磨机磨盘的孔对正，这样在打磨旧漆膜时产生的粉尘会被吸尘袋收容

续表

序号	注意事项
3	对于直接损伤区域通常凹陷较深,需要使用带式打磨机来打磨漆膜
4	使用车身外形修复机时,要确保其搭铁可靠
5	使用不同的介子时,应配合不同的功能挡位
6	在使用车身外形修复机拉拔板件中间的较深凹陷时,需要使用拉锤拉住保持,用鹤嘴锤敲击压缩区,放松板件内部应力
7	凹陷部位修复后高度不得高于原表面
8	凹陷部位修复后不得有孔洞
9	板件修复后要确保板件恢复至原始强度
10	当板件出现表面积增大(拉高——表面凸起),用手轻轻地可以按下去,当放开手后,板件表面又会自动弹起时,应进行收火作业,注意使用介子机的收火挡。较小面积的收火可以使用电极头单点加热,配合吹尘枪快速冷却;较大面积的收火可以使用碳棒由外向内画圈对板件进行加热,配合吹尘枪快速冷却
同学们,你们认为还有哪些注意事项呢	
1	
2	
3	

3. 项目技术要求

(1) 打磨后裸金属为椭圆状,长轴≥240 mm,短轴≥160 mm。

(2) 凹陷部位修复后高度低于原表面,差值≤1 mm。

(3) 车身线及面板在横向、立向上都应与专用卡尺吻合,不能超出±1 mm,如图5-38所示。

图5-38 板件修复后的测量

4. 项目考核要点

本项目主要考核安全防护、设备调整及操作、切割尺寸、定位准确性、焊接缺陷、焊点大小、焊点间距、焊点与边缘距离、焊接质量、5S等。

二、喷涂比赛

本项目主要包括损伤区处理、喷涂底漆、水性底色漆、清漆、水性底色漆微调等内容,其中水性底色漆微调作为单独的环节开展,在此不做叙述。

本项目主要是模拟车辆在撞击后,板件漆膜受损,需要进行的车身漆膜修复作业。本项目用到的主要工具有:供气式防护面罩、打磨指示层、喷枪、电子秤、除油剂喷壶,部分工具如图 5-39 所示;用到的主要设备有:无尘干磨机、红外线烤灯,如图 5-40 所示。

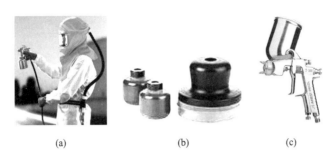

图 5-39 喷涂用到的部分工具

(a) 供气式防护面罩;(b) 打磨指示层;(c) 喷枪

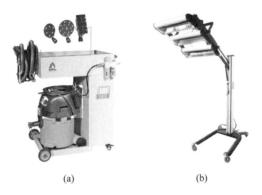

图 5-40 喷涂用到的主要设备

(a) 无尘干磨机;(b) 红外线烤灯

涂装设备简介

1. 喷涂的操作内容(表 5-10)

表 5-10 喷涂的操作内容

序号	操作内容
1	穿戴好防护用品
2	对损伤位置打磨羽状边
3	对损伤区施涂环氧底漆
4	刮涂原子灰并打磨原子灰至平整,完成喷涂底漆前所需的打磨及除尘、除油等工作
5	调配并喷涂色漆
6	调配并喷涂清漆
7	对工位、场地进行清洁整理

2. 喷涂的注意事项（表5-11）

表5-11 喷涂的注意事项

序号	注意事项
1	个人防护用品穿戴规范，包括使用耳塞、安全操作
2	砂纸选用合理，打磨设备、工具操作规范，羽状边边缘平顺无阶梯
3	原子灰配比正确、调和均匀；刮涂区域合理，没有超过砂纸打磨区域；原子灰打磨平整，恢复损伤前形状；最终结果没有原子灰印、原子灰砂眼、咬底、砂纸痕等缺陷
4	每次打磨后均需要除尘、除油再除尘
5	要正确使用打磨指示层及采用正确打磨方法打磨
6	喷涂操作规范，合理闪干后喷涂下一层；喷涂过程中不能有打磨、补喷操作
7	操作完毕后，工位清洁，工具设备复位，废弃物分类丢弃于规定的废弃物容器内
8	使用规定漆量完成喷涂
同学们，你们认为还有哪些注意事项呢	
1	
2	
3	

3. 项目考核要点

（1）做底效果：无原子灰印、原子灰砂眼、咬底、砂纸痕等缺陷。

（2）底色漆喷涂效果：底色漆无露底、流挂、起花等缺陷；板件颜色与喷涂目标板比较颜色准确。

（3）清漆喷涂效果：清漆无漏喷、喷涂过薄、流挂缺陷，流平好、纹理均匀、光泽度高。

（4）其他漆膜缺陷：无鱼眼、起泡、针孔、印痕（含碰伤）、清漆垂流等需要抛光或返工重喷清漆的缺陷。

三、比赛中部分典型设备

1. 电阻点焊机

电阻点焊机在车身的焊接中具有很重要的作用，它快捷方便，使焊接更加牢固、美观，而且焊接后的焊点不需要进行打磨。比赛中用到的电阻点焊机除了有电阻点焊功能还有介子机功能，在使用时应注意正确选择设备的功能。

影响焊接的决定因素主要有电流大小和通电时间，这也是电阻点焊机使用时需要调整的两个参数。

电阻点焊机的使用方法如下：

（1）连接气管，确认气源压力（6 bar），确认冷却液液位是否合格，进行功能模式选择。

（2）根据焊件的需要选择合适的电极、电极臂，并调节电极，使上下两个极对正（在一条直线上），同时确认两电极头处没有氧化物且电极形状合格。

电阻点焊

（3）根据焊件的厚度，确定合适的电流、焊接时间。

（4）试焊。

（5）将焊件接触至焊枪的固定焊臂上，并与焊接面成 90°，然后按下扳机，进行焊接——跳焊。

（6）松开并取下焊枪。

2. 二氧化碳气体保护焊机

二氧化碳气体保护焊机，简称二保焊机。它的电弧温度较高，热量相对集中，使焊件加热区产生热量少，板件焊接后变形小，减少了焊接对板材机械强度的影响；另外它的生产效率高，适用于现代汽车车身的修复作业。二氧化碳气体保护焊机主要由焊接电源、焊枪、送丝机构、供气系统和控制系统等组成。焊接过程中焊丝（车身修复作业中常用的焊丝直径有 0.6 mm 和 0.8 mm 两种）连接焊机电源的正极，焊件连接电源的负极。通常使用的焊接方法有连续焊（板件厚度≥1 mm）、连续点焊（板件厚度＜1 mm）、定位焊、点焊（选用焊机参数时用）、塞孔焊和搭接点焊。

影响焊接的参数主要有焊接电流大小（根据板件厚度调整，一般设备都配有参考数据）和送丝速度（速度过快会发出"噼啪"声，速度过慢会发出"啪嗒"声），这也是二氧化碳气体保护焊机使用时需要调整的两个参数。参数调整好后，焊接时应该发出连续而轻微的"呲呲"声。

二氧化碳气体保护焊

二氧化碳气体保护焊机的使用方法如下：

（1）将负极电源线与板件连接，接通电源，打开气源，确认气体流量是否合格。

（2）根据焊件的需要选择合适的电流和送丝速度，根据个人习惯选择合适的送丝模式。

（3）试焊，调整参数。

（4）焊接。

（5）整理。

3. 车身外形修复机

车身外形修复机又叫介子机，它主要由主机和相关配件组成，配件如图 5-41 所示。它的功能包括焊接介子（供拉拽用）、焊接螺柱（供装配用）、单面点焊、收火、碳棒修补和切割、焊接波浪丝等。车身外形修复机的介子有很多种，常见的有 O 型片、OT 片、三角片、螺柱和波浪丝等。常见的拉锤有钩式拉锤和三角片拉锤，对应的修复方法分别称为垫片修复法（用于大面积损伤和一些线条型损伤）和直接点焊式修复法（用于小面积

图 5-41 车身外形修复机配件

损伤和凹陷较浅的损伤)。

车身校正

车身外形修复机的使用方法如下：
(1) 将负极电缆线连接到板件上。
(2) 根据板件厚度选择电流及焊接时间（车身外形修复机通常有两种模式：手动模式和自动模式，在自动模式下需要设定焊接时间，手动模式靠扣扳机时间决定）。
(3) 焊接介子（垫片修复法的介子与介子之间距离应保持在 1 cm 左右，直接点焊式修复法的介子应焊接在凹陷的最低处）。
(4) 拉拔（此时注意用钣金锤配合消除应力）。
(5) 取下介子（采用左右拧动法）。
(6) 检查（目测、触摸、测量尺、指压——测板件硬度）。

4. 红外线烤灯

汽车烤漆专用短波红外线烤灯，烘烤渗透力强，直入漆层，使漆层温度迅速升高，水分由内向外挥发，漆层表面光泽度与丰满度高，镜面更加清晰，涂层附着力强，不易产生"橘皮、流泪"现象，适用于 1 m^2 以下的板件漆面的烘烤，有效节省了维修时间。

红外线烤灯的使用方法如下：
(1) 将红外线烤灯放置到合适的距离位置（见具体设备的说明书）和角度。
(2) 接通电源，设置烘烤时间（见具体设备的说明书）和灯管数量。
(3) 整理。

四、汽车钣金与喷涂比赛评分表

(一) 汽车钣金比赛评分表

1. 车身电子测量与校正项目评分表（表 5–12）

表 5–12　车身电子测量与校正项目评分表

评分项目	扣分情况	扣分
1. 安全防护用品使用情况（未穿戴防护用品一项扣 1 分，扣完为止，共 4 分）（选手佩戴近视镜不扣分）	护目镜（1 分）	
	手套（1 分）	
	安全帽（1 分）	
	安全鞋（1 分）	
2. 操作安全（选手未按要求操作，裁判有责任指出，选手必须改正，相应分数要扣除，共 8 分）	塔柱移动过程中，应从后往前推，若用拉的方式移动，扣 1 分	
	拉伸前塔柱未固定，一次扣 1 分，扣完为止（2 分）	
	拉伸前，用钢丝绳将链条、车身、钣金工具三者连接在一起，钢丝绳不受力，未全部连接就拉伸，扣 1 分	
	拉伸时若另外一个塔柱节流阀未关闭导致顶杆上升，扣 1 分	
	拉伸时导向环手轮未松开，一次扣 1 分，扣完为止（2 分）	
	拉伸时链条扭曲，扣 1 分	

续表

评分项目	扣分情况	扣分
3. 工具使用情况（共3分）	操作中工具放置到平台上，带有磁性的附件吸到车身上，物品装到衣服口袋中或掉落，一次扣1分，扣完为止（共3分）	
4. 基准找正及测量（共4分）	找正4个基准点并进行测量，错1个扣1分，共4分	

5. 规定的12个测量点（每选错一个测量点扣0.5分，共6分）

第一组点		第二组点		第三组点		第四组点		第五组点		第六组点	
右	左	右	左	右	左	右	左	右	左	右	左

6. 正确选择测量探头（每选错一个测量探头扣0.5分）（共6分）

第一组点		第二组点		第三组点		第四组点		第五组点		第六组点	
右	左	右	左	右	左	右	左	右	左	右	左

7. 正确测量12个测量点（共36个数据，每个数据1分，当误差 > 3 mm 或 < -3 mm 不得分，误差为±3 mm 得0.8分，误差为±2 mm 得0.9分，误差在±1 mm 以内得1分。根据选手测量数据记录表进行打分，共36分）

第一组点		第二组点		第三组点		第四组点		第五组点		第六组点	
右	左	右	左	右	左	右	左	右	左	右	左

评分项目	扣分情况	扣分
8. 拉伸前正确测量变形部位，判断拉伸方向和位置（每个变形方向判断错误扣3分，共6分）		
9. 纵梁出现过拉伸，重新反向拉伸一次扣2分，扣完为止（共4分）		
10. 拉伸后实际测量值是否正确（每个数据10分，当误差 > +3 mm 或 < -3 mm 不得分，误差为±3 mm 得8分，误差为±2 mm 得9分，误差在±1 mm 以内得10分。校正过程中如果用手推、拉前纵梁，此项不得分，共20分）		
11. 操作完成后设备、工具归位原处，摆放整齐（在比赛40 min 内，若一件工具未归位原处或未摆放整齐扣1分，扣完为止，共3分）		

2. 板件更换项目评分表（表5-13）

表5-13 板件更换项目评分比

评分项目	扣分情况	扣分	合计
一、画线及电阻点焊操作（共9分）			
1. 画线及电阻点焊操作时，安全防护用品的使用情况（共2分）	操作时不穿安全鞋扣0.5分		
	清洁、画线时不戴线手套扣0.5分		
	电阻点焊时不戴皮手套扣0.5分		
	电阻点焊时不戴透明面罩扣0.5分		
2. 焊接参数的调整情况（共1分，超出规定范围不得分）	电阻点焊电流 60~90 挡，否则扣0.5分		
	电阻点焊焊接时间 40~70 挡，否则扣0.5分		
3. 画线前，要用抹布擦拭板件及试焊片，每件未擦扣0.5分，扣完为止（共1分）			
4. 板件进行电阻点焊前，先用试焊片进行试焊，未进行试焊扣2分			
5. 电阻点焊未跳焊，每次扣0.5分（共1分，扣完为止）			
6. 电阻点焊时故意调低焊接参数进行虚焊，一次扣2分（共2分）			

续表

评分项目	扣分情况	扣分	合计
二、板件分离、拼装操作（共8分）			
1. 安全防护用品的使用情况（共1分）	板件分离时不戴透明面罩扣0.5分		
	钻孔、切割时不戴皮手套扣0.5分		
2. 气动工具使用规范（共3分，扣完为止）			
3. A、B板件分离后底板质量（共3分，扣完为止）			
4. A、B板件分离后，锯条断裂扣1分			
三、板件接合操作（共11分）			
1. 气体保护焊操作时安全防护用品的使用情况（共2分）	未穿戴焊接防护服扣0.5分		
	未穿戴护脚扣0.5分		
	未戴焊接长手套扣0.5分		
	未戴焊接面罩扣0.5分		
2. 焊接参数的调整情况（共1分，超出规定范围不得分）	保护焊电流2~5挡，否则扣0.5分		
	保护焊送丝速度4~12挡，否则扣0.5分		
3. 气体保护焊操作过程中，未正确使用焊烟抽排设备，扣2分，共2分			
4. 正确清理焊渣，未正确操作扣2分，共2分			
5. 塞焊未跳焊，每次扣0.5分（共1分，扣完为止）			
6. 连续点焊未跳焊，在板件上注明几段			
7. 整个操作过程中，工具、工件等掉落一次扣0.5分，扣完为止（共1分）			
8. 操作完成后要把设备、工具放回原处，摆放整齐（在40 mm内，一件工具未摆放原处或未摆放整齐扣1分，扣完为止（共2分）			
四、组合件焊接后质量（共72分，扣完为止）			
1. 板件对齐	三层板未对齐，一处扣1分，共2分		
2. 电阻点焊	焊点不符合技术要求，每个扣2分		
	焊点失圆、偏离中心线，每个扣1分		
3. 6 mm 塞焊	塞焊孔未焊接或不符合技术要求，每个扣3分		
	焊点有气孔、失圆、高度偏高，出现一次扣1分		
4. 9 mm 塞焊	塞焊孔未焊接或不符合技术要求，每个扣3分		
	焊点有气孔、失圆、高度偏高，出现一次扣1分		
	焊点背面焊孔最小直径小于9 mm，每个扣2分		
5. 连续焊对接焊	焊疤未跳焊，每次扣5分，共10分		
	焊疤不符合技术要求，每处扣4分		
	焊疤弯曲，每处扣2分		
	焊疤接头不符合要求，每个扣2分		
6. 连续点焊对接焊	焊疤未跳焊，每次扣5分，共20分		
	焊疤不符合技术要求，每处扣4分		
	焊疤弯曲，每处扣2分		
	焊疤接头不符合要求，每个扣2分		
	焊疤两侧出现阶差，每处扣2分		
	焊疤出现气孔，每个扣1分		
	焊疤焊接不均匀，每处扣1分		

3. 受损门板修复项目评分表（表5-14）

表5-14 受损门板修复项目评分表

	评分项目	扣分情况	扣分
操作过程	1. 安全防护用品使用情况（未穿戴防护用品一项扣0.5分，扣完为止，共2分）	操作时不戴线手套（0.5分）	
		操作时不戴防尘口罩（0.5分）	
		操作时不戴耳罩（0.5分）	
		操作时不穿安全鞋（0.5分）	
	2. 修复机参数调整（共3分，超出规定范围不得分）	焊接电流（1分）	
		焊接时间（1分）	
		收火电流（1分）	
	3. 每次打磨后要用吹洗枪吹，并用抹布擦拭，一次未做扣1分，扣完为止（共2分）		
	4. 操作中搭铁线、焊片、工具等掉落1次扣1分，扣完为止（共3分）		
	5. 规范使用工具（共5分）		
	6. 操作完成后要把设备、工具放回原处，摆放整齐（在比赛40 min内，一件工具未摆放原处或未摆放整齐扣1分，扣完为止，共3分）		
打磨区外观质量	7. 打磨区裸金属长轴≥240 mm，短轴≥160 mm，长度每小于5 mm为一档，每档扣1分，扣完为止（共2分）	长轴____ mm，短轴____ mm	
	8. 打磨区边缘圆滑过渡，不规整（有明显缺口或明显超出）一处扣0.5分，扣完为止（共2分）	有____处，应扣____分	
	9. 若修复区有未打磨干净的油漆点、碳伤点，则一处扣1分（共3分）注：介子拉伸打磨后产生的小凹点不扣分	有____处，应扣____分	
修复后质量	10. 修复后质量评分：按照以下A、B、C、D、E、F、G、H不合格项扣分（共75分）		
	A. 修复部位出现孔洞，一个扣10分	有____个	
	B. 车身线横向测量，低点一处扣6分，高点一处扣8分（长度≤5 mm为一处，≤10 mm为2处，<15 mm为3处，依此类推）	低点有____处	
		高点有____处	
	C. 车身线上、下部位横向测量，应分别与对应专用卡尺吻合。低点≥1 mm，一处2 4分，高点一处扣6分。（长度≤5 mm为一处，≤10 mm为2处，≤15 mm为3处，依此类推）	低点有____处	
		高点有____处	
	D. 立向测量。修复后区域用立向卡尺测量，应与卡尺吻合（共16分）	车身线下方弧面与卡尺不吻合（高或者低于原表面1 mm），则一段弧面扣5分	不吻合有____段	
		车身线上方弧面与卡尺不吻合（高或者低于原表面1 mm），则一段弧面扣3分	不吻合有____段	
	E. 修复后的区域，出现崩弹现象（应力未完全消除），扣3分（共3分）	是否崩弹____	

续表

	评分项目	扣分情况	扣分
修复后质量	F. 压痕消除情况检查。修复后的面板涂墨汁后打磨，原压痕处有明显黑线，一处扣1分，扣完为止（共10分）	有___处	
	G. 车身线平直度及周边平整度检查（共12分）	车身线以及平行于车身线上部10 mm、下部20 mm范围内涂墨汁后打磨，过暗处为不平整，每1 cm^{2}为一处，一处扣2分，扣完为止	有___处	
	H. 面板平整度检查（共18分）	车身线平直度检查区域之外的打磨区范围内涂墨汁打磨后，过暗处为不平整，每1 cm^{2}为一处，一处扣1分，扣完为止	有___处	

（二）汽车喷涂比赛评分表

1. 损伤处理过程评分表（表5-15）

表5-15　损伤处理过程评分表

项目	规范做法要点	扣分原则
安全防护	1. 全程穿戴防护眼镜、工作帽、安全鞋和工作服、耳塞 2. 除油、刮涂原子灰时带活性炭防护口罩和乳胶手套或耐溶剂（厚）手套；清洗原子灰刮刀使用耐溶剂手套 3. 打磨时佩戴防尘口罩和棉纱手套	出现不符合左侧规范做法情形，或出现以下防护用品佩戴错误，一次扣2分。包括：耳塞掉了没有发现，扣2分；全程未穿安全鞋，扣2分；丢失一种，扣2分（可继续领用）；用棉纱手套涂环氧底漆，扣2分；红外线烤灯下操作，每次扣2分；使用完没有关闭红外线烤灯，每次扣2分，最多扣6分；同时戴上活性炭防护面具及防尘口罩，扣2分（只扣1次）； 允许情形（不扣分）： 1. 比赛正式开始前可佩戴好防护用品； 2. 除油后小面积快速补充打磨及除尘可以带活性炭防护面具、乳胶手套；简单除尘可以直接戴活性炭防护口罩； 3. 摘除防护眼镜做检查，或清洁防护眼镜； 4. 摘除手套检查原子灰平整度（只是检查）； 5. 同时带2副手套

续表

项目	规范做法要点	扣分原则
除油	1. 如果表面有灰尘，用清洁布除尘、吸尘	如吹尘，不扣分
	2. 喷油性除油剂或者用湿布擦湿工件，然后用干布擦干	1. 未除油或使用水性清洁剂或只擦（喷）湿不擦干，或擦拭时只使用一块布，正面扣3分，外侧（上边、左边、下边、轮边、右边）错误一处扣0.3分； 2. 板件上除油剂喷涂过多导致滴落，滴落后用除油布清洁，不扣分，滴落后未做清洁，扣0.5分
羽状边	1. 羽状边范围内旧漆完全去除，金属表面没有铲刀或打磨出的粗划伤	羽状边范围内，有残留旧漆长3 mm以上，扣4分；2~3 mm，扣3分；1~2 mm，扣2分；小于1 mm，扣1分；粗划伤，最长边每1 mm扣0.1分
	2. 羽状边打磨后宽度在0.5 cm以上，羽状边距最近损伤点超过3 cm，过渡平滑，无台阶。不合格表现为宽度低于0.5 cm	1. 未打磨羽状边，或羽状边边缘整体不合格，扣12分，每区间3分，不足一个区间时按占比扣分； 2. 羽状边范围内四周四个区间，1个区间损伤点到羽状边不足3 cm扣3分
原子灰刮涂	1. 每次打磨之后，刮涂原子灰前除油	只擦（喷）湿不擦干，或未除油，或使用水性清洁剂，扣2分
	2. 施涂合适厚度的环氧底漆，环氧底漆覆盖裸露金属，不可见金属	完全没有使用环氧底漆，扣10分；50%以上面积涂层偏薄，可见金属颜色或可见金属，扣6分；30%左右面积可见金属或涂层偏薄可见金属颜色，或周边一圈可见金属，扣4分；10%左右面积可见金属，累计周边半圈可见金属，扣2分；累计周边1/4左右区域可见金属，扣1分；非常细小点状可见金属，每点扣0.1分，最多1分
	3. 环氧底漆完全干燥后再刮涂原子灰	环氧底漆未完全干燥刮涂原子灰，导致咬底，扣10分；刮涂时环氧底漆未完全干，可见和原子灰混合在一起，扣5分（难以判断的，比赛结束后判断）
	4. 刮涂范围不超出砂纸打磨范围	原子灰四周四个区间，每一个区间刮涂范围超出砂纸打磨范围扣1分（只是刮刀带出的少量残余不计），1个区间未收光扣1分，不足一个区间，按照占比扣分
原子灰及整板打磨	1. 没有因刮板或者手套等原因导致污染原子灰外部其他区域	整个过程中，沾染的原子灰清除干净（薄到打磨砂纸2次即可磨除），不扣分；未清除干净，每处扣0.5分
	2. 原子灰干燥充分再打磨	粘砂纸（裁判须用手指弹砂纸确认，大于1 mm结块超过3处即扣分），一张砂纸扣1分；带走一张砂纸扣1分；如选手使用砂纸对磨清洁，扣2分

续表

项目	规范做法要点	扣分原则
原子灰及整板打磨	3. 使用打磨指示层	1. 原子灰上从未使用打磨指示层，扣6分； 2. 第一次涂抹过薄，打磨砂纸2次即可磨除，扣2分
	4. 打磨时打开打磨机吸尘开关	打磨时移动式打磨机吸尘开关未开（大于15秒），扣3分，只扣1次
	5. 打磨完成后除油	1. 先用水性清洁剂后再用溶剂型除油剂，最后一遍用清洁剂，顺序错误，扣2.5分； 2. 未用水性清洁剂和溶剂型除油剂除油，或只擦（喷）湿不擦干，正面扣5分，外侧（上边、左边、下边、轮边、右边）（包括漏擦）每处扣0.5分； 3. 板件上除油剂喷涂过多导致有滴落，滴落后未用除油布清洁，每次扣0.5分； 4. 除油后补充打磨区域，没有再次用水性清洁剂或溶剂型除油剂清洁，少使用一种扣0.5分
5S	1. 产品包装盖盖好，没有碰洒包装罐中油漆类物料	原子灰、固化剂、填眼灰用完后未及时将盖子盖上，每一种产品一次扣1分；碰洒包装罐中油漆类物料，扣10分；打气过量导致喷壶损坏，包括除油剂溢出，扣5分
	2. 除了清洁自己的工件，其他任何工具（打磨机、手刨等）、工作台、地面均无须除尘、无须清洁	整个过程中，再次刮涂原子灰前吹尘及最后一次吹尘（吹尘前用清洁布清洁或吸掉明显灰尘），不扣分；其余步骤吹尘，每次扣2分，须注明步骤
	3. 工具没有放在地面上（清洗刮刀不锈钢盆除外），使用完毕恢复原状；砂纸、菜瓜布回收，废弃物丢弃 （干磨机上的吸尘桶端吸尘管不拔，红外线烤灯下面工具车未推回原位，红外线烤灯高度未恢复，均不评分）	1. 每种工具、防护用品放置于地面上（包括碰掉在地面上），或每种工具、耗材、防护用品未恢复原状（防护用品放回纸袋、放在工作台或继续佩戴均可），每种扣1分（磨头、保护垫、软垫、手刨为一种，磨头打磨管、手刨打磨管为一种，不锈钢盆、耐溶剂手套为一种，各类防护用品为一种）；砂纸、菜瓜布未回收，扣1分； 2. 废弃物（除油布）未丢弃，包括掉落地面的原子灰未清除，滴到地面溶剂未擦净，每种扣0.5分；干磨机、红外线烤灯未关掉，每种扣1分，高度不评分；原子灰刮刀未清洗，每次扣1分
没有损坏工具等严重失误		损坏打磨头、手刨等工具，扣20分
延时操作（最长延时3 min）		申请延时操作，扣20分。延时操作只能做除油、清洁
	满分	50分	合计

2. 损伤打磨效果评分表(表5-16)

表5-16 损伤处理效果评分表

损伤处理效果要点	扣分原则			
		正面	第一折边	外侧
1. 工件清洁,正面、第一折边(正面与外侧交界的边,距离第一折边2 mm内计为可见裸露金属边,弯折后相邻可见裸边按照第一折边外侧均没有残留灰尘、碳粉; 2. 正面无磨芽; 3. 无研磨不足、瑕疵起泡等缺陷,打磨后露出点状瑕疵不扣分(直径0.5 mm以下,因电泳底漆未磨除,瑕疵除原子灰的定义(橘皮的定义): 1类橘皮:正面及两个侧面可看出,连续状,会影响面漆效果; 2类橘皮:正面及两个侧面均可看出,非连续状,可能影响面漆效果; 3类橘皮:正面及两个侧面可看出,残留小点状,不会影响面漆效果; 5. 第一折边外侧无打磨痕迹; 6. 工件上裸露金属在中涂底漆之前施底漆底漆或中涂漆底漆侵蚀是否施涂漆底漆由评审中涂环节评分,不在此工序评分)	1. 工件清洁度	整体清洁不够,残留灰尘、碳粉,扣5分,其他根据程度、面积扣分		每部位最多扣0.5分,根据程度、面积扣分
	2. 磨芽至金属、筋(原子灰周边、弯线之内裸露金属不扣分,未漏金属之磨芽不扣分),第一折边外侧磨芽不属于正面磨芽定档,第一折边1 mm之内属于第一折边,外侧均不用定档;	1档:单处磨芽有1处,在101 mm以上	每1 mm扣0.5分	定档后,按正面扣分标准×1/2进行扣分	不扣分
		2档:单处磨芽有1处及以上,在61~100 mm	每1 mm扣0.4分		
		3档:单处磨芽有1处及以上,在30~60 mm	每1 mm扣0.3分		
		4档:单处磨芽有1处及以上,在11~30 mm	每1 mm扣0.2分		
		5档:单处磨芽均在10 mm以下	每1 mm扣0.1分		
	3. 瑕疵损伤等磨除(包括残留原子灰等)	每个点扣0.5分,最长边每1 cm扣2分		每个点扣0.2分,每1 cm扣1分(不包括涂漆喷涂粗糙橘皮)	不扣分
	4. 未除去橘皮按照筋线1 cm橘皮区域,前侧弯钩区域如有变形导致回陷,回槽,其内橘皮不扣	1~2档:除前侧弯钩区域,1类橘皮累计达到51 mm以上,或2类橘皮累计101 mm以上	1类:每1 mm扣0.5分; 2类:每1 mm扣0.1分; 3类:每1 mm扣0.05分	不扣分	不扣分
		3档:除前侧弯钩区域,1类橘皮累计26~50 mm,或2类橘皮累计51~100 mm	1类:每1 mm扣0.2分; 2类:每1 mm扣0.04分; 3类:每1 mm扣0.02分	不扣分	不扣分
		4档:除前侧弯钩区域,1类橘皮累计25mm(含)以下,或2类橘皮累计50mm(含)以下	1类:每1 mm扣0.1分; 2类:每1 mm扣0.02分; 3类:每1 mm扣0.01分	不扣分	不扣分
	5. 未打磨(无打磨痕迹即可)	不评分		上边:扣2分; 左边:扣2分; 下边:扣2分; 轮边:扣2分; 右边:扣2分; 三角饰板:扣1分; 灯孔:扣0.5分; 未完全打磨按照占此边长度比例扣分	上边:扣2分; 左边:扣2分; 下边:扣2分; 轮边:扣2分; 右边:扣2分; 三角饰板:扣1分; 灯孔:扣0.5分; 未完全打磨,按照占此侧面积比例扣分,死角位置不评分

3. 做底效果评分表（表5-17）

表5-17 做底效果评分表

扣分原则	评分项目	
1. 打磨方法不当造成的凹凸不平（工件表面本身原有凹凸不平不计分）或凹陷； 2. 原子灰印、印痕（如手指打磨造成印痕、底漆硬边印痕等）； 3. 砂眼； 4. 咬底（咬边）； 5. 所有底处理缺陷或选手自己导致的需要底处理的损伤缺陷（例如摔伤，不包含银粉漆及清漆存在缺陷，因中涂底漆粗糙橘皮未打磨去除导致的银粉排列不均，在银粉效果中评分）	此项满分120分，扣完为止。第一折边外侧无须评分。有砂眼时，扣基础分20分	
	评分时需要将所有工件置于相同高度、相同亮度的相同位置评分。三人一组共同评分，两人意见一致通过	
	1档（明显类）：正面或侧面45°以上角度明显可见缺陷（参考判断尺度：2秒钟内即可看出），无法交车	除砂纸痕之外的缺陷扣100~120分，原子灰上残留砂眼，按照分布范围，最长边每1cm扣8分，最多扣80分
	2档（较明显类）：侧面30°~45°较明显可见缺陷（参考判断尺度：2秒钟内可看出），无法交车	除砂纸痕之外的缺陷扣70~90分，根据深度、明显程度，5分一级
	3档（不明显类）：30°以下角度，直接可看出或稍作变化角度即可看出缺陷（参考判断尺度：2秒钟内即可看出），不明显，抛光后可交车	视明显程度及面积大小扣30~50分，砂眼、不平整区域的面积每1 cm² 扣1分（例如，不平整区域为10 cm×2 cm和5 cm×3 cm，即35 cm²，则扣35分）
	4档（非常不明显类）：30°以下角度，变化角度仔细看即可看出缺陷，可交车	视明显程度及面积大小扣5~20分

4. 喷涂过程评分表（表5-18）

表5-18 喷涂过程评分表

项目	规范做法要点	扣分原则	选手	选手	选手	选手
安全防护	1. 调配和喷涂时全程戴防护眼镜、工作帽、安全鞋、工作服、活性炭过滤式口罩、乳胶手套和耳塞	1. 整个操作过程中每次防护用品佩戴错误或未戴，一次扣5分；丢失一种，扣5分（可继续领用）； 2. 耳塞掉了没有发现，扣5分；全程未穿安全鞋，扣5分（短时间摘除眼镜检查工件或擦干净眼镜不扣分）				
	2. 搬运工件时应戴手套（防护眼镜不评分）：喷涂中涂底漆前搬运应戴棉纱或乳胶手套，为了防止沾染油漆，喷涂后应戴乳胶手套搬运					
粘尘	1. 喷涂前对工件粘尘	喷涂开始前未对工件粘尘，扣5分；虽做粘尘，但未充分展开粘尘布即对喷涂区域进行粘尘，扣3分（叠起来还是团起来均可）				
	2. 粘尘布使用方法正确，将粘尘布充分展开后，再叠起来或者团起来对喷涂区域进行粘尘					
	3. 工件喷涂前完全清洁	粘尘完毕，喷涂前仍有残留研磨灰尘（裁判须戴乳胶手套指触确认），整板，扣10分，其他情况，根据面积和程度扣1~9分，每一外侧扣2分				

续表

项目	规范做法要点	扣分原则	选手	选手	选手	选手
喷涂过程、效果	1. 对超过 10 cm 的裸露金属区域使用侵蚀底漆修补	1. 包括第一折边外侧，超过 10 cm 长度的裸露金属，未使用侵蚀底漆，每 1 cm 长度（按照打磨效果评分记录）扣 1 分； 2. 专门使用侵蚀底漆喷涂填充缺陷，比如填充原子灰部位（砂眼）、砂纸痕，每处（不同位置、类型记为 1 处）扣 10 分				
	2. 选择正确灰度的自流平底漆	选择灰度为相邻灰度，扣 5 分；非相邻灰度，扣 10 分				
	3. 自流平底漆添加固化剂的添加量正确（28.1 g）	自流平底漆添加固化剂的添加量在误差范围内（0.2～0.5 g 和 -0.5～-0.2 g）每多于或少于 0.1 g 扣 0.5 分，在误差范围外每多于或少于 0.1 g 扣 1 分				
	4. 清漆添加固化剂的添加量正确（62.6 g）	清漆添加固化剂的添加量在误差范围内（0.2～0.5 g 和 -0.5～-0.2 g）每多于或少于 0.1 g 扣 0.5 分，在误差范围外每多于或少于 0.1 g 扣 1 分				
	5. 没有使用吹风枪或者喷枪吹漆面	使用喷枪吹水性漆表面，或使用吹风枪或喷枪吹底漆、清漆表面，一种扣 5 分				
	6. 自流平底漆无喷涂缺陷	自流平底漆漏喷，每 5 cm 一处扣 5 分；外侧未喷涂底漆，每 1 个外侧扣 5 分；部分喷涂的，按照未喷涂区域占比扣分；流挂、鱼眼、碰伤等缺陷，每种扣 5 分				
5S、操作规范	1. 产品包装盖盖好	1. 每一种错误扣 2 分（防护用品放回纸袋、放在工作台面，或继续佩戴均可）； 2. 洒落油漆未及时擦拭，每次扣 2 分； 3. 碰洒包装罐中油漆类物料，喷洒喷枪中物料，包括因不会使用免洗枪壶导致洒漆，扣 15 分；如需补充物料，扣 30 分				
	2. 洒落油漆及时擦拭					
	3. 工具（喷枪、粘尘布）没有放在地面上，使用完毕，工具、工作位恢复原状；气管归位，试枪纸扔掉，粘尘布带走或丢弃					
	4. 无摔落喷枪等严重失误	发生摔落吹风枪、喷枪等严重失误，每次扣 15 分				
裁判签名		满分：100 分	合计			

项目四

新能源汽车类比赛工具及设备的使用

新能源汽车检测与维修比赛有以下四个比赛项目：新能源汽车故障诊断与排除、新能源汽车动力总成拆装与检测、新能源汽车维护与高压组件更换、新能源汽车充电设备装配与调试。比赛项目涵盖新能源汽车部件拆装、检测、故障诊断与排除。本项目对工量具的使用除了在本章节基本技能类比赛及汽车诊断与维修类比赛中提到的工量具，还用到绝缘电阻测试仪，本节内容以 UT511 绝缘电阻测试仪为例介绍绝缘电阻测试仪的使用。

UT511 是一台智能微型绝缘测试仪器，可以完成绝缘电阻、电压、低电阻等参数测量。

一、技术参数

1. 绝缘电阻测试技术参数（表 5-19）

表 5-19 绝缘电阻测试技术参数

功能	100 V	250 V	500 V	1 000 V
测量范围	0.1 MΩ ~ 99.9 MΩ； 100 MΩ ~ 500 MΩ	0.5 MΩ ~ 99.9 MΩ； 100 MΩ ~ 999 MΩ； 1.00 GΩ ~ 1.99 GΩ	1 MΩ ~ 99.9 MΩ； 100 MΩ ~ 999 MΩ； 1.00 GΩ ~ 3.99 GΩ	2 MΩ ~ 99.9 MΩ； 100 MΩ ~ 999 MΩ； 1.00 GΩ ~ 10.00 GΩ
开路电压	DC 100 V +20%，-0%	DC 250 V +20%，-0%	DC 500 V +20%，-0%	DC 1 000 V +20%，-0%
定格测定电流	100 kΩ 负荷时， 1 mA ~ 1.2 mA	250 kΩ 负荷时， 1 mA ~ 1.2 mA	500 kΩ 负荷时， 1 mA ~ 1.2 mA	1 MΩ 负荷时， 1 mA ~ 1.2 mA
短路电路	约 2.0 mA			
精确度	100 kΩ ~ 100 MΩ：±（3% +5），100 MΩ 以上：±（5% +5）			

2. 电压测试技术参数（表 5-20）

表 5-20 电压测试技术参数

功能	直流电压	交流电压
测量范围	±30 ~ ±1 000 V	30 ~ 750 V（50/60 Hz）
分辨率	1 V	
精确度	±（2% +3）	

3. 低电阻测试技术参数（表5-21）

表5-21 低电阻测试技术参数

功能	电阻	功能	电阻
测量范围	0.1 Ω ~ 999.9 Ω	蜂鸣器	在小于30 Ω时打开
分辨率	0.1 Ω	过载保护	220 V rms/10 s
精确度	±（1% +3）		
最大开路电压	约2.8 V		

二、仪器介绍

1. 仪器正面视图（图5-42）

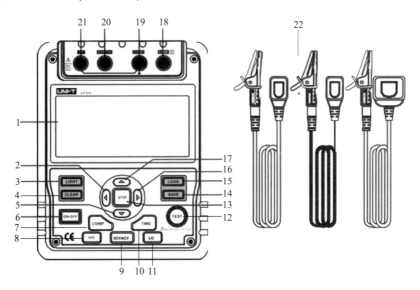

图5-42 仪器正面视图

1	显示液晶屏	2	◀选择按钮
3	背光按钮	4	存储数据清除按钮
5	▼选择按钮	6	电源开关按钮
7	比较功能按钮	8	绝缘电阻测量按钮
9	电压测量按钮	10	定时器按钮
11	低电阻测量按钮	12	测试使用按钮
13	步进选择按钮	14	数据存储按钮
15	读存储数据按钮	16	▶选择按钮
17	▲选择按钮	18	LINE：电阻输入插孔
19	COM：电压输入插孔	20	EARTH：电阻输入插孔
21	V：电压输入插孔	22	测试笔（红、黑）、专用双插头（红）

2. LCD 显示液晶屏（图 5-43）

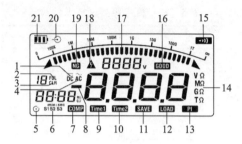

图 5-43 LCD 显示液晶屏

1	直流符号	2	存储数据满符号
3	清零符号	4	交流符号
5	定时器标志	6	步进提示符
7	比较功能标志	8	负极符号
9	定时器1标志	10	定时器2标志
11	数据存储提示符	12	读存储数据提示符
13	极化指数标志	14	单位符号
15	蜂鸣器符号	16	比较功能通过提示符
17	条形图（模拟条）	18	高压提示符
19	比较功能不通过提示符	20	适配器符号
21	电池标志		

3. 按键功能

（1）ON/OFF：按 ON/OFF 一秒开机，再按一次关机。

（2）LIGHT：打开或关闭背光源。

（3）CLEAR：擦除存储数据。

（4）SAVE：存储当前液晶数据，当存储数据个数显示为 18 时，液晶屏会显示 FULL 符号，表示存储器满，须按 CLEAR 键擦除存储器内的数据才可以存储下一组数据。

（5）LOAD（无高压输出时此功能有效）：按一次，读第一组存储数据，再按，退出 LOAD 操作。

（6）▲：当测量绝缘电阻时，▲为测试电压上挡选择键；当 LOAD 操作时，▲为上调下一组数据选择键。

（7）▼：当测量绝缘电阻时，▼为测试电压下挡选择键；当 LOAD 操作时，▼为下调下一组数据选择键。

（8）◀：
①当定时测量绝缘电阻或测量极化指数时，用来递减设置时间。
②当比较功能测量绝缘电阻时，用来递减设置电阻比较值。

③当极化指数测量结束时，循环显示极化指数、TIME2 绝缘电阻值和 TIME1 绝缘电阻值。

(9) ▶：
①当定时测量绝缘电阻或测量极化指数时，用来递增设置时间。
②当比较功能测量绝缘电阻时，用来递增设置电阻比较值。
③当极化指数测量结束时，循环显示极化指数、TIME2 绝缘电阻值和 TIME1 绝缘电阻值。

(10) STEP：步进选择按键，每按一次，液晶屏循环显示 S1→S2→S3。
①当定时测量绝缘电阻或测量极化指数时，S1 表示步进值为 1，S2 表示步进值为 10，S3 表示步进值为 30。
②当比较功能测量绝缘电阻时，S1 表示步进值为 1，S2 表示步进值为 10，S3 表示步进值为 100。

(11) COMP：绝缘电阻测量比较功能，开机时，比较值预设为 100 MΩ。
(12) TIME：每按一次，循环设置绝缘电阻测量模式：连续测量→定时器测量→极化指数测量。
(13) TEST：用来输出或关闭绝缘电阻测试电压。
(14) Ho：绝缘电阻测量功能。
(15) Lo：低电阻测量功能。
(16) DCV/ACV：电压测量功能。

三、仪器测量

1. 测量前的准备

(1) 按 ON/OFF 一秒开机，开机时预设测试电压为 100V 绝缘电阻连续测量挡。
(2) 当液晶屏左侧电池标记显示剩一格时，说明电池几乎耗尽，需要更换电池，测量准确性不会受到影响。

2. 电压测量（图 5-44）

(1) 按 DCV/ACV 键设置到直流电压测量挡，再按可设置到交流电压测量挡，如此循环设置。
(2) 将红测试线插入"V"输入端口，黑测试线插入"COM"输入端口。
(3) 将红、黑鳄鱼夹接入被测电路，当测量直流电压时，若红测试线为负电压，则负极标志"-"显示在液晶屏上。

注意：
①不要输入高于 1 000 V（直流电压）或 750 V（交流电压）的电压，显示更高的电压是有可能的，但有损坏仪器的危险。
②在测量高电压时，要特别注意避免触电。
③在完成所有的测量操作后，要断开测试线与被测电路的连接，并从仪器输入端拿掉测试线。

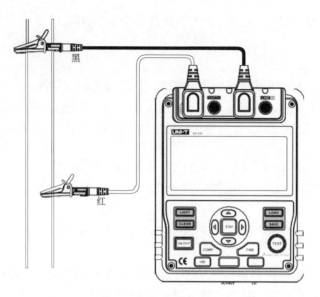

图 5-44 电压测量

3. 绝缘电阻测量（图 5-45）

（1）按 Ho 键设置到绝缘电阻测量挡，按"▲"和"▼"选择测试电压 100 V/250 V/500 V/1 000 V 中之一。

（2）在测量绝缘电阻前，待测电路必须完全放电，并且与电源电路完全隔离。

（3）将红测试线插入"LINE"输入端口，黑测试线插入"EARTH"输入端口。

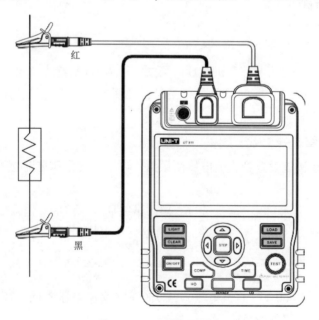

图 5-45 绝缘电阻测量

（4）将红、黑鳄鱼夹接入被测电路，正极电压是从 LINE 端输出的。

(5) 选择以下绝缘电阻测量模式：

①连续测量：按 TIME 键选择连续测量模式，在液晶屏上无定时器标志显示。此后按住 TEST 键 1 s 能够进行连续测量，输出绝缘电阻测试电压，测试红灯发亮，在液晶屏上高压提示符 0.5 s 闪烁。在测试完以后，压下 TEST 键，关闭绝缘电阻测试电压，测试红灯灭且无高压提示符，在液晶屏上保持当前测量的绝缘电阻值。

②定时器测量：按 TIME 键选择定时器测量模式，在液晶屏显示 "TIME1" 和定时器标志符号，用 "◀""▶" 和 STEP 键设置时间（00：05～29：30）。此后压下 TEST 键 2 s 能够进行定时器测量，在液晶屏上 TIME1 标志 0.5 s 闪烁。当设定的时间到时自动结束测量，关闭绝缘电阻测试电压，并且在液晶屏上显示绝缘电阻值。

③极化指数测量（能设置到任何时间）：按 TIME 键，在液晶屏显示 "TIME1" 和定时器标志符号，用 "◀""▶" 和 STEP 键设置 TIME1 时间（00：05～29：30）。在设置完 TIME1 以后，再按 TIME 键，在液晶屏显示 "TIME2""PI" 和定时器标志符号，用 "◀""▶" 和 STEP 键设置 TIME2 时间（00：10～30：00）。此后压下 TEST 键 2 s，当 TIME1 设定时间到之前，在液晶屏上 TIME1 标志 0.5 s 闪烁，当 TIME2 设定时间到之前，在液晶屏上 TIME2 标志 0.5 s 闪烁。在设定时间 TIME2 测量结束后，在液晶屏显示 PI 值，用 "◀" 或 "▶" 键循环显示极化指数、TIME2 绝缘电阻值和 TIME1 绝缘电阻值。

注：极化指数 = 3 min～10 min 值/30 sec～1 min 值，其判断标准如表 5-22 所示。

表 5-22 极化指数判断标准

极化指数	4 或更大	4～2	2.0～1.0	1.0 或更少些
标准	最好	好	警告	坏

④比较功能测量：按 COMP 键选择比较功能测量模式，在液晶屏显示 "COMP" 标志符号和电阻比较值，用 "◀""▶" 和 STEP 键可设置电阻比较值（最小为 1 MΩ，最大为测试电压允许测量的最大值）。此后压下 TEST 键 2 s，当绝缘电阻值比电阻比较值小，在液晶屏显示 "NG" 标志符号，否则，在液晶屏显示 "GOOD" 标志符号。

注意：

(1) 在测试前，确定待测电路没有电存在，请勿测量带电设备或带电线路的绝缘电阻。

(2) 请勿在高压输出状态短路两个测试表笔和在高压输出之后再去测量绝缘电阻。

(3) 当用 100 V 测量电阻低于 500 KΩ，用 250 V 测量电阻低于 1 MΩ，用 500 V 测量电阻低于 2 MΩ，用 1 000 V 测量电阻低于 5 MΩ 时，测量时不要超过 10 s。

(4) 测试完毕，勿用手触摸电路，此时电路被存储了的电容可以引起电击。

(5) 测试导线离开连接的电路，不能用手触摸，直到测试电压完全被释放。

(6) 如果电池盖被打开，请不要进行测量。

4. 低电阻测量（图 5-46）

(1) 按 Lo 键设置到低电阻测量挡。

(2) 在测量电阻前，待测电路必须完全放电，并且与电源电路完全隔离。

(3) 将专用双头红色测试线插入"LINE"输入端口，专用单头黑色测试线插入"EARTH"输入端口。

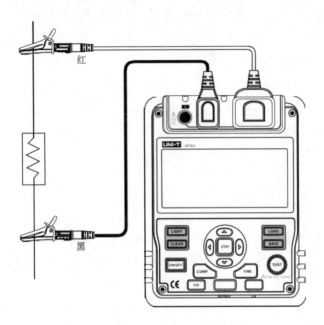

图 5-46　低电阻测量

(4) 将鳄鱼夹接入被测电路后开始进行低电阻测量，当电阻小于 30Ω 时，蜂鸣器叫。

(5) 此挡可检测发光二极管，当发光二极管正极接红测试线，若发光二极管亮，则发光二极管是好的，若发光二极管不亮，则发光二极管被损坏。

附：2019 年新能源汽车检测与维修赛项评分表

一、新能源汽车充电设备装配与调试赛项评分表（表 5-23 ~ 表 5-29）

1. 元器件装配与线路连接（满分 25 分）

表 5-23　元器件装配与线路连接项目评分表

本部分累计得分_____

作业内容	评分要点（各竞赛环节漏项或累计最多扣相应配分）项目	配分	得分	判罚依据
作业准备 ——场地准备	1. 未检查设置隔离栏、安全警示牌的扣 0.5 分； 2. 未检查灭火器压力值（水基、干粉）的扣 0.5 分	1		
作业准备 ——检查防护套装	1. 未检查绝缘手套密封性或检查时未密封的扣 0.5 分； 2. 未检查绝缘防护手套的耐压等级的扣 0.5 分； 3. 未检查防电池电解液酸碱性手套、护目镜、安全帽外观损伤的各扣 0.25 分，共 0.75 分； 4. 未穿戴绝缘鞋（进入工位前提前穿戴好）的扣 0.25 分	2		

续表

作业内容	评分要点（各竞赛环节漏项或累计最多扣相应配分）项目	配分	得分	判罚依据
作业准备 ——检查工具套装	1. 未进行数字绝缘测试仪开路检测并确认电阻无穷大的扣 0.25 分； 2. 未进行数字绝缘测试仪短路检测并确认电阻<1 Ω 的扣 0.25 分； 3. 未确认数字绝缘测试仪上"TEST"功能正常的扣 0.25 分； 4. 未选择四点检测绝缘垫绝缘性且未佩戴绝缘手套与护目镜的扣 0.25 分； 5. 未进行接地电阻测试仪开路检测并确认电阻无穷大的扣 0.25 分； 6. 未进行接地电阻测试仪短路检测并确认电阻<1 Ω 的扣 0.25 分； 7. 未确认接地电阻测试仪上"TEST"功能正常的扣 0.25 分； 8. 未检查数字万用表的电阻量程（校零）的扣 0.25 分	2		
检查作业 ——元器件、连接线等	1. 未检查桩体平稳支撑（晃动桩体检查，如桩体支撑不平稳应报告）的扣 0.25 分； 2. 未检查交流充电桩外观有无刮花（大小）、掉漆（程度）、砂眼、孔洞、杂色、变形等或桩体内外是否整洁的扣 0.25 分，上述如有异常且未报告的扣 0.25 分； 3. 未检查充电枪外观是否完整、有无破损刮伤、枪盖有无裂纹的扣 0.25 分，如有异常且未报告的扣 0.25 分； 4. 未检查门轴、门锁是否牢固、灵活，无歪斜、锈蚀现象的扣 0.25 分，如有异常且未报告的扣 0.25 分； 5. 未检查充电桩专用测试负载外观有无刮花（大小）、掉漆（程度）、砂眼、孔洞、杂色、变形、整洁的扣 0.25 分； 6. 未检查充电桩专用测试负载的开关状况、充电口外观，有无烧蚀、异物等状况的扣 0.25 分； 7. 未将充电桩专用测试负载功率调至 3 kW（16 A）的扣 0.25 分，如有异常且未报告的扣 0.25 分； 8. 未检查辅助继电器模块、主控模块、辅助电源模块、交流接触器模块、智能电表模块、浪涌保护器模块、单相断路器模块、显示屏、LED 灯板、读卡器外观好坏的，每项扣 0.25 分，共 2.5 分，如有异常且未报告的扣 0.25 分； 9. 未检查各连接线、数据线有无破损或裸漏线芯、断路、短路、虚接等情况的，每漏检一项扣 0.25 分，扣满 3.5 分为止，如有异常且未报告的扣 0.25 分； 10. 未检查铜牌及端子等连接处、螺丝螺钉是否变形的扣 0.25 分，如有异常且未报告的扣 0.25 分； 11. 检验过程中未正确佩戴静电环的扣 0.25 分	10		
安装作业 ——元器件	1. 未安装显示屏，或安装不牢靠、位置不正确的扣 0.25 分； 2. 未安装 LED 灯板，或安装不牢靠、位置不正确的扣 0.25 分； 3. 未安装读卡器，或安装不牢靠、位置不正确的扣 0.25 分； 4. 未安装急停开关，或安装不牢靠、位置不正确的扣 0.25 分； 5. 未安装门禁开关，或安装不牢靠、位置不正确的扣 0.25 分； 6. 未安装限位卡，或安装不牢靠、位置不正确的扣 0.25 分； 7. 未安装辅助电源模块，或安装不牢靠、位置不正确的扣 0.25 分			

续表

作业内容	评分要点（各竞赛环节漏项或累计最多扣相应配分）	配分	得分	判罚依据
安装作业 ——元器件	8. 未安装主控模块，或安装不牢靠、位置不正确的扣0.25分； 9. 未安装辅助继电器模块，或安装不牢靠、位置不正确的扣0.25分； 10. 未安装接线排，或安装不牢靠、位置不正确的扣0.25分； 11. 未安装单相断路器模块，或安装不牢靠、位置不正确的扣0.25分； 12. 未安装浪涌保护器模块，或安装不牢靠、位置不正确的扣0.25分； 13. 未安装智能电表模块，或安装不牢靠、位置不正确的扣0.25分； 14. 未安装交流接触器模块，或安装不牢靠、位置不正确的扣0.25分； 15. 未安装充电枪，或安装不牢靠、位置不正确的扣0.5分	4		
连接作业 ——线路连接	1. 未在接线作业过程中查阅电路图的扣1分； 2. 导线/线束安装不牢靠或错误的，每条扣0.25分，上限2分； 3. 连接导线/线束未复检，轻晃线头能移动的，每个位置扣0.25分，上限1分； 4. 线路未安装到线管内，有铜线裸露的，每个位置扣0.25分，上限1分； 5. 布线不整齐的，每个位置扣0.25分，上限1分	6		

2. 检测调试（满分15分）

表 5–24　检测测试项目评分表

本部分累计得分_____

作业内容	评分要点（各竞赛环节漏项或累计最多扣相应配分）	配分	得分	判罚依据
安全作业	进行上电线束调试检测，在进行绝缘性检测时未全程佩戴绝缘手套、护目镜的扣1分，裁判提示佩戴	1		
检测作业 ——检测线束	1. 未正确使用绝缘测试仪（按下"TEST"）分别检测单相断路器输入侧L、N线对地绝缘电阻，万用表（电阻挡）测L线对N线实测电阻的，每项扣0.25分，共0.75分；未正确读出（需等待读数稳定）测试结果并记录的扣0.25分； 2. 未断开外壳接地螺丝2，正确使用绝缘测试仪（按下"TEST"）分别检测单相断路器负载端L、N线对地绝缘电阻，万用表（电阻挡）测L线对N线实测电阻的，每项扣0.25分，共0.75分；未正确读出（需等待读数稳定）测试结果并记录的扣0.25分； 3. 未正确使用万用表（电阻挡）分别检测L线对智能电表输入侧L(1)线实测电阻的扣0.5分，未正确读出（需等待读数稳定）测试结果并记录的扣0.25分； 4. 未正确使用万用表（电阻挡）检测L线对浪涌防护器输入侧L线实测电阻的扣0.5分，未正确读出（需等待读数稳定）测试结果并记录的扣0.25分； 5. 未正确使用万用表（电阻挡）检测L线对辅助电源输入侧L线实测电阻的扣0.5分，未正确读出（需等待读数稳定）测试结果并记录的扣0.25分； 6. 未正确使用万用表（电阻挡）检测N线对交流接触器输出侧N(3)线实测电阻的扣0.5分，未正确读出（需等待读数稳定）测试结果并记录的扣0.25分；			

续表

作业内容	评分要点（各竞赛环节漏项或累计最多扣相应配分）	配分	得分	判罚依据
检测作业 ——检测线束	7. 未正确使用万用表（电阻挡）检测 N 线对交流接触器线圈输入侧 N（A2）线实测电阻的扣 0.5 分，未正确读出（需等待读数稳定）测试结果并记录的扣 0.25 分； 8. 未断开外壳接地螺丝 2，正确使用绝缘测试仪（按下"TEST"）检测智能电表输出侧 L（2）线对地绝缘电阻的扣 0.5 分，未正确读出（需等待读数稳定）测试结果并记录的扣 0.25 分； 9. 未正确使用万用表（电阻挡）检测智能电表输出侧 L（2）线对交流接触器输出侧 L（1）线实测电阻的扣 0.5 分，未正确读出（需等待读数稳定）测试结果并记录的扣 0.25 分； 10. 未正确使用绝缘测试仪（按下"TEST"）检测交流接触器输入侧 L（2）线对地绝缘电阻的扣 0.5 分，未正确读出（需等待读数稳定）测试结果并记录的扣 0.25 分； 11. 未正确使用绝缘测试仪（按下"TEST"）检测交流接触器输入侧 N（4）线对地绝缘电阻的扣 0.5 分，未正确读出（需等待读数稳定）测试结果并记录的扣 0.25 分； 12. 未正确使用万用表（电阻挡）检测交流接触器输入侧 L（2）线对 N（4）线实测电阻的扣 0.5 分，未正确读出（需等待读数稳定）测试结果并记录的扣 0.25 分； 13. 未正确使用万用表（电阻挡）检测交流接触器输入侧 L（2）线对充电枪插座输入侧 L 线实测电阻的扣 0.5 分，未正确读出（需等待读数稳定）测试结果并记录的扣 0.25 分； 14. 未正确使用万用表（电阻挡）检测交流接触器输入侧 N（4）线对充电枪插座输入侧 N 线实测电阻的扣 0.5 分，未正确读出（需等待读数稳定）测试结果并记录的扣 0.25 分； 15. 未正确使用接地电阻表（按下"TEST"）检测桩门与桩体 PE 接点、浪涌保护器 PE 接点、充电枪 PE 接点、主控模块 PE 接点对地实测电阻的，每项扣 0.25 分，共 1 分；未正确读出（需等待读数稳定）测试结果并记录的，每项扣 0.25 分； 16. 未拔下辅助电源 12V 输出线（V+），正确使用万用表（电阻挡）测量辅助电源模块、主控模块、显示屏电源线对地实测电阻的，每项扣 0.25 分，共 0.75 分，未正确读出（需等待读数稳定）测试结果并记录的扣 0.25 分	14		

3. 通电调试（满分 10 分）

表 5－25　通电调试项目评分表

本部分累计得分＿＿＿＿＿＿

作业内容	评分要点（各竞赛环节漏项或累计最多扣相应配分）	配分	得分	判罚依据
安全作业	通电后未佩戴护目镜、绝缘手套、安全帽进行上电和检测作业的扣 1 分，裁判提醒佩戴	1		

续表

作业内容	评分要点（各竞赛环节漏项或累计最多扣相应配分）	配分	得分	判罚依据
调试作业 ——供电环境	1. 未正确使用万用表（交流电压挡）测量墙壁插座供电电压的扣0.5分； 2. 未向裁判汇报接线情况，直接通电（暂停时间，裁判复检电路）的扣1分；复检线路无误，裁判示意选手将"学生上电"开关闭合，裁判将"教师上电"开关闭合，确认电路可以正常通电； 3. 单相断路器合闸前未正确使用万用表（交流电压挡）检测单相断路器输入侧L线对N线实测电压的扣0.5分，未正确读出（需等待读数稳定）测试结果并记录的扣0.25分； 4. 单相断路器合闸前未正确使用万用表（交流电压挡）检测单相断路器负载端L线对N线实测电压的扣0.5分，未正确读出（需等待读数稳定）测试结果并记录的扣0.25分； 5. 未报告裁判单相断路器合闸请求，直接通电的扣1分； 6. 合闸后未检查灯板通电状况的扣0.5分； 7. 未正确使用万用表（直流电压挡）检测辅助电源模块、主控模块、显示屏电源线对地电压的每项扣0.25分，共0.75分，未正确读出（需等待读数稳定）测试结果并记录的扣0.25分； 8. 未遵守"单手原则"测量单相断路器输入侧供电电压的扣1分	6		
调试作业 ——模块通电测试	1. 显示屏未点亮，显示不正常的扣0.25分； 2. 读卡器的电源未点亮，刷卡不能响应，通信不正常的各扣0.25分，共0.75分； 3. 通电测试未能一次通过的扣1.5分； 4. 灯板指示灯未点亮的扣0.25分； 5. 按下急停开关，故障灯未点亮的扣0.25分	3		

4. 参数设置（满分10分）

表5-26 参数设置项目评分表

本部分累计得分_____

作业内容	评分要点（各竞赛环节漏项或累计最多扣相应配分）	配分	得分	判罚依据
刷卡功能检查	刷卡后，蜂鸣器未响，显示界面未跳转的扣1分	1		
设置作业 ——参数设置	1. 未按操作要求设置电价或设置错误的每项扣0.25分，上限1分； 2. 未按操作要求设置时段或设置错误的每项扣0.25分，上限1分； 3. 未按操作要求设置时间的扣0.25分	2		
充电测试 ——自动充电测试 （重启刷卡3次）	1. 设备不能对负载进行充电，此项不得分； 2. 未从充电选择模式中进行自动充电测试的扣1分； 3. 未做三次重启刷卡自动充电测试的，每次扣0.25分； 4. 每次不进行刷卡结算的扣0.25分	3		
充电测试 ——按时间充电测试	1. 未正确设置充电时间的扣0.25分； 2. 充电时间未到达1 min的扣0.25分	0.5		
充电测试 ——按金额充电测试	1. 未正确设置充电金额的扣0.25分； 2. 设备不能计费的扣0.25分	0.5		

续表

作业内容	评分要点（各竞赛环节漏项或累计最多扣相应配分）	配分	得分	判罚依据
充电测试 ——按电量充电测试	1. 未正确设置充电电量的扣0.25分； 2. 设备不能计费的扣0.25分	0.5		
充电测试 ——充电记录查看	充电测试后，未进行充电记录信息查看的扣0.5分	0.5		
充电测试 ——重启充电桩检查	1. 未报告裁判，直接断电的扣0.5分； 2. 断电时，未佩戴安全防护用品的扣1分，裁判提醒佩戴； 3. 重启充电后，未查看配置参数和历史记录的扣0.5分	2		

5. 团队合作（满分5分）

表5-27　团队合作评分表

本部分累计得分_____

作业内容	评分要点（各竞赛环节漏项或累计最多扣相应配分）	配分	得分	判罚依据
团队合作 ——配合分工	1. 作业时两名选手未互相配合，分工不合理的扣2分； 2. 未在规定时间内完成全部作业的扣2分； 3. 选手身体发生碰撞，争执的，每发现一次扣0.25分，上限1分	5		

6. 安全与5S管理（满分5分）

表5-28　安全与5S管理评分表

本部分累计得分_____

作业内容	评分要点（各竞赛环节漏项或累计最多扣相应配分）	配分	得分	判罚依据
安全与5S管理	1. 由选手粗暴操作导致线路损坏的，每条线路扣0.25分，上限1分； 2. 由选手粗暴操作导致安装螺纹滑丝的，每颗扣0.25分，上限1分； 3. 未清洁整理工量具、设备、场地的，每项扣1分，上限3分	5		

7. 追罚扣分

表5-29　追罚扣分表

本部分累计得分_____

扣分项目	评分要点	扣分	判罚依据
安全事故	1. 未按正确安全操作程序，扣伤、损毁车辆或竞赛设备的，视情节扣2~20分，造成特别严重安全事故的终止比赛，成绩记0分； 2. 未按正确安全操作程序，造成人员伤害的，视情节扣2~20分，造成特别严重安全事故的终止比赛，成绩记0分		

二、新能源汽车动力总成拆装与检测赛项评分表（表5-30）

表5-30　新能源汽车动力总成拆装与检测赛项评分表

一、元件拆卸（满分15分）			本部分累计得分_____			
序号	作业内容	评分要点（各竞赛环节漏项或累计最多扣相应配分）	配分	得分	判罚依据	
1	场地准备	1. 未检查设置隔离栏、安全警示牌的扣0.25分； 2. 未检查灭火器压力值（水基、干粉）的扣0.25分	0.5			

续表

序号	作业内容	评分要点（各竞赛环节漏项或累计最多扣相应配分）	配分	得分	判罚依据
2	检查防护套装	1. 未检查绝缘手套密封性或检查时未密封的扣0.5分； 2. 未检查绝缘防护手套的耐压等级的扣0.5分； 3. 未检查防电池电解液酸碱性手套、护目镜、安全帽外观损伤的各扣0.25分，共0.75分； 4. 未穿戴绝缘鞋（进入工位前提前穿戴好）的扣0.25分	2		
3	检查工具套装	1. 未进行数字绝缘测试仪开路检测并确认电阻无穷大的扣0.25分； 2. 未进行数字绝缘测试仪短路检测并确认电阻<1Ω的扣0.25分； 3. 未确认数字绝缘测试仪上"TEST"功能正常的扣0.25分； 4. 未选择四点检测绝缘垫绝缘性且未佩戴绝缘手套与护目镜的扣0.25分； 5. 未进行接地电阻测试仪开路检测并确认电阻无穷大的扣0.25分； 6. 未进行接地电阻测试仪短路检测并确认电阻<1Ω的扣0.25分； 7. 未确认接地电阻测试仪上"TEST"功能正常的扣0.25分； 8. 未检查数字万用表的电阻量程（校零）的扣0.25分	2		
4	分离变速箱体和电机总成	1. 未打开放油螺塞组件，将变速箱体内的润滑油排放干净，拧紧放油螺塞组件于箱体上的扣0.5分； 2. 未检查润滑油是否排放干净的扣0.25分； 3. 未检查放油螺塞组件和O型密封圈是否完好的扣0.25分； 4. 未交错拧开用于固定变速箱箱体与电动机的六角法兰面螺栓，分离变速箱与电动机的扣0.5分； 5. 分离时使用了一字螺丝刀却未按照垫布（或裹胶布）的方法加以保护的扣0.5分	2		
5	分解变速箱体	1. 未将变速箱体用螺栓（至少需要3颗螺栓）固定在专用工作台上，确保主轴、差速器半轴或者箱体的高点不能有接触磨损的扣1分，裁判制止操作并提醒选手将变速箱体固定在专用工作台上； 2. 未交错拧开用于连接固定变速器前后箱体的螺栓，将后箱体与前箱体分离的扣0.5分； 3. 未在拆分过程中保护好前箱体与后箱体的接触面导致损伤的扣0.5分； 4. 拆分过程中使用了一字螺丝刀却未按照垫布（或裹胶布）的方法加以保护的扣0.5分； 5. 拆分箱体时未注意保管前箱体上的磁铁槽中掉出的磁铁的扣0.5分	2.5		
6	拆卸差速器组件	1. 未拆卸差速器组件轴承压板的扣0.5分； 2. 未取下差速器相关齿轮的扣0.5分	1		
7	拆卸副轴组件	1. 未拆卸副轴轴承压板的扣0.5分； 2. 未取下副轴的扣0.5分； 3. 未正确使用卡簧钳取下副轴轴承卡簧的扣0.5分； 4. 未佩戴安全帽且未使用专用工具（拉拔器）将副轴轴承从箱体中取出的扣0.5分； 5. 使用专用工具（拉拔器）时造成轴承或箱体或专用工具损坏，此项不得分	2		

续表

序号	作业内容	评分要点（各竞赛环节漏项或累计最多扣相应配分）	配分	得分	判罚依据
8	拆卸主轴组件	1. 未拆卸主轴轴承压板的扣0.5分； 2. 未取下主轴齿轮总成的扣0.5分； 3. 未取下主轴的扣0.5分	1.5		
9	拆卸油封	1. 未使用一字螺丝刀或未按照垫布（或裹胶布）的方法加以保护取出全部3个油封的，每个扣0.5分； 2. 无论油封是否受损均应提出更换，未提出更换此项不得分	1.5		
二、元件装配（满分20分）			本部分累计得分_____		
10	安全作业	清洁装配时未佩戴安全帽、护目镜的各扣0.25分，裁判提示佩戴	0.5		
11	清洁组件	1. 未使用吹气枪对差速器组件表面及差速器壳体内部的粉尘、铁屑等杂质进行清洁的扣0.25分； 2. 未转动行星齿轮或半轴齿轮，检查是否有卡滞并使用吹气枪深度清洁的扣0.25分； 3. 未使用吹气枪或吸油纸对球轴承、圆柱滚子轴承、主轴、副轴表面进行清洁的扣0.25分； 4. 未使用吹气枪或吸油纸对变速箱前箱体表面进行清洁的扣0.25分； 5. 未使用吹气枪或吸油纸对变速箱后箱体表面进行清洁的扣0.25分； 6. 未使用工具（铲刀）对前合箱面进行刮蹭处理、刮平高点的扣0.25分； 7. 未使用工具（铲刀）对后合箱面进行刮蹭处理、刮平高点的扣0.25分	1.75		
12	安装油封	1. 未将3个全新油封装入变速器后箱体的，每个扣0.5分，上限1分； 2. 安装时未使用油封工装的扣0.5分	1.5		
13	安装副轴轴承	1. 未安装副轴轴承的扣1分； 2. 未安装副轴轴承卡簧的扣1分	2		
14	安装调整垫片	未根据计算值，报告裁判是否需要更换调整垫片装入后箱体的扣2.5分；裁判示意不需要，继续作业	2.5		
15	安装主轴组件	1. 未摆正主轴组件和压板的扣1分； 2. 未按规定先用手拧进螺栓2~3圈，再紧固压板螺栓的扣1分	2		
16	安装副轴组件	1. 未摆正副轴组件和压板的扣1分； 2. 未按规定先用手拧进螺栓2~3圈，再紧固压板螺栓的扣1分	2		
17	安装差速器组件	1. 未摆正差速器组件和压板的扣0.5分； 2. 未确认半轴固定环小凸点在半轴齿轮的键槽的扣1分； 3. 未按规定先用手拧进螺栓2~3圈，再紧固压板螺栓的扣1分； 4. 安装期间未微调各组件（转动），以便安装过程顺畅的扣0.5分	3		

续表

序号	作业内容	评分要点（各竞赛环节漏项或累计最多扣相应配分）	配分	得分	判罚依据
18	安装前后箱体	1. 未在合箱前检查磁铁、合箱定位销安装情况的扣0.5分； 2. 未在合箱时用橡皮锤轻轻敲打箱体外壁，并注意保护主轴油封的扣0.5分； 3. 未安装前后箱体总成的扣1分； 4. 未使用专用工具（预置式扭力扳手）紧固前后箱体总成（标准力矩25 N·m，紧固时减半）的扣1分	3		
19	安装减速箱体和电机总成	1. 未按规定先用手拧进螺栓2~3圈，再紧固变速箱体与电动机的六角法兰面螺栓的扣1分； 2. 未使用专用工具（预置式扭力扳手）紧固变速箱与电动机（标准力矩100 N·m，紧固时力矩为60 N·m）的扣1分	2		
三、元件检测（满分20分）			本部分累计得分_____		
20	安全作业	元件或线路（绝缘性、绕组断路交流电压）检测时未佩戴绝缘手套、护目镜的每项扣0.5分，共1分，裁判提醒佩戴	1		
21	变速箱组件外观目视检查	1. 未检查并记录齿轮轮系转动情况的扣0.25分； 2. 未检查并记录主轴齿轮磨损情况的扣0.25分； 3. 未检查并记录副轴主动齿轮磨损情况的扣0.25分； 4. 未检查并记录副轴从动齿轮磨损情况的扣0.25分； 5. 未检查并记录差速器齿轮磨损情况的扣0.25分； 6. 未检查并记录后箱体轴承外圈磨损情况的扣0.25分； 7. 未检查并记录主轴前轴承内外圈磨损情况的扣0.25分； 8. 未检查并请求更换差速器油封的扣0.25分； 9. 未检查并请求更换主轴油封的扣0.25分	2.5		
22	差速器组件高度测量	1. 在未取下调整垫片状态下直接测量的此项不得分； 2. 未使用高度尺测量差速器高度H值的此项不得分； 3. 测量方法不正确（未加装垫板、垫板放置不平整等）的扣1分； 4. 测量前未清洁垫板的扣0.5分； 5. 测量前未测量垫板平均厚度的扣0.5分； 6. 测量前未在垫板上对高度尺清校零的扣0.5分； 7. 以上每个值应测量三处位置，少测量一处位置的扣1分	3.5		
23	后箱体轴承孔底深度测量	1. 未使用深度尺测量后箱体轴承孔底深度D值的此项不得分； 2. 测量方法不正确（未加装垫板、垫板放置不平整等）的扣1分； 3. 测量前未清洁垫板的扣0.5分； 4. 测量前未在垫板上对深度尺清校零的扣0.5分； 5. 以上每个值应测量三处位置，少测量一处位置的扣1分	3.5		
24	检查驱动电机外观标识	1. 未检查并记录电机外观实际情况的扣0.5分； 2. 未检查并记录电机铭牌信息的扣0.5分； 3. 未转动手柄进行空转检查并记录的扣0.5分	1.5		

续表

序号	作业内容	评分要点（各竞赛环节漏项或累计最多扣相应配分）	配分	得分	判罚依据
25	检查驱动电机冷却密封回路	1. 未检查冷却密封回路的此项不得分； 2. 未一次性正确安装（加气时不能漏气）冷却密封仪和堵头的扣1分； 3. 检查方法错误（用压缩空气加压200 kPa，保持15 min不下降）的扣1分，未达到15 min此项不得分	2		
26	测量冷态绝缘电阻	1. 未测量并记录冷态绝缘电阻的扣0.5分； 2. 测量检测仪（绝缘测试仪）选择错误或测量结果错误的扣0.5分	1		
27	测量绕组	1. 未测量并记录绕组短路的扣0.5分； 2. 测量检测仪（接地电阻表电阻挡）选择错误或测量结果错误的扣0.5分； 3. 未测量并记录绕组断路的扣0.5分； 4. 测量检测仪（数字万用表交流电压挡）选择错误或测量结果错误的扣0.5分	2		
28	测量旋变传感器	1. 未测量并记录旋变信号的扣0.5分； 2. 测量检测仪（数字万用表电阻挡）选择错误或测量结果错误的扣0.5分	1		
29	测量温度传感器	1. 未测量并记录温度信号的扣0.5分； 2. 测量检测仪（数字万用表电阻挡）选择错误或测量结果错误的扣0.5分	1		
30	查阅维修手册	以上测量过程中未翻阅维修手册的扣0.5分，上限1分	1		
四、团队协作（满分10分）			本部分累计得分＿＿＿＿		
31	团队协作	1. 作业时两名选手未互相配合，分工不合理，出现2条独自作业线路的，发现一次扣1分，最多扣3分； 2. 未在规定时间内完成全部作业的，扣2分； 3. 选手配合时身体发生碰撞，语言发生争执的，发现一次扣1分，最多扣5分	10		
五、安全与5S管理（满分10分）			本部分累计得分＿＿＿＿		
32	安全与5S管理	1. 影响安全操作，包括但不限于以下内容，如仪器、设备、工具、零件落地，不注意安全操作，随意放置工具、量具或造成其他安全隐患的，发现一次扣2分，最多扣6分； 2. 地上有油污时未擦掉的，扣2分，裁判提醒擦除； 3. 未做废物环保处理的扣1分； 4. 工具使用不当的扣1分； 5. 因野蛮操作导致仪器、设备损坏的，扣除该项所有分数； 6. 比赛结束未清洁归还工具，或工具未清洁就放进工具箱的扣1分； 7. 比赛结束未清洁整理场地的扣1分	10		
六、追罚扣分（填负分）			本部分累计得分＿＿＿＿		
序号	扣分项目	评分要点	扣分		判罚依据
33	安全事故	1. 未按正确安全操作程序，损伤、损毁车辆或竞赛设备的，视情节扣2~20分，造成特别严重安全事故的终止比赛，成绩记0分； 2. 未按正确安全操作程序，造成人员伤害的，视情节扣2~20分，造成特别严重安全事故的终止比赛，成绩记0分			

三、新能源汽车故障诊断与排除赛项（表 5-31）

表 5-31　新能源汽车故障诊断与排除赛项评分表

序号	作业内容	评分要点（各竞赛环节漏项或累计最多扣相应配分）	配分	得分	判罚依据
1	作业准备	1. 未检查设置隔离栏的扣 0.25 分； 2. 未设置安全警示牌的扣 0.25 分； 3. 未检查灭火器压力值（水基、干粉）的扣 0.25 分； 4. 未安装车辆挡块的扣 0.25 分； 5. 未安装车外三件套或安装位置不正确的扣 0.25 分； 6. 操作中翼子板布、格栅布自行脱落的扣 0.25 分； 7. 车内四件套（方向盘、座椅、脚垫、换挡杆）少铺、未铺或撕裂的扣 0.25 分； 8. 未完全落下驾驶员侧车窗的扣 0.25 分	2		
2	人物安全	1. 未检查绝缘手套密封性或检查时未密封的扣 0.25 分； 2. 未检查绝缘防护手套的耐压等级的扣 0.25 分； 3. 未检查防电池电解液酸碱性手套、护目镜、安全帽外观损伤的，各扣 0.25 分，不戴安全帽的扣 0.25 分； 4. 未穿戴绝缘鞋（进入工位前提前穿戴好）的扣 0.25 分； 5. 未检查确认电子手刹和挡位的扣 0.25 分	2		
3	设备使用	1. 未进行数字绝缘测试仪开路检测并确认电阻无穷大扣 0.25 分； 2. 未进行数字绝缘测试仪短路检测并确认电阻<1Ω 扣 0.25 分； 3. 未确认数字绝缘测试仪上"TEST"功能正常的扣 0.25 分； 4. 未选择四点检测绝缘垫绝缘性且未佩戴绝缘手套与护目镜的，扣 0.25 分； 5. 未检查数字万用表的电阻量程（校零）的扣 0.25 分	2		
4	团队协作	1. 作业时两名选手未互相配合，分工不合理，出现 2 条主线（各做各的）的，发现一次扣 0.5 分，最多扣 2 分； 2. 未在规定时间内完成全部作业的，扣 1 分； 3. 选手配合时身体发生碰撞，语言发生争执的，发现一次扣 0.5 分，最多扣 2 分	2		
5	作业要求	1. 未在静态和上电时检查蓄电池电压（DC-DC 输出端、蓄电池正负极端）的扣 1 分； 2. 未关点火开关，连接诊断仪与车辆诊断口的扣 0.25 分； 3. 故障检测仪使用方法不当（未用手指或触摸笔点击屏幕）的扣 0.25 分； 4. 未查阅维修手册或电路图并保持在检测页的扣 0.5 分； 5. 未使用专用连接线的扣 0.25 分； 6. 测量低压部分线路未佩戴耐磨手套的扣 0.25 分； 7. 测量高压部分线路未佩戴绝缘手套、护目镜的各扣 0.25 分，扣完后要求选手佩戴； 8. 测量前断开连接器插头，未断开蓄电池负极的扣 0.25 分； 9. 未关闭点火开关，直接断蓄电池负极的扣 0.25 分	5		

续表

序号	作业内容	评分要点（各竞赛环节漏项或累计最多扣相应配分）	配分	得分	判罚依据
6	现场恢复	1. 未关闭驾驶员侧车窗的扣0.25分； 2. 未拆卸翼子板布、格栅布的扣0.25分； 3. 未拆卸车内四件套并丢弃到垃圾桶的扣0.25分； 4. 未移除高压警示标识等到指定位置的扣0.25分； 5. 未恢复工位到原标准工位布置状态的扣0.5分； 6. 未将钥匙、诊断报告放至指定位置（裁判处）的扣0.5分	2		
7	安全与5S	1. 拆装高压组件（如电池母线、PEU开盖等）未执行高压作业断电流程（关闭点火开关→断开蓄电池负极→断开分线盒直流母线并验电）并做安全防护（包裹绝缘胶带或用绝缘保护套防护）的每次扣2分； 2. 烧1次保险丝的扣3分，烧2次（含）以上保险丝的扣8分； 3. 填写并在电路图上指出的故障点或线路范围，与设置的故障点或线路范围不一致，并不恢复的故障扣2分/次（直至职业素养30分扣完为止）；选手每次在故障点位置签工位号，裁判每次在旁边签字确认； 4. 仪器、工具、零件跌落一次扣1分，最多扣5分； 5. 上高压电时未提示的每次扣1分，最多扣5分； 6. 工具、零件不得放置在没有防护的仪表台及座椅上，否则扣1分； 7. 未按正确安全操作程序，损伤、损毁车辆或竞赛设备的，视情节扣2~15分，造成特别严重安全事故的终止比赛，成绩记0分； 8. 未按正确安全操作程序，造成人员伤害的，视情节扣2~15分，造成特别严重安全事故的终止比赛，成绩记0分	15		

四、新能源汽车维护与高压组件更换赛项评分表（表5-32）

表5-32 新能源汽车维护与高压组件更换赛项评分表

一、举升位置1（满分15分）				本部分累计得分_____	
序号	作业内容	评分要点（各竞赛环节漏项或累计最多扣相应配分）	配分	得分	判罚依据
1	作业准备 ——场地准备	1. 未检查设置隔离栏、安全警示牌的每个扣0.25分； 2. 未检查灭火器压力值（水基、干粉）的扣0.25分； 3. 未正确安装车辆挡块的扣0.25分	1		
2	作业准备 ——检查防护套装	1. 未检查绝缘手套密封性或检查时未密封的各扣0.25分； 2. 未检查绝缘防护手套的耐压等级的扣0.25分； 3. 未检查防电池电解液酸碱性手套、护目镜、安全帽外观损伤的，各扣0.25分； 4. 未穿戴绝缘鞋（进入工位前提前穿戴好）的扣0.25分； 5. 佩戴戒指或手表等物品的扣0.25分，裁判要求选手摘除	1.5		

续表

序号	作业内容	评分要点（各竞赛环节漏项或累计最多扣相应配分）	配分	得分	判罚依据
3	作业准备 ——检查工具套装	1. 未进行数字绝缘测试仪开路检测并确认电阻无穷大的扣0.2分； 2. 未进行数字绝缘测试仪短路检测并确认电阻<1Ω的扣0.2分； 3. 未确认数字绝缘测试仪上"TEST"功能正常的扣0.2分； 4. 未选择四点检测绝缘垫绝缘性且未佩戴绝缘手套与护目镜的，扣0.1分； 5. 未进行接地电阻测试仪开路检测并确认电阻无穷大的扣0.2分； 6. 未进行接地电阻测试仪短路检测并确认电阻<1Ω的扣0.2分； 7. 未确认接地电阻测试仪上"TEST"功能正常的扣0.2分； 8. 未检查数字万用表的电阻量程（校零）的扣0.2分	1.5		
4	作业准备 ——记录车辆信息	未正确检查并记录车辆信息的扣0.5分	0.5		
5	作业准备 ——安装车外三件套	1. 未安装或安装位置不正确的扣0.25分； 2. 操作中翼子板布、格栅布自行脱落的扣0.25分	0.5		
6	作业准备 ——安装车内四件套	四件套少铺、未铺或撕裂的，每项扣0.25分	1		
7	作业准备 ——外检作业	1. 未正确检查车身状况的扣0.25分； 2. 未正确检查并记录轮胎气压的扣0.25分	0.5		
8	作业准备 ——安全准备	1. 未完全落下驾驶员侧车窗的扣0.25分； 2. 未检查确认电子手刹和挡位的扣0.25分	0.5		
9	检查（测）作业 ——前舱检查（测）	1. 未检查前舱盖锁及其紧固件的扣0.2分； 2. 未检查制动液液位或方法不对（未使用手电照明）的扣0.2分； 3. 未检查电机（电池）冷却液液位或方法不对（未使用手电照明），并且未记录冰点的扣0.2分； 4. 未检查暖风水加热补偿水桶液位或方法不对（未使用手电照明），并且未记录冰点的扣0.2分； 5. 未检查各冷却系统软管的安装、连接情况及有无裂纹、损伤和泄漏的每项扣0.2分； 6. 未检查高压组件外观是否变形、有无油液的扣0.2分； 7. 未检查高低压线束或插接件是否松动的扣0.2分； 8. 检查高压线束和高压组件时，未佩戴绝缘手套等防护用品的扣0.5分（裁判提醒佩戴）； 9. 检查高压线束和高压组件时，未进行一人检查、一人监督方法的扣0.2分； 10. 未测量并记录低压电源系统电压（静态和上电后）的，每项扣0.2分； 11. 未请示上电（启动）的，每次扣0.1分； 12. 未检查充电插座（直流、交流）接口处是否有异物、烧蚀等情况且方法不对（未使用手电照明）的扣0.2分；			

续表

序号	作业内容	评分要点（各竞赛环节漏项或累计最多扣相应配分）	配分	得分	判罚依据
9	检查（测）作业——前舱检查（测）	13. 检查充电插座（直流、交流）接口处，未佩带绝缘手套、护目镜的扣0.5分，裁判提示佩戴； 14. 未检查车辆充电功能及记录充电时充电口、仪表信息的扣0.2分； 15. 未检查外接充电防盗锁功能的扣0.2分	3.5		
10	检查（测）作业——车内检查（测）	1. 未关闭启动开关连接诊断仪的扣0.2分； 2. 未打开启动开关检查高压启动指示灯并记录仪表信息的扣0.2分； 3. 未请示上电（启动）的每次扣0.1分； 4. 未正确检测并记录诊断信息的，每个系统（VCU、PEU、BMS）扣0.2分； 5. 未正确清除故障码并再次读取的，扣0.2分； 6. 未读取并记录动力电池的单体电池电压、温度、总电压、SOC的，扣0.2分； 7. 未检查风量、模式、内外循环，分别打开AC和AUTO调节温度检查冷暖功能、除霜功能的，每项扣0.1分； 8. 检查完未及时关闭启动开关至OFF挡的，扣0.2分； 9. 未检查转向柱的倾斜及锁止情况的，扣0.2分； 10. 未检测转向盘自由转动量并记录的，扣0.2分； 11. 未检查外部灯光（日间行车灯、示宽灯、近光灯、转向灯、雾灯、制动灯、危险警告灯）是否点亮正常的，每项扣0.1分； 12. 未检查前大灯变光功能是否正常的，扣0.1分	3.5		
11	检查作业——高压系统	1. 未进行车辆维修安全标准断电（关闭电火开关→断开蓄电池负极→断开动力电池直流母线分线盒输入端→等待5 min），此项不得分（等待5 min也可以在断开蓄电池负极之后）； 2. 标准断电未佩带绝缘手套、护目镜进行作业的扣0.5分，裁判提示佩戴； 3. 高压线束断开后，线束侧接口处未做安全防护措施（包裹绝缘胶带或用绝缘保护套防护）的扣0.2分； 4. 断开后蓄电池负极未做安全防护（线束侧和桩头都要包裹绝缘胶带或用绝缘保护套防护）的扣0.2分； 5. 断电后未向裁判汇报车辆等待5 min的，扣0.1分	1		
二、举升位置2（满分15分）			本部分累计得分_____		
12	举升车辆	1. 举升臂支点（车辆规定举升垫块不能碰到动力电池）错误的扣0.25分； 2. 举升臂支点水平误差较大的（最大差值大于30 mm）扣0.25分； 3. 未前后按压检查车辆支撑稳定（车轮离地150 mm左右）的扣0.25分； 4. 举升或下降车辆时，未请示裁判的，每次扣0.25分； 5. 举升或下降车辆时，选手未相互提醒配合的扣0.25分； 6. 举升机未锁止的，扣0.25分	2		

续表

序号	作业内容	评分要点（各竞赛环节漏项或累计最多扣相应配分）	配分	得分	判罚依据
13	安全作业	车下作业未全程佩戴安全帽、护目镜的，各扣0.5分，裁判提示佩戴	1		
14	检查（测）作业——车下检查（测）	1. 未目视检查散热器有无泄漏、变形的扣0.2分； 2. 未目视检查冷凝器有无脏污、变形及泄漏的扣0.2分； 3. 未目视检查传动轴防尘罩、球销的扣0.2分； 4. 未目视检查前后悬架装置的扣0.2分； 5. 未目视检查制动摩擦片和制动盘磨损情况的扣0.2分； 6. 未目视检查制动管路的安装、连接、损伤情况及有无漏油，制动软管有无老化的，扣0.2分； 7. 未检查车轮轴承有无游隙的扣0.2分； 8. 未目视检查动力总成系统是否漏液、磕碰，驱动电机安装支架有无损坏，动力总成与车身、驱动电机与减速器、接地线束紧固情况的（检测螺栓上的漆标，若漆标位置有移动则对螺栓进行紧固，若无则不做要求），每项扣0.2分； 9. 若需要紧固螺栓，设置扭力时未口头汇报螺栓紧固力矩标准值（动力总成与车身90 N·m，驱动电机与减速器23 N·m，接地线束9 N·m）和实际紧固值（20 N·m以上标准值减半，20 N·m以下预紧）的，扣0.2分； 10. 未检查动力电池托盘有无变形、磕碰，防撞梁有无损坏的，每项扣0.2分； 11. 未按规定力矩检查动力电池总成固定螺栓的锈蚀、紧固情况，接地线束紧固情况的，扣0.2分； 12. 设置扭力时未口头汇报螺栓紧固力矩标准值（动力电池78 N·m，接地线束9 N·m）和实际紧固值（动力电池60 N·m，20 N·m以下预紧）的，扣0.2分； 13. 未检查高压部件是否有涉水痕迹的，扣0.2分； 14. 使用完扭矩扳手不归零的，扣0.2分； 15. 未检查动力电池高低压线束连接器有无松动、破损、烧蚀、异物情况的，每项扣0.2分； 16. 高压线束绝缘性检测前未在动力电池总成端进行验电的，扣0.2分； 17. 高压线束绝缘性检测时未佩戴绝缘防护手套、护目镜的，扣0.5分，裁判提示佩戴； 18. 未检查高压线束状态（动力电池供电线路、动力电池充电线路接触面有无烧蚀和绝缘性）的，每缺一个扣1分； 19. 高压线束拆卸检测完成后，线束侧接口未及时做安全防护（包裹绝缘胶带或用绝缘保护套防护）的，每项扣0.2分； 20. 未遵守"单手操作"原则使用数字万用表测量读数的，每次扣0.2分； 21. 表针头短接和触碰任何非目标测量金属部件的，每次扣0.2分；	8		

续表

序号	作业内容	评分要点（各竞赛环节漏项或累计最多扣相应配分）	配分	得分	判罚依据
15	拆装作业 ——动力总成系统	1. 未拆下减速器放油螺栓，排尽减速器齿轮油（可以使用底部带黑色外圈的量杯回收）的，扣0.5分； 2. 未拆下电机冷却液排液管口接头（维修手册规定位置）排尽电机冷却液（可以使用底部无黑色外圈量杯回收）并使用堵头堵住管口的，扣0.5分，从加注水壶抽取不得分； 3. 若将冷却液和减速器油回收在同一量杯容器中的，此项不得分	2		
16	加注作业 ——动力总成系统	1. 未使用专用机器加注减速器油液至合适液位（1.7±0.1 L）的，此项不得分； 2. 未清洁溢出的齿轮油的，扣0.5分； 3. 设置扭力时未口头汇报加油螺栓紧固力矩标准值（19~30 N·m）和实际紧固值（20 N·m以上标准值减半，20 N·m以下预紧）的，扣0.5分； 4. 使用完扭矩扳手不归零的，扣0.5分	2		
三、举升位置3（满分20分）			本部分累计得分 _____		
17	作业准备 ——安全防护	1. 未安装车辆挡块的扣0.5分	0.5		
18	检查（测）作业 ——高压系统 （含附件系统）	1. 高压线束及高压组件绝缘性检测前未在电机控制器总成端进行验电的扣0.5分； 2. 高压线束绝缘性检测时未佩戴绝缘防护手套、护目镜的扣0.5分，裁判提示佩戴； 3. 未检查高压线束及高压组件状态（交流充电口、直流充电口、车载充电机、电机控制器接触面有无烧蚀和绝缘性，电机三相线束有无短路、断路、对地短路，车载充电机、电机控制器、暖风加热器对地电阻）的，每缺一个扣1分； 4. 高压线束拆卸检测完成后，线束侧接口未及时做安全防护（包裹绝缘胶带或用绝缘保护套防护）的，每项扣0.2分； 5. 设置扭力时未口头汇报螺栓紧固力矩标准值（车载充电机固定螺栓22 N·m，驱动电机三相线束两端固定螺栓23 N·m，电机控制器上盖/电机盖板/三相线束连接器固定螺栓9 N·m）和实际紧固值（20 N·m以上标准值减半，20 N·m以下预紧）的，每项扣0.2分； 6. 未遵守"单手操作"原则使用数字万用表测量读数的，每次扣0.25分； 7. 表针头短接和触碰任何非目标测量金属部件的，每次扣0.2分	15		
19	加注作业 ——动力总成系统	1. 未加注冷却液并进行排气的，此项不得分； 2. 未进行静态加注（将车辆起动至ON挡且非充电状态，连接诊断仪，选择FE-3ZA车型→手工选择系统→空调控制器（AC）→特殊功能，选择加注初始化，车辆处于加注初始化状态）的，扣2分			

续表

序号	作业内容	评分要点（各竞赛环节漏项或累计最多扣相应配分）	配分	得分	判罚依据
19	加注作业 ——动力总成系统	3. 未拧开膨胀罐盖，缓慢加注冷却液，直至膨胀罐内冷却液量达到80%左右，且液位不再下降的，扣0.5分； 4. 未使用诊断仪进行规范化系统排气：控制诊断仪，使车辆处于排气状态，如果液位下降及时补充冷却液，排气过程时长不小于10 min（比赛原因不低于2 min），直至加注冷却液至合适位置（MAX线和MIN），扣1分； 5. 未清洁溢出的冷却液的扣0.5分；； 6. 加注过程中，冷却液有明显滴洒的，扣0.5分	4.5		
	四、举升位置4（满分5分）		本部分累计得分_____		
20	举升车辆	1. 举升臂支点（车辆规定举升垫块不能碰到动力电池）错误的扣0.25分； 2. 举升臂支点水平误差较大的（最大误差值大于30 mm）扣0.25分； 3. 未前后按压检查车辆支撑稳定（车轮离地150 mm左右）的扣0.25分； 4. 举升或下降车辆时未请示裁判的每次扣0.1分； 5. 举升或下降车辆时选手未相互提醒配合的，扣0.25分； 6. 举升机未锁止的扣0.25分	2	2	
21	安全作业	车下作业未全程佩戴安全帽、护目镜的扣各0.5分，裁判提醒佩戴	1		
22	检查（测）作业 ——车下检查	1. 未检查电机冷却液排放管口有无泄漏或方法不对（未使用手电照明）的，扣1分； 2. 未检查减速器放油螺栓有无泄漏或方法不对（未使用手电照明）的，扣1分	2		
	五、举升位置5（满分5分）		本部分累计得分_____		
23	作业准备 ——安全防护	1. 未安装车辆挡块的扣0.25分； 2. 未复位举升机举升臂的扣0.25分；	0.5		
24	竣工检验 ——整车	1. 未进行前舱高压组件及线束复检的扣0.5分； 2. 未请示裁判进行车辆上电的扣0.5分； 3. 未检查整车上电状态、仪表状态并记录的扣0.5分； 4. 未读取高压组件（BMS、PEU、OBC、VCU）系统故障码、数据流并记录的，各扣0.25分	2.5		
25	5S管理	1. 未妥善保管智能钥匙（放置自身工作服内）的扣0.25分； 2. 地上有油污时未及时擦掉的，每次扣0.25分； 3. 未拆卸翼子板布和前格栅布的扣0.25分； 4. 未拆卸座椅套、地板垫、方向盘套并投放垃圾桶的扣0.25分； 5. 未清洁车身的扣0.25分； 6. 未清洁整理工量具、检测设备、场地的，每项扣0.25分	2		

续表

序号	作业内容	评分要点（各竞赛环节漏项或累计最多扣相应配分）	配分	得分	判罚依据
六、高压组件更换（满分15分）			本部分累计得分 _____		
26	更换作业——高压组件的更换	1. 未在拆卸前关闭启动开关、断开蓄电池负极的每项扣0.5分，上限1分，裁判提醒关闭、拆卸； 2. 断开后蓄电池负极未做安全防护（包裹绝缘胶带或用绝缘保护套防护）的扣0.5分； 3. 拆卸高压组件前未进行动力电池母线输入端验电的扣1分； 4. 未遵守"单手操作"原则使用万用表测量读数的扣1分； 5. 表针头短接和触碰任何非目标测量金属部件的扣0.5分； 注：上述步骤可结合前面作业流程进行评判（选手可能在断电时更换）。 6. 未先断开车载充电机低压连接器的扣1分； 7. 未断开车载充电机与加热器、驱动电机控制器、交流充电插座总成相连的高压线束连接器的，各扣1分； 8. 未断开车载充电机与驱动电机总成、驱动电机控制器相连接的水管，各扣1分； 9. 拆卸冷却水管时有液体洒出的扣0.5分； 10. 未用塞子（堵头）将冷却水管密封的扣0.5分； 11. 未正确（从外向内对角）拆卸车载充电机总成4个固定螺栓的扣1分； 12. 未拆除搭铁线并取下车载充电机总成的扣1分； 13. 拆下车载充电机总成后，未将车载充电机总成内的剩余液体倾倒干净的扣0.5分； 14. 设置扭力时未口头汇报螺栓紧固力矩标准值（22 N·m）和实际紧固值（20 N·m以上标准值减半，20 N·m以下预紧）并正确固定车载充电机总成的扣1分； 15. 未紧固（预紧）车载充电机搭铁线束的扣0.5分； 16. 未正确安装车载充电机与驱动电机总成、驱动电机控制器相连接的冷却水管并固定卡箍的扣0.5分； 17. 未正确连接（插接时注意"一插、二响、三确认"）车载充电机与加热器、驱动电机控制器、交流充电插座总成相连的高压线束连接器的，各扣1分； 18. 未正确连接车载充电机低压连接器的扣1分； 19. 未正确安装蓄电池负极和规范加注冷却液（并排气）的1分（此步骤可结合前面流程评判）	15		
七、追罚扣分			本部分累计得分 _____		

序号	扣分项目	评分要点	扣分		判罚依据
27	安全事故	1. 未按正确安全操作程序，损伤、损毁车辆或竞赛设备的，视情节扣2～20分，造成特别严重安全事故的终止比赛，成绩记0分； 2. 未按正确安全操作程序，造成人员伤害的，视情节扣2～20分，造成特别严重安全事故的终止比赛，成绩记0分			